JN185465

宗教の世界史 6

道教の歴史

横手裕 著

山川出版社

老子像の原点

老子過関図　清・姜壎筆（フランス・ギメ美術館蔵）

仙人（僊人，羽人）**像**（陝西省出土，前漢時代）

老荘と神仙

荘子像（安徽省蒙県）

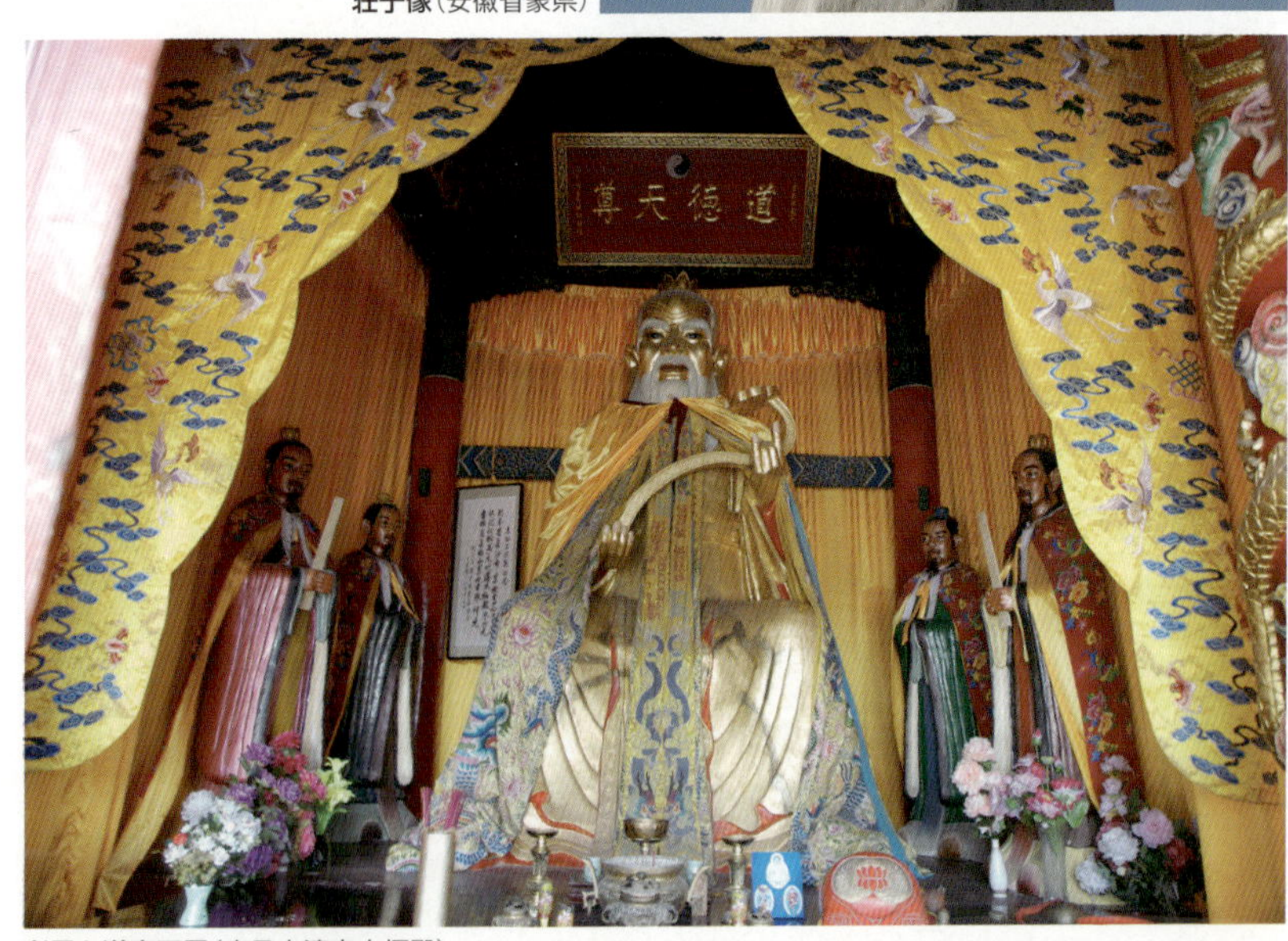

老子と道家四子（鹿邑太清宮太極殿）

道教神の代表者

三清像（蘇州玄妙観三清殿）

西王母像（廬山太平宮）

玉皇像
（北京白雲観玉皇殿）

八仙像（貴陽仙人洞八仙洞）

永楽宮壁画「朝元図」 最高神の元始天尊のもとへ集まる衆神の図像で，道教美術史上の傑作として名高い（山西省芮城県永楽宮，元代）。

道教のトポス

華山山頂部（陝西省）

泰山山頂碧霞祠付近（山東省）

龍門洞懸崖寺院（陝西省）

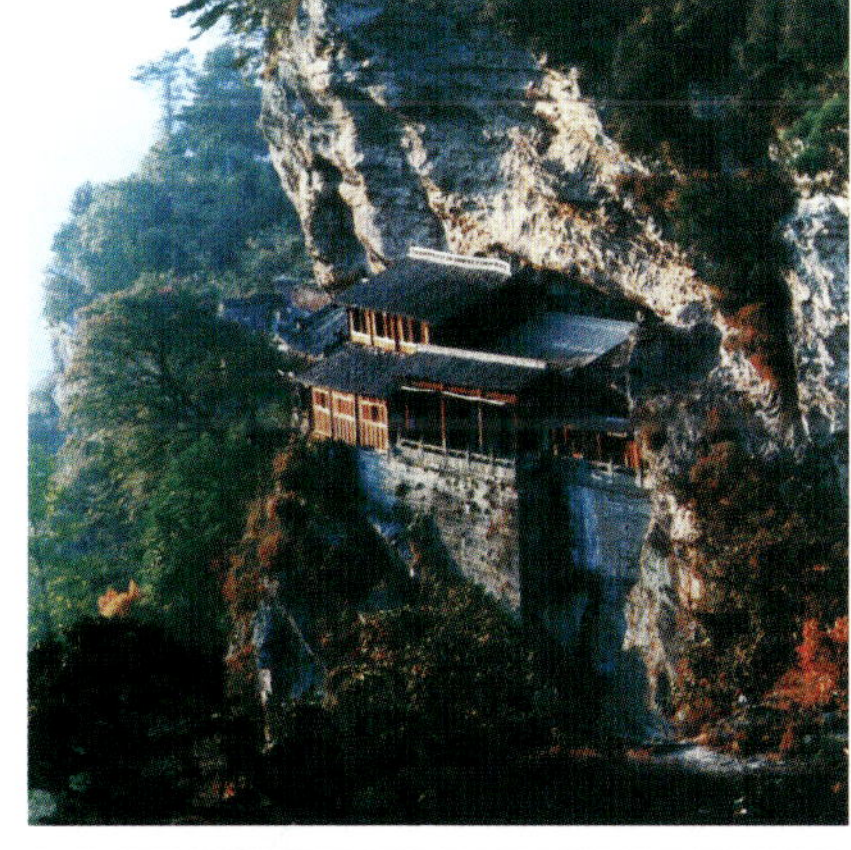

武当山南岩宮（湖北省）

龍虎山風光（江西省）

杭州抱朴道院（浙江省）

道士の活動

祈祷する道士（周至楼観台）

神への儀礼（周至楼観台）

正一教の授籙儀式
（龍虎山天師府）

授籙される正一教道士（龍虎山天師府）

全真教の伝戒儀式（北京白雲観）

祭事と人々

北京白雲観春節廟会の様子（牌楼前）

北京東岳廟春節廟会の龍舞

北京白雲観春節廟会の催し（三清閣前）

北京妙峰山廟会の「茶棚」（屋台）

北京妙峰山廟会の音楽表演

煉丹井（福州市于山）

解注器と符
（香港中文大学蔵）

内経図（北京白雲観蔵板）

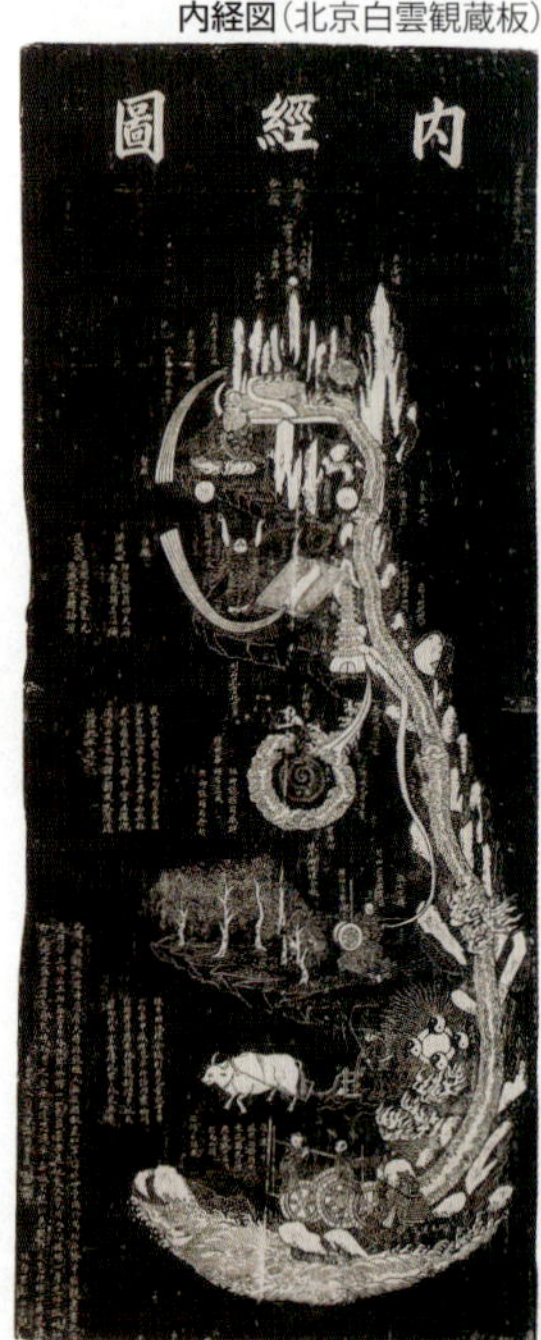

茅山上清霊符
（茅山九霄万福宮）

紙符
（台湾高雄三鳳宮）

陳列された符（龍虎山天師府）

第6巻 道教の歴史◈目次

第2章 信仰と諸経典の形成 後漢〜六朝末 58

付　録

道教の歴史

序章　中国の歴史と道教

「道教」という言葉

まずは「道教」という言葉の意味の歴史をみておこう。

「道」とは一般に、正しい道、真理という意味で使われる語であり、かつて「道教」という表現は「正しい道の教え」を意味する語として儒教や仏教についても使われた。例えば『墨子』非儒篇下や葛洪『抱朴子（外篇）』詰鮑篇では今日にいうところの儒教を、梁・慧皎『高僧伝』求那跋摩伝では仏教を指す語としてあらわれる。それが儒・仏・道の三教の一つである道教の意味で使われるようになるのは、三教という呼称と観念の定着してくる南北朝時代からである。

最初期の有名なものとして、南斉の顧歓（四二〇〜四八三）による「夷夏論」の用例「仏教は文にして博く、道教は質にして精なり」がある。この文章だけでは「道教」がしっかりと熟した言葉といえるのかわかりにくいのだが、後述する夷夏論争（第3章第1節参照）で交わされるもろもろの論文のなかの用法をみると、かなり固まってきていることがうかがえる。ところで、「夷夏論」を掲載する『南斉書』顧歓伝はこの文章を紹介して、「仏・道二家が立教を異にして互いに誹謗した」ものだと記している。つまり、仏家と道家がそれぞれ教を異にし、論争したものと説明している。すなわち、ここにいわれる「道教」は「道家」の立てた「教」であり、「道家」の説いたものということになる。

顧歓に少し遅れて、梁の劉勰（四六五？～五三二？）は「滅惑論」で道仏二教を論じ、その冒頭で「道家の教」「道教」と呼んだものを末尾の部分で「道家」と呼びつつ次のように記す。「案ずるに、道家の法を立つるや、その品に三あり。上は老子を標げ、次は神仙を述べ、下は張陵を襲う……」。「張陵を襲う」とは、そのあとの文章で「醮事章符」と言い換えられているので、醮（天上の神々を祀る儀式〈『隋書』経籍志の説明による〉）、章（天上の役人に文章を奏上して除厄を請う儀式〈同上〉）、符（呪符）などによる呪術ということになろう。この部分に続く文章も合わせて考えると、要するに道教つまり道家の内容として、老子の無為や虚柔を貴ぶ思想、神仙術、そして符呪斎醮の類の三種類を考えていることになる。この「道家三品」の言い方はそのまま北周の道安「二教論」にみえるなど、後世にもかなり影響を与えていくようである。

さて、この「滅惑論」において「道家」と「道教」が言換え可能であることはすでに指摘されているが（福井文雅「道家（道教）の系譜とその問題点」『増補修訂 道教の歴史と構造』）、同じようなケースは三教論などで一つの文章中で繰り返し儒・仏・道の「道」に言及する文章などによくみられる。

後世の例をあげてみると、例えば静斎学士劉謐の作とされる『三教平心論』（元代のものとされることが多いが、じつは南宋の成立）では、「老子が道徳経を著して自り、道教は此に始まる。……道家の教、吾が身自りして幽冥に通じ、人間自りして天上へと超え、山林巌穴自りして渺渺なる大羅、巍巍なる金闕へと至る。……或る者は又た、徒に道家に『化胡経』有りて、釈迦・文殊は乃ち老子・尹喜の化する所なりと謂うを見、……道家は其の道とする所を道とし、其の徳とする所を徳とし、……」などと述べられている。あるいは、元代の道教仏教論争の記録としてよく知られている祥邁『辨偽録』も同様であり、「……仏書より攘窃み、収めて道教と為す。釈迦の瑞を採りて老の瑞と為し、姓を換え名を安め、迦の祥を改めて老の祥と作す。……(以上、前言部分)、……且つ道教の宗源は黄帝より起こり、而して老子・涓子・列子・荘周・鶡冠・尹文の派れて道教と為るも、諸子の談ずる所、並く天を説くの事無し。唯だ是れ張陵の集める所の『霊宝経』中、始めて三十二天を説き、仏の神呪に効いて密言を作す。……『爾雅』の四号を立つるは四時に約り、『太玄』の九天を説くは九有に准り、道家の虚に数目を加えるに似ず。……(以上、「開分三界偽第三」)、……甄鸞の『笑道論』を案ずるに、云く、道家は妄りに諸子三百五十巻に注して道経と為すと。……故に唐の(法)琳法師、太宗皇帝に対えて云う、若し蕭(綜)温(子昇)等の議に拠れば、道家は止だ道徳の二編有るのみなり……(以上、「老子出霊宝三洞偽第五」)」などと記される具合である。

「道家」とは今日では一般に老子・荘子らの先秦の思想だけを指すということになっている。しかし中国古典を直接読む人間であれば、六朝から明清にかけて「道家」は神仙術や呪術をおこなう道士たちをも指す語でもあることは、じつは当たり前のこととして了解しているはずであろう。「道家」が老荘中心なのはせいぜい前漢一代である。前漢の劉向・劉歆親子による図書目録分類法を継承し、今日「道家」を老荘中心に描くもっとも代表的な文献が『漢書』芸文志であるが、この文章がつくられた後漢において実情はすでに異なってきており、「道家」は神仙家も含んでいる（例えば王充『論衡』）。その後さらに符呪斎醮などが加わり、先の劉勰の言葉を借りれば「神仙」「張陵」（「醮事章符」）が加わったものを「道家」と呼ぶことが普通になり、長い中国の歴史のなかではこちらの使い方がむしろ二千年近くにわたり基本として継続する。

内容と歴史についての捉え方

「道家」や「道教」と呼ばれるものも時代がくだるにつれ変化が生じ、後世では内容分析もそれに応じたものがあらわれる。まずは元の馬端臨（一二五四〜？）『文献通考』「経籍考」の例をみてみよう。彼はおそらくはやはり『滅惑論』なども意識しつつ、先行する儒者の言葉も押さえてさらに分析を加え、「道家の術、雑にして多端なり。……蓋し、清浄も一説なり、煉養も一説なり、服食も又た一説なり、符籙も又た一説なり、経典科教も又た一説なり」と述べて五種類の内容をあげている。続く解説によれば、「清浄」とは黄帝・老子・列子・荘子の書に述べられる清浄無為の思想であり、「煉養」とはおもに赤松子・魏伯陽の徒で、当時の観点からすれば内丹やその種の修養のこと、「服食」とはおもに盧生・李少君・欒大の徒で仙薬服用のこと、「符籙」とはおもに張道陵・寇謙之の徒であり、符による呪術のこと、「経典科教」とは唐末五代の杜光庭よりこのかたの近世の黄冠の徒であり、膨大な経典とそれに基づく儀礼であるとする。つまり、そのような清浄・煉養・服食・符籙・経典科教の五種類とするのである。これは劉勰「滅惑論」の老子・神仙・張陵の三区分を基礎としながら、いささか複雑化した当時の状況も意識し、神仙を煉養・服食、張陵を符籙・経典科教へと二分させて合わせて五種類に細分化した格好になっているといえよう。

また、明初に宋濂とともに『元史』の編集にあたった大儒、王褘（一三二一〜七三）は『青巌叢録』のなかで、「仏氏の学」の歴史と宗派について総合的に述べたあと、続けてそれに対する「老子の道」の歴史と宗派についても同様に記している。前者を「仏教」と呼ぶならば、後者は「道教」ということになるだろう。ただ文中では「道家」という言葉を使っている。内容は以下のとおりである。

> 老子の道は、清浄無為を本とす。「無為」を以て体と為し、「無為にして為さざる無し」を用とす。『道徳経』の五千余言、其の要旨は是を越えず。先漢以来、文帝の君為る、曹参の臣為るは、常に其の道を用いて以て治を為し、民は以て寧一たり。則ち其の道は固より之を国家天下に措く可き者なり。其の学一変して神仙方技の術と為り、再変して米巫祭酒の教と為りて自り、乃ち遂に流れて異端と為れり。然るに神仙方技の術に又た二有り、錬養を曰うなり、服食を曰うなり。此の二者は今の全真の教是れなり。米巫祭酒の教に亦た二有り、符籙を曰うなり、科教を曰うなり。此の二者は、今の正一の教是れなり。……今や、錬養・服食、其の術は具に伝われり。全真の教、兼ねて之を用う。全真の名は金の世に昉まり、南北二宗の分有り。……符籙・科教に至りては、具に其の書有り。正一の家、実に其の業を掌るも、今正一に又た天師・宗師有り、南北の教事を分掌し、しかも江南の龍虎・閤皀・茅山の三宗符籙は又た各々同じからず。……『大洞（真経）』等の経の若きは、大率六朝以来の文士の造る所なりて、文采は観る可きなるも、往々にして浅陋にして甚の高論も無

し。朱子謂わく、「仏学は老子の好き処を偸み得るも、後来道家は只だ仏家の好からざる処を偸み得たり」、と。是の説を執りて以て之を道家の本末に求むれば、論ずること可なり。

道教が全真教と正一教に大きく二分される元末以降の状況を反映したものだが、この捉え方も清浄無為・神仙方技（これをさらに分けて錬養・服食）・米巫祭酒（これをさらに分けて符籙・科教）という三種類を基にした五分類である。

なおこのように道家道教の歴史について、老子の清浄無為に始まり、長生不死の神仙道、厭禳祈禱の巫祝へと一変二変しつつ展開したという認識は朱子にもみえるなど（『朱子語類』巻一二五「論道教」）、伝統的知識人に広くおこなわれていたようである。

そして清代の乾隆年間に中国の主要な文献を集大成して編纂された『四庫全書』の解説書、『四庫全書総目提要』（『四庫提要』）もおおむね同様のことを述べる。『四庫全書』は、唐以降の正史の芸文志（当時存在した書物の分類目録）や伝統的な文献分類の多くと同様に、神仙術関係の書や、『雲笈七籤』『道蔵目録詳註』など道蔵（道教の一切経）関係の書物を「道家」に入れる。その説明として『四庫提要』は「道家類」の序文において、あらかじめ『漢書』芸文志の老荘や黄老を中心とする道家を念頭におきつつ、次のように述べている。

後世、神怪の迹、多く道家に付し、道家も亦た自ら其の異を矜る。『神仙伝』『道教霊験記』の如きは是なり。其の本始を要すれば、則ち清浄自持を主とし、済すに堅忍の力を以てし、柔を以て剛を制し、退を以て進を為す。……其の後、長生の説は神仙家と合して一と為り、服餌・導引之に入る。

房中一家の神仙に近き者、亦た之に入る。鴻宝に書有り（前漢の煉丹術書『枕中鴻宝苑秘書』をいう）、焼煉之に入る。張魯教を立て、符籙之に入る。北魏の寇謙之等、又た斎醮章呪を以て之に入る。世の伝述する所は、大抵多くは後に附するの文なりて、其の本旨に非ず。彼の教は自ら別つ能わず、今亦た区分を事とする無し。

「道家」は老荘や黄老ののち、神仙家や符籙などの新しい内容が逐次増入していき、結局当事者や第三者も区別しがたい混合体となったといい、源流の本旨から変遷したとはいえ、結論としてやはりみな一緒にここで「道家」として扱うというのである。

ところで、宋の蘇軾はその道家道教観を次のように記す。

道家者流は本と黄帝・老子に出づ。其の道は清静（あるいは清浄）無為を以て宗と為し、虚明（あるいは虚無）物に応ずるを以て用と為し、慈・倹・不争を以て行と為す。……秦漢以来、始めて方士の言を用い、乃ち飛昇変化の術、『黄庭』・『大洞』の法、太上・天真・木公・金母の号、……丹薬・奇技・符籙・小数有り、皆な道家に帰す。……然るに臣、窃かに之を論ず、黄帝・老子の道は本なり、方士の言は末なり。其の本を修めれば、末は自ずから応ず。（「上清儲祥宮碑」）

道家の本末を論じ、黄帝・老子が本であって方士の丹薬（神仙術）や符籙などを末とし、本が修められれば末もすべて修められるとする。この蘇軾の言葉は大変有名であり、後世の士大夫にしばしば採り上げられ、例えば朱子などもはっきりと賛同を示している（『朱子語類』巻一二六「釈氏」）。あるいは、「道家者流は、清浄を宗と為し、檜禳禜醮は其の末なり」（元・蘇天爵編『国朝文類』巻四一・経世大典序録・

礼典下篇・道」）などと述べられるのも同旨であり、また前掲の『青巌叢録』もやはり同様の本末観を記していた。

　これらを含めて中国の伝統的文献を通観してわかることは、「道教」は「道家」（「道家者流」も同じ）、「道家の教」などと基本的には同じ対象を指して使われる語であり（さらにいえば「老氏」「黄老」「道門」なども言い換えられる場合が大変多い）、それは老子あるいは黄帝、黄老から始まるものであり、神仙術（煉養・服食）や符呪斎醮（符籙・経典科教）が加わりつつ、あるいは変化しつつ展開してきたと観念されているとみてよいであろう。そしてそれは良いものからあまり良くないものへの展開であり、本と末との関係であると考える人が多かったようである。

　なお、伝統的文献で必ずしもこのような捉え方の例に入らないような「道教」の理解もみられる。例えば「道教」も「仏教」も後漢の桓帝が浮図と老子を祀ったことより始まるとするもの（宋・高承『事物紀源』巻七）、「道教」は後漢から「著らかになる」とするもの（元・馬端臨『文献通考』巻二四二所引の『宋三朝国史』〈現存しないが、その「芸文志」らしい〉）などがあるが、管見のおよんだ限りでは、始まりを後漢以降という書き方をするこの種の文章は極めてわずかのように思われる。あるいは目録類で劉歆『七略』や『漢書』芸文志の古い枠組を尊んで「道家」と「神仙（神僊）」などに分ける場合もあるが、理念と後世の実情とは異なってきており、道士などによる神仙家的な『老子』や『荘子』の注釈も「道家」に入れる等々で、やはり厳密な区分けはうまくいかなくなっている状況も見て取れるように思われる。

近代以降の観点

その後、十九世紀の後半になって西洋から「宗教（英仏でreligion）」概念が東アジアに入ってくる。まず大航海時代にアフリカやアジアの文化を広く見聞したことや啓蒙主義を契機に、西洋において十七〜十八世紀に「宗教」概念が形成される。もともと東アジア（漢字文化圏）には「宗教」という言葉も概念もなかったが、明治の日本がまずこの流れを承けてreligionに対応する漢字の熟語「宗教」を新しくつくり、それに先んじてできていたphilosophyの訳語「哲学」も使って、「道家」（老荘）は哲学、「道教」

ヨーシー・グサルの殿堂（A・モンタヌス『日本誌』1670年）　『日本誌』は大航海時代ののち，日本文化を西洋に紹介した最初期の文献。実際には伝聞と想像に基づいて記され，実情と異なる内容が多い。

"Afgod Vitek of Ninifo"（Olfert Dapper, *Beschryving Des Keizerryks Van Taising Of Sina*, 1670.）　同じく中国文化を西洋に紹介した最初期の文献。

は宗教という振分けがおこなわれることになる。このような観点による本格的な「道教」研究として、まずは妻木直良「道教之研究」(『東洋学報』第一巻第一号、一九一一〜一二年)があらわれ、後漢の天師道の張陵より道教の基礎が成立していき、北魏の寇謙之において大成されたとした。その後、小柳司気太『道教概説』(一九二五年)は道教の開創を張道陵、完成を寇謙之とし、常盤大定『支那における仏教と儒教道教』(一九三〇年、ただし同「道教発達史概説(上)」『東洋学報』第一一巻第二号、一九二一年に基づく)において道教の「開教時代」を張道陵からとしている。一方、中国では梁啓超が日本滞在を契機として「宗教」という言葉を多用するようになり、しだいにこの言葉が普及していく。そしてこれが伝統的な三教観や道教観と混淆する状況のなか、道教研究の専門書として小柳の『道教概説』が日本での出版の翌年に早速翻訳刊行された(商務印書館、一九二六年)。その後、許地山『道教史』(一九三四年)は劉勰の道家三品を区分けして、老荘は道家思想、神仙・張陵は宗教の道教とした。また傅勤家『中国道教史』(一九三七年)は妻木、小柳、常盤の見解にも言及して常盤を高く評価しつつ、道教は太平道と天師道以降に形成されたとする。その後の「道教」というものに対する捉え方は、おおむねこのような流れの延長となる。これは学術研究上のみの問題ではなく、道教を伝承してきた当事者の中国人も二十世紀以降は道教を宗教と規定し、その捉え方が普及する。そこに余韻のように近代以前の伝統的感覚が混入する場合もみられ、あるいは研究者でときおり近代的宗教概念で理解することや五斗米道を起点とすることの問題性を指摘する人もあったが、結局道教という宗教は五斗米道(天師道)あるいは太平道から始まる、という規定は基本的に共通認識となった。

以上の流れをまとめると次のようになるであろう。「道家」は老荘や黄老を核として前漢に設定され、後漢の初め頃より神仙説、符呪斎醮などを加えて膨張しつつ全体として変化していった。そして南北朝の頃、それはまた「道教」と呼ばれるようにもなり、「三教」の観念の普及とともに「道教」は「道家」に勝るとも劣らぬ一般性をもつ呼称となった。その後、東アジア（漢字文化圏）が西洋文化を大きく取り入れた十九世紀の後半以降、「哲学」や「宗教」という言葉と概念があらわれると、「道家」は「哲学」、「道教」は「宗教」という振分けが一般化し、「道教」について多くは後漢の五斗米道（天師道）あるいは太平道以降とすることになった。おおまかではあるが、三教の一つとしての「道教」という言葉の登場とその用法には歴史的にこのような過程があったということは、頭においておく必要がある。

伝統の「道教」と近代以降の「道教」

さて、ここで問題となるのは、伝統的な「道教」と近代以降の「道教」の理解に内容的なズレが生じていることである。例えば、今日では神格化されていない元来の老子や荘子は「道教」という宗教の枠外か、あるいは「道教」という宗教にとってはあとから担ぎ込まれて吸収消化された副次的存在とされるが、伝統的な文献で「道教」を論ずる際、かえって符呪斎醮や神仙術のことは脇において、老子やあるいは老荘を中心に想定するような場合も少なくない。さらには明らかに老子あるいは老荘だけしか念頭にない場合もある。端的な例としては、明末四大高僧の一人として知られる憨山徳清（かんざんとくせい）（一五四六〜一六二三）に「観老荘影響論」という論文があるが、その題名のすぐ下に別題として「三教源流異同論」という名称を掲げている。この二つの題名から察しがつくように、この文章は道教と仏教を軸にしながら儒仏道の三教の関係を論じるものであり、かつこのなかの道教は老子・荘子だけを念頭においており、符籙や神仙のことにはまったく言及しない。また三教の聖人とは孔子・釈迦・老子であるが、三教観を具体的に示して議論することになる三教論の類となると、道教ではやはり老子（必ずしも神ではなく『道徳経』の著者としての）が最前線にでてくる場合が多い。宋の李綱（一〇八三～一一四〇）に「三教論」があり、道教・仏教について人君はそれを治世の中心とはできないものの教化の助けになるとしつつ、道教として評価しているのは老子および清浄・慈倹・柔弱・無為などの『道徳経』の言葉が中心であり、かつ「神僊方士の術」はその悪しき部分として否定的に扱っている。あるいは宋の孝宗の「原道辨」（のち「三教論」に改称）では、三教の道は同じものとし、儒教の五常と仏教の五戒を重ねる一方で、孔子の仁や温・良・恭・倹・譲（『論語』学而篇）と老子の慈・倹・不敢為天下先（『老子』六七章に説く「三宝」）を重ね、そのほかの細部の区別に拘泥する者を三教の末流として切り捨てている。これらの道教観は別に極端に偏向した視点の例というわけではなく、似たような論じ方で「道教」のアイデンティティをもともとの老子に求めようとする文章は数多くあるのだが、蘇軾などにみられたような老子（あるいは黄老・老荘）を本末の「本」としている伝統的知識人の感覚からすれば、このような考え方には不思議なことはない。清朝の公式文書といえる『四庫提要』にしても、老子（黄老・老荘）を本源のベースと考え、そこに神仙や符籙斎醮が加わってきたという理解であった。「道教」の観念について多くの人にみられるパターンとしては、老子（「黄老」と表現する場合も実質的には老子ないしは『老子道徳経』）に発しつつ変化しながら展開したものという捉え方であり、それゆえに老子に還元できるという認識があった。これは「道教」が「道家」とも呼ばれることを考えれば、やはり不思議なことはない。

そもそも、中国の文化を上に立って整理して一般庶民にも教える儒教知識人たちは、道教を異端邪教と批判しながら、一方では一定の評価を与えて儒教と並立させて三教の一つとすることを許すが、それは道教のなかに老子が入っているからという面も多かれ少なかれたしかにあるように思われる。この老子は多くの場合、神としての太上老君ではなく、『道徳経』を説いた老子であり、『史記』の孔子世家と老子伝、および儒教経典の『礼記』曾子問篇で孔子に教示したとされる老子である。「道教」という言葉と概念を成り立たせる基本が三教という設定であるが、三教の一つであった道教がどのように扱われ、どのような歴史をたどったかは、やはり中国史の当事者が道教をどのようなものと考えたかと切り離せないであろう。前掲の李綱や宋孝宗の例をはじめ伝統的知識人たちの言葉をみていると、道士たちによる道教の神々への信仰や呪術に対する評価は概して低く、例えば道教は張道陵が開祖という性格のものであったら、三教帰一論などがさかんに説かれたかは疑問であり、三教という設定自体が安定的に保たれて存在しつづけたかも定かではない。

あるいは道教ないしはその種の文化を語る際に、老子や黄老を必ずしも含めない例もあることはあるが、その場合でも後漢をさらに遡る前漢の武帝時代の神仙説隆盛や前漢の劉向の作と認識されていた『列仙伝』などがその歴史の一部として採り上げられることは、おおむね共通する。この種のケースの思考の拠り所は『漢書』芸文志に示された「道家」と「神僊（家）」の伝統的な分類法であり、両者をあえて区別しようとした場合に「神僊（家）」のほうに遡源する考え方である。そこにはやはり昨今の宗教観によくみられる「教団」の有無を判断基準とする発想——これが今日、「道教」を五斗米道や太平道の教団成立から始まるとする場合の最大の根拠となっているように思われるのだが——はまずみられないといってよい。

このように、現代で一般に考えられるようになった「道教」と伝統的中国の「道教」は必ずしも一致しないことになるが、実際の歴史のなかにおける「道教」を考えなければ、伝統的中国に生きた人々はなぜ「道教」を評価したりしなかったりしたのかが正確にはわからないのではないかと思われる。すなわち、歴史の当事者にとってどのような括りが「道教」であったのかを考えなければ、人々が「道教」に対して何を考え、何を求めたのか、そして「道教」は何を与えたのか、言い換えれば、「道教」という名称で呼ばれたものが中国の歴史のなかでどのような役割をはたしたのかが正確には理解しがたいであろう。前掲の馬端臨『文献通考』の言葉を借りれば、「符籙」と「経典科教」だけをみていたのでは、あるいはそのような内容を中心とする見方をしていたとしたら、人々の「道教」をめぐる言行の意味が正確に捉えられず、「道教」と観念されたものの中国史上における役割が十分に説明できないと思われる。これは伝統的中国ではどのようなものにどのような価値を認めながら伝承したのかという、中国文化全体の理解にもかかわる問題であり、あるいは儒・仏・道の相互関係が織り成す中国思想史の構造と展開をいかに理解するかにも密接に関係する問題であろう。

近代以降、「道家」は哲学もしくは老荘、「道教」は宗教という、中国史の実態とは異なった用語法が習慣化してしまったことが、中国文化の本来の自然な姿を理解するうえで壁になってしまっていることは否定できないように思われる。

「宗教」概念と中国文化

ところで、欧米と日本の宗教学では、何をもって「宗教」と考えるかという「宗教」概念の定義について、ここ二〇年来「宗教再考」あるいは「宗教概念の脱自明化」に関する議論が広がっている。「宗教」概念の自明性や世界的普遍性への疑念については、もともとW・C・スミス『宗教の意味とその終焉』（一九六二年）があり、ヨーロッパ中心主義的な宗教概念の問題性を論じ、「ヒンドゥー教」や「イスラーム教」といった呼称すなわち認識対象の措定自体が西洋人の手によるものであり、当事者の自己認識とは必ずしも一致していないことなどを指摘しつつ、「宗教」概念は非西洋社会の宗教的現象を分析するには適切でないとし、代わりに「信仰（Faith）」を用いることを提案していた。これを先駆的業績としつつ、一九九〇年頃よりにわかに同様の議論が高まり、C・F・キースほか『権威のアジア的ヴィジョン――宗教と東アジア・東南アジアの近代国家』（一九九四年）、R・キング『オリエンタリズムと宗教――ポスト植民地理論、インド、そして「神秘的東洋」』（一九九九年）等々があらわれ、宗教概念のアジア伝播にまつわる問題が多くの研究者により論じられるようになる。さらにはスミスを批判的に継承しつつ、代替概念の提示などではすまないとして、R・T・マッカチョン『宗教をつくりだす――固有なものとしての宗教言説とノスタルジアの政治学』（一九九七年）、およびT・フィッツジェラルド『宗教研究のイデオロギー』(二〇〇〇年)などの宗教学研究者たちによって「宗教概念廃棄論」が展開されている。これに対してはまたその反対に向かおうとする「宗教の回帰」指向が起こり、さらにそれにもまた疑問や批判が提出されるなどの複雑な状況となっているようであるが、少なくとももはや従来のように「宗教」概念は自明のものとはできず、再定義を模索する必要があるという認識は大多数の宗教学研究者に共有されており、場合によっては廃棄さえも含めて再考されなければならないということにもなっているようである。このような流れの概要については、深澤英隆「「宗教」概念と「宗教言説」の現在」(島薗進・鶴岡賀雄編『〈宗教〉再考』ぺりかん社、二〇〇四年)、磯前順一『宗教概念あるいは宗教学の死』(東京大学出版会、二〇一二年)などに要約がある。結果としては、「もはや「宗教とはなにか」という問いは、委細かまわず直接答えうるような問いではなくなった」、あるいは「宗教をめぐる様々な語りや言語のいずれにも特権的真理性はない」(深澤英隆「宗教」『宗教学事典』丸善、二〇一〇年)というのが現状という。筆者はあくまで中国古典学の人間なので、宗教学の最前線の議論について適確に理解しながらリアルタイムに追いかけることは難しいが、この問題は道教だけではなく儒教を含め、「宗教 religion」概念とはまったく異なる事情で形成された「教(三教)」の観念とともに歩んできた中国思想や中国文化を考えるうえでも大変重要であり、少なくとも今後とも注視していきたい。儒教はこれまで東アジアでは宗教として扱わないのが一般的であった。これはとくに中国で著しく、いわゆる伝統五大宗教(仏教・道教・伊斯蘭教(イスラム)・天主教(カトリック)・基督教(プロテスタント))から除外されている。しかし欧米では逆に宗教の一つに分類して扱われるのが一般的であった。欧米の「世界の宗教」の類の書物を開くと、中国の宗教として、道教はなくても儒教はほぼ必ず載せてある。これを東アジアのわれわれが東アジアに身をおきつつ「欧米の人は儒教がわかっていない」と考えてすませるのは容易かもしれないが、われわれが欧米由来の「宗教」概念について本家の欧米とその理解や感覚、視点などを共有できていたのかも検討の余地があろう。本来は儒教の正確な共通理解を東西を通じて普遍的に達成すべきところであるが、それもこのようになかなかに困難なことであった。いずれにしても（そのような問題も含めて）、宗教学にしても「宗教」とされるものの多様なあり方への研究や思索の深化と連動して進展変化しており、近年ではどのような条件があれば「宗教」かといった定義問題について、意見の一致をみるような確定的な見解はほぼ成立しえない状況となってきている模様である。このような事情に鑑みると、長い中国の歴史とともに形成された複雑な歴史と構造をもつこの道教などの個別研究において、「宗教であるから」と近代以降のある時点における「宗教」をめぐる言説や理念型を使って性格や範囲を規定してしまうのも、いかがなものかと思われる。

「道教」の扱い方

道教はわかりにくい、とよくいわれる。それは、ここまでみてきたように近代以降の「道教」観と伝統的な「道教」観の齟齬（そご）に起因するところが大きい。さらに若干ふれてきたように、伝統的な「道教」観もじつは必ずしも一枚岩ではなく、微妙なバリエーションがみられる。これらのさまざまな「道教」が錯綜するなか、整理されないまま扱われてきたことが、道教の理解と説明を困難にしてきた原因といえよう。

さて、道教についても宗教概念についてもまだいっそうの研究が必要な筆者は、道教は宗教であるともないとも表現しにくい。そのような二者択一で扱うことが適当かどうかもわからなくなってきた。しかし、中国古典学をフィールドとする筆者にとって、そのことは必ずしも根本的な障壁とはならないようにも思う。筆者は古典文献を繙きつつ中国思想の研究に従事してきたが、中国古典学において一つの言葉の意味を考えようとする場合、必要な範囲の文献のなかからその言葉の用例をできる限り抽出して収集し、それらの使い方を通覧吟味しつつ意味を帰納するという方法が原則となる。本書は、そのような方法によって浮かび上がる、中国史の当事者が思い描いた「道教」とその範囲が基本になるように描くことにしたい。言葉の用例からうかがえる「道教」観は必ずしもすべて同じわけではないが、かといって内容にまったく統一性がないわけでもない。筆者としては、複数の史官や学者が集まって作成された朝廷のオフィシャルな文献や影響力の強い大学者の言説などにおおむね共通すると思われるもっとも一般的な「道教」観を中心に、伝統的な所説の大勢を踏まえるように心がけた。それが中国の歴史のなかにあって「道教」の名で機能した道教であり、本来の中国文化として中国の歴史や人々の思考と嚙み合う道教であろう。歴史上に存在した道教の代表的姿といってよいと思う。

近代以降、道教は宗教であるという規定が大前提となり、伝統的文献のなかで「道教」の名のもとに論じられていた内容でも、宗教ではないとみなされた部分は往々にして削り取られて「道教」像が考えられてきた。しかし、中国古典学に従事する者としては、やはり昔の人々が書いた文献群のなかで「道教」と呼ばれているものが「道教」である。実際に多くの人から「道教」と呼ばれているものを「道教ではない」とはいえない。必要な手順としては、そのような「道教」の内容と範囲を伝統的文献から慎重に読み取って明確化し、そのうえでその「道教」と「宗教」(この言葉の定義や扱い方の問題も含め)との関係を考える、と進めるのが望ましいと思われる。

なお念のため附言すれば、本書はあらかじめ宗教と規定する観点に基づいて道教を論じた従来の多くの道教研究を決して無視してよいと考えるものではない。それは近現代に生きる人にとって、自覚的でないにしてもあるにしても、説明の都合上やむをえないという側面もあり、一般の人々の道教に対する理解に寄与してきたことは疑いない。本書の描く道教の範囲は、結果的には近代以降の多くの人に考えられた道教をほとんどまるごと含み込んでいる。それは前述のように太平道や五斗米道から始まるとするものや、寇謙之からとするもの、三教の一つとしての「道教」という語の登場(もしくは定着)からとするものなどがある。あるいは後漢の桓帝の老子祭祀からとする見方などもありえようが、ひとまずそれぞれの考え方に応じてその時を道教の起点とし、それ以前を「前段階」などとして読んでいただくのもよいかと思う。多様な見方のおのおのの長所が生かされることが望ましい。本書はさまざまな考え方の人にも利用していただける汎用性もできる限り考慮したつもりである。読者の皆さんは、必要に応じてそれぞれの「道教」を意識しつつ、読んでいただければと思う。

第1章 道教の起源 先秦〜後漢

1 老子とは何か

老子伝

老子なる存在を考えるにあたって、前漢以来二〇〇〇年以上のあいだ根本資料とされてきたのが、司馬遷（しばせん）『史記』巻六三「老子韓非（かんぴ）列伝」に示された老子についての記述である。老子とは何かを考えていくにあたっては、まずここに書かれている内容を知っておかなければならない。

(1) 老子は楚（そ）の苦県（こ）厲（らい）郷曲仁里（きょくじんり）の人である。名は耳（じ）、字（あざな）は聃（たん）、姓は李（り）氏。周の図書室を管理する役人であった。

(2) 孔子は周の都へ行き、礼について老子に質問しようとした。すると老子は言った、「きみの言う礼についてだが、それを説いた人々はもう骨とともに朽ちてしまい、ただ言葉が残っているだけだ。……きみの驕りと多欲、わざとらしい態度と飽くなき野心を棄てなさい。これらは皆きみの身には無益

孔子見老子図　後漢時代の画像石。

だ」。孔子は退いてから弟子に言った、「鳥についてはそれが飛ぶことができ、魚についてはそれが泳ぐことができ、獣についてはそれが走ることができる、と私は知っている。……しかし龍については、風雲に乗って天に昇るといわれるが、私にはどうにもわからない。私は今日老子に会ったが、まるで龍のようだ、といったところか」。

(3)　老子は「道」と「徳」について研究したが、その学は自らを隠して無名であることを要務とした。周の都に長らくいたが、周の衰えを見て立ち去り、関所へと到った。関所の長官の尹喜(いんき)は言った、「あなたは隠遁しようとしていますね。何とか私のために書物を記していただけませんか」。そこで老子は上下二篇の書を著し、「道」と「徳」の内容を述べ、五千余字を残して去った。最後はどうなったかわからない。

(4)　ある人は、老萊子(ろうらいし)も楚の人であり、一五篇の著書があり、道家の説の効用を述べ、孔子と同時代の人であったという。

(5)　老子は百六十余歳まで生き、あるいは二百余歳ともいう。道を修めることで長寿となったのである。孔子が死去してから一二九年たち、史書の記載によれば、周の太史（歴史の記録と天文を司る官）の儋(たん)は秦の献公(けんこう)に面会し、「後世、秦から覇王がでるでしょう」と言った。ある人は儋は老子にほかならないと言い、またある人はそうではないと言う。

⑹　老子は隠者の君子であった。しかし、老子の子は名を宗といい、宗は魏の将軍となり魏領の段干の地に封ぜられた。宗の子は注。注の子は宮。宮の玄孫は仮。仮は漢の文帝に仕えた。仮の子の解は膠西王卬の太傅となり、それで斉に家をおくことになった。

ひとまず以上のように記されている。要約すると、⑴姓名・出身・官職、⑵孔子との会見譚、⑶関令の尹喜に「道」と「徳」について述べた五千字の書物を授けてどこかへ消え去ったこと、⑷老莱子が老子かもしれないこと、⑸太史儋が老子かもしれないこと（暗に聃と儋は同音であることに基づく）、⑹老子の子孫について、の六つのことを述べていると捉えてよい。

『史記』に記された内容は、近現代になってこそ疑うべき点は疑うようになったが、伝統的な中国では立場を問わず基本的にはほぼ事実として扱われた。そこで老子という人物に対する理解も、この記述が決定的に重要であった。

老子への懐疑

従来老子を考えるにあたって第一の根拠とされたのは、この『史記』にみられる老子伝であった。その後、例えば北魏の崔浩（『魏書』巻三五「崔浩伝」）や宋の葉適（『習学記言』巻一五「老子」）、あるいは清の崔述（『洙泗考信録』巻四）など疑問を投げかける人もあったが、ごく限られた意見であり大勢にはほとんど影響はなかった。

二十世紀の初め、アメリカ留学から帰国した胡適（一八九一～一九六二）は『中国哲学史大綱』（一九一九年）を著し、中国哲学史について伝統的観点とは異なる新しいアプローチを示したが、老子は旧来通りに孔子の前におかれた。これに対して梁啓超（一八七三～一九二九）は、老子は戦国末の人であるとして激しく批判を加えた（「論老子書作於戦国之末」一九二二年）。これを機に当時の学術界で大きな議論が起こり、張煦、馮友蘭、銭穆、顧頡剛など多くの学者から老子をどのように考えるべきか意見が提出された。

これらの議論は顧頡剛主編の『古史辨』（とくに羅根沢編著の第四冊）にまとめられているが、その要点を示すとおおむね以下のような内容となる（便宜的に陳鼓応『老子注釈及評介』修訂版序の総括に拠る）。

(1)「老子」の姓名について。「老」は老先生の尊称の可能性と、「孔子」「墨子」などと同様に姓である可能性がある（唐蘭の説）。春秋時代以前に「老」姓はあったが、「李」姓はなかった（高亨の説）。かつ「老」と「李」の古音は同じであり、「耳」と「耼」の意味はほぼ同じであるから、「李耳」はもと「老耼」から変化したものかもしれない。

(2)孔子問礼について。「孔子が老耼に礼を問うた」ということについては、『史記』老子伝の記述と同じく『史記』孔子世家に記述があり、表現は若干違うが問礼自体は同じであり、疑いの余地はない。「孔老が会見して孔子が老子から学んだ」ということは、『礼記』曾子問に四回、『荘子』に五回みえ、それ以外にも『孔子家語』や『呂氏春秋』にもみえる。すなわち違う学派の文献のなかにあらわれ、互いに照合できるのは有力な材料といわざるをえず（徐復観）、また「孔子問礼」の伝説は春秋から戦国に大変流行したものであり、儒家もそれを消し去ることはできなかった（陳栄捷）。

(3)『老子』の著作時期について。梁啓超が『老子』を戦国末の作としたことにより、『老子』と『論語』、および『老子』と『荘子』の先後問題が議論となった。このうち後者は『荘子』のなかの『老子』への言及や荘子と同時期の『戦国策』の『老子』への言及との比較（厳霊峯の説）などから、それほど問題にならないとされた。

『老子』の成書時期については、次のような観点から考察された。

(1) 使用する言葉について。梁啓超により、『老子』のなかの「王侯」「王公」「万乗之君」といった字句やいくつかの成語は春秋時代の人らしくないこと、「仁」と「義」をセットで使うのは『孟子』の専売特許でそれ以前にはないことなどがあげられた。これに対し、張煦は『易経』や『左伝』あるいは『史記』内の引用などからそれらの字句の用例をあげて梁啓超の説を否定し、また張季同がそれをさらに補足した。一方で老子が「不尚賢」（第三章）を説くことから墨子の尚賢思想よりあととする者もいた。

(2) 『老子』の引用について。『老子』は『論語』や『墨子』に引用されていないので、それらより遅いとの意見もあるが、例えば『荘子』と『孟子』は同時だがお互いの引用はないし、また例えば『韓非子』や『戦国策』は老子を引用し、一方で『孟子』の引用がないから『孟子』の存在を否定するというのと同じで、成り立たない。かえって『論語』憲問篇の「以徳報怨」は『老子』の語であり、『論語』は『老子』を引用している。ほかにも同衛霊公篇の「無為而治」も『老子』からきた可能性がある。さらに『説苑』に引く叔向の語、『太平御覧』に引く『墨子』の語にも『老子』の引用があり、『老子』の成書は孔子や墨子よりも前と考えられるとする（厳霊峯）。

（3）文体について。馮友蘭は、『老子』は問答体ではないので『論語』『孟子』のあととした。これに対し胡適は、『周易』や『詩経』も問答体ではないことをはじめ、『論語』にしても問答体の章よりもそうでない章のほうが圧倒的に多いとして反論した。さらに馮は、『老子』の文章は簡潔な「経」の文体なので戦国時代の作だとする。胡適はこれに対し、そうだとするとあらゆる簡潔な「経」の文体のものは戦国時代のものということになるが、「経」の文体とは何かについては簡単に説明できないと批判した。

以上のような疑古論争が起こったのち、従来のような『史記』に依存する老子像は一歩も二歩も進めて考えられるようになった。しかしこれらの議論に示されるように、中国では結果的に伝統的な老子像に近い捉え方をする人も少なくない。

これに対し、日本でも別途老子に対する疑問が沸き起こった。もとより江戸以前にも帆足万里（『入学新論』）、斎藤拙堂（『老子辨』）などそれなりに問題視する人はあったが、とくに明治以降に西洋の学術精神が入ってきてより、中国古典に対して批判的研究が盛んとなった。最初期の狩野直喜（一八六八〜一九四七）は『史記』支持派であったが、中国の疑古運動に前後して（あるいはその影響を受けて）、武内義雄（一八八六〜一九六六）、津田左右吉（一八七三〜一九六一）らが老子について批判的な説を提示し、のちの日本の学術界における考え方を方向づけた。その後の日本の研究者は『老子』を春秋時代の老子の書とみることはほとんどなくなることになる。

『老子』の出土と現在の老子観

しかし二十世紀も後半になると老子研究にまた新たな転機が訪れる。『老子』には昔から二大注釈書として、前漢の河上公注本と三国魏の王弼注本があった。このうち河上公はそもそも神仙とされた人物で実在性に問題があり、その注釈の最終的な成立時期についても後漢や六朝末頃など諸説ある。そこで知識人のあいだでは、『老子』のひとまとまりのテキストは、三国魏の王弼の注釈とともに伝えられた本文がひとまず成立時期のわかるものとしては最古とされ、いわゆる現行本の基準とされてきた。ただ、これも現在に伝わる版本はのちの人の手が加わっている問題があり、なお厳密にいえば易州龍興観の景龍二年「道徳経碑」(七〇八年)が現物テキストとして最古のものとされた。

一九七三年に、湖南省長沙市馬王堆の前漢時代の墓(前漢初期に長沙国で丞相の位にあった軑侯・利蒼とその親族の墓と考えられている)から白絹の布に記された『老子』が二種類発見され、古いと推定されるほうを甲本、新しいほうを乙本とされた。いわゆる帛書『老子』である。これは二千年を経て前漢のナマの資料が出現したということで『老子』研究に衝撃を与えた。

さらに一九九三年には、湖北省荊門市郭店村にある戦国楚の貴族の墓(紀元前三〇〇年頃のものと推定されているが、墓葬年、墓主については諸説ある)から竹簡八〇四枚が出土し、道家系、儒家系の未知の文献に混じって、古い『老子』の残簡(断片)が出土した。これらは形態によって甲本・乙本・丙本の三種類に分けられた。これらはいずれも帛書とは異なり戦国時代の楚地方の文字で記されており、明らかに帛書よりも古いものであった。

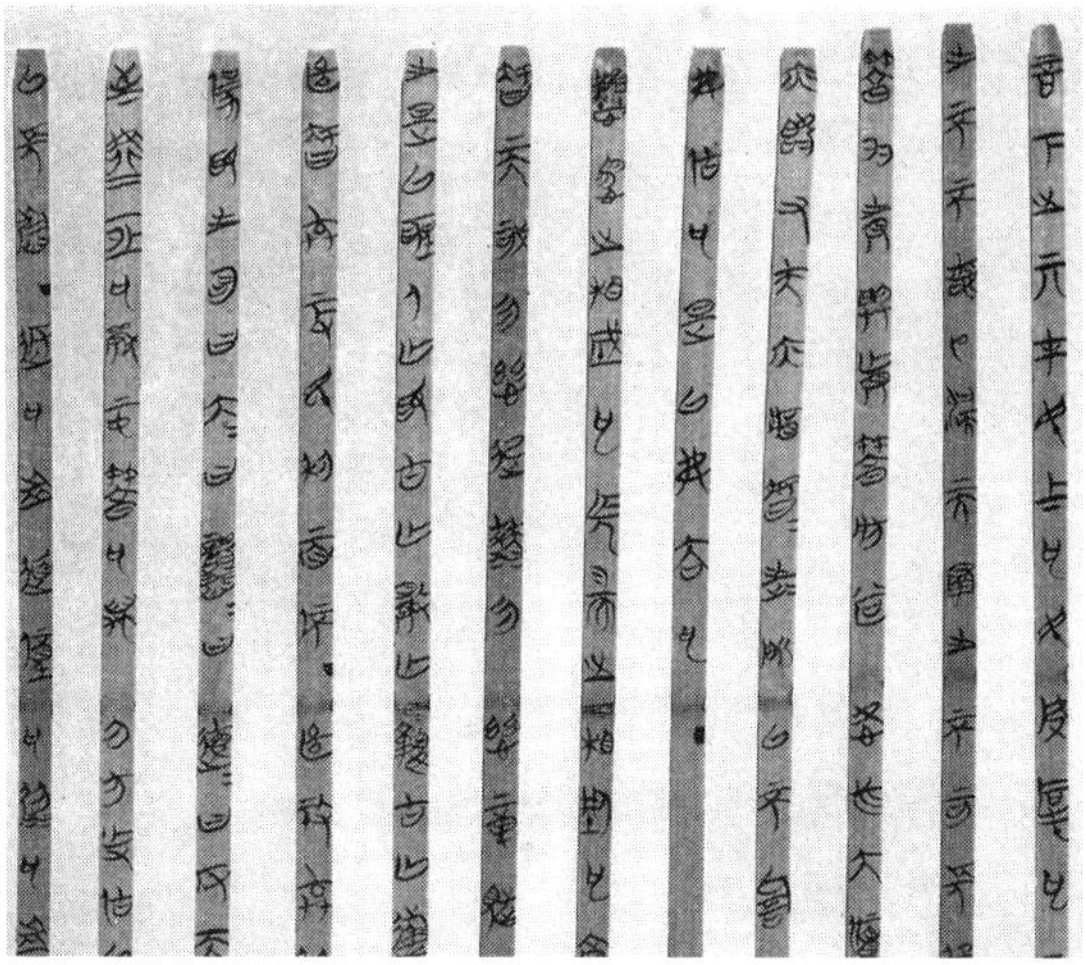

郭店楚簡『老子』

これらの重大な発見があり、世界中の研究者が新しい観点から老子研究を開始したことにより、『老子』の成立を考えるうえで画期的な新知見が数多く得られた。しかしだからといって『老子』成立の謎が順調に解明の途にのせられたわけではない。現時点で最古の『老子』であり、また現行本と内容がかなり相違する郭店本『老子』テキストをめぐり、研究者の見解は二分している。一方ではもともと古くからすでに現行本に近い『老子』の原型が存在し、それをある立場から必要部分を抄写したのが郭店本であるという。そしてこの発見の結果、『老子』の成立を再びかなり遡らせて考えるべきことを論ずる。またもう一方では郭店本が『老子』の形成途上の姿であり、それにさまざまな付加や編集が加えられてのちに帛書『老子』や王弼注本すなわち現行本となったと主張されている。これはまだ結局決定的な根拠となる材料があらわれていないこともあり、当面意見の一致をみることは難しいであろう。しかし『老子』はまだ古墓などの発掘により出土する可能性が少なくなく、実際最近も前漢時代のものという竹簡の発見の報告があり、今後の新たな研究の進展が期待されている。

2　黄老・老荘・道家

「黄老」思想の成立

老子の後学に荘子（荘周）や列子（列禦寇）などがあらわれて道家という学派が形成され、その思想が道家思想、別名を老荘思想という、というような理解が一般にあるが、これはあまり正しくない。じつはもともと老子は荘子とは結びついていない。

例えば、戦国時代末期に、秦の呂不韋が食客たちに諸子の思想を集めて編纂させた『呂氏春秋』（前二三九年）の不二篇は中国で最初の思想概説の一つであり、当時知られていた主要な思想家をその思想とともに一言であらわし、「老耽（聃）は柔を貴び、孔子は仁を貴び、墨翟は廉（兼）を貴び、関尹は清を貴び、子列子は虚を貴び、陳駢（田駢）は斉を貴び、陽生（楊朱）は己を貴び、孫臏は勢を貴び、王廖は先を貴び、児良は後を貴ぶ」と記している。ここには諸子の思想をカテゴライズする観点はまだとられていない。

また、それに先行する可能性もある荀子（前二九八？〜前二三八以降）の『荀子』天論篇にも当時知られた思想家を何人か取り上げて批判的に論じ、「慎子（慎到）は退くことだけを知って積極的な前進を知らず、老子は屈従だけを知って進歩向上を知らず、墨子は平等だけ知って区別を知らず、宋子（宋鈃）は寡欲だけを知って多欲を知らない」と述べる。

それからおそらくはその後の戦国末から前漢景帝期の成立と推測されている『荘子』の天下篇でやはり諸子の思想が論じられており、墨翟・禽滑釐を節用（倹約・勤勉）や兼愛（博愛）などを説いた人々、宋鈃・尹文を禁攻寝兵（非戦）と情欲寡浅（無欲）による平和主義を説いた人々、彭蒙・田駢・慎到を斉万物（万物に対する無差別平等）を説いた人々、関尹・老耼を万物の根源を重んじ柔和・謙譲・無為などを説いた人々、荘周を荒唐の論で造物者と遊び死生や事物の終始を超越した者を友とする人、そして恵施および桓団・公孫龍を論理分析を説く人々としてあげている。ここでは学派名は使われないが、関尹（前出の「関令の尹喜」と同じ）・老耼が一つのカテゴリーとされている。そして荘周はそれとはまた別の位置におかれている。なお『荘子』のなかの文章であるにもかかわらず、ここでは関尹・老耼が絶賛され、荘子は現実離れして真実をつくしきれていないと、必ずしも十分評価はされていない。

老子がまずほかの人物と強く結びつけられて語られるようになるのは、黄帝と一体化した「黄老」である。

黄帝　後漢の画像石。

黄帝は、『史記』の冒頭に太古の帝王である「五帝」の筆頭としてあげられる。すなわち、中国の歴史上最初に登場した帝王とされる。しかし、『書経』『詩経』『論語』などの周初（殷末？）から春秋時代に記された現存最古の文章を含む文献群には、「五帝」の末方に位置づけられる堯帝や舜帝の名はみえるにもかかわらず、黄帝の名はまったくみえない。黄帝の名前がみられるようになるのは、戦国時代の中頃以降であり、時期がわかる資料では斉の威王（在位前三五六〜前三二〇）のときの銘文が初出とされる。つまり、堯と舜の前に、黄帝―顓頊―帝嚳をおいて「五帝」とするのは、戦国中頃から司馬遷の頃までにできた説と考える必要があるようである。

その後、黄帝は暦法、医学、神仙術などさまざまな学術や技術の創始者あるいは象徴的存在とされるようになるが、その一つに人為を排した無為の政治思想を説き実践した古代の帝王としても説かれるようになる。近年、『老子』とともに馬王堆から出土した『黄帝四経』（『黄帝書』）にその姿が示されている。一方、『老子』にも無為の政治を説く文章は多く、本来はそれが主要なテーマだったのではないかとも考えられている。そこで、戦国時代の末から前漢時代にかけて、黄帝と老子が一体化し、人為を排した無為自然なる統治を説く黄老思想（当時の言い方では「黄老の術」）として流行した。漢王朝の初期は、これを政治イデオロギーとして尊んだのであった。

その後、武帝のときになると、董仲舒（前一七六？〜前一〇四？）の献策を基にして儒教が国家イデオロギーとなり、「黄老」は政治思想としては顧みられなくなっていく。しかし一方で黄帝は代表的な神仙ともされており、それに引きずられて老子も神仙化していくことになる。そして前漢末から後漢にかけて「黄老の術」の意味合いが変化して、政治思想ではなく神仙術を指すことになっていく。

「老荘」の登場

前漢の淮南王劉安（前一七九～前一二二）は高祖劉邦の曾孫で、武帝より二三歳年長であった。彼は都の長安から離れた南方の淮南国（現在の安徽省中西部）にあって、さまざまな学術の士を集めて中央とはいささか異なる独自の文化を形成していた。その成果をまとめ上げた文献が『淮南子』（前一三九年）である。もとは内篇二一篇、外篇三三篇からなったというが、現在は内篇のみ残っている。それを読むと、全体の根底を支えるのは老子的思想であり、さらにそこに荘子的思想も加味されていることがわかる。それが端的にあらわれている一篇が道応篇であり、「道」が歴史にあらわれていることを、さまざまな史実を取り上げながら『老子』の文章を基本に『荘子』なども交えながら照応させ、確認かつ証明するという内容になっている。そして、『淮南子』の末尾におかれる要略篇は締めくくりとして全体を一篇ずつ解説を加えた内容となっているが、そこで道応篇について、「遂事の蹤を攬掇い、往古の跡を追観し、禍福利害の反を察し、験を老荘の術に考え、以て得失の勢を合する者なり（過去の事跡を拾い集め、かつてのできごとをあらためて眺め、禍福利害の変転について観察し、老荘の学によって検証し、得失の趨勢と照合させる）」と説明している。現在残っている文献に基づく限り、中国史上「老荘」という言葉の初出はここということになるが、この事実には前記のような淮南国の新しい動きという歴史的裏付があるのである。

荘子（明・陸治「夢蝶」より）

さて、劉安はその独自の活動も一因となって武帝より謀反の罪を着せられ、自害することになる。そこでこの活動はいったんは頓挫する。しかし老子と荘子をひとまとめにする流れはすでに一般化へと向かっていた。『淮南子』から約四〇年ののちにできるのが司馬遷の『史記』であるが、その「老子韓非列伝」では、老子伝の直後に荘子伝が続けられている。そして荘子すなわち荘周その人の紹介に、「あらゆることについて学ばないことはなかったが、その肝要根本のところは老子の言に基づく。その著書は十余万言、大部分が寓言である。漁父（ぎょほ）、盗跖（とうせき）、胠篋（きょきょう）の諸篇をつくって、孔子の一派をそしり、それで老子の学問を明らかにした」と述べ、両者の学問の直結性を強調するに至った。そしてそれはそのまま後世の両者の関係に対する認識に強く作用することになっていくのである。

「道家」

ところで、「道家」というカテゴリーはいつできたのであろうか。紀元前九一年にできた『史記』の司馬遷による太史公自序に、司馬遷の父の司馬談（しばだん）による「六家の要指」の説明を引くが、そのなかで陰陽（いんよう）家、儒家、墨家（ぼっか）、法家、名家、道家の六家の名をあげている。これが確かな伝世文献では「道家」の語の初出である。ただし、その道家にどのような人が属するのかは何も述べられていない。そこに『老子』の言葉がみられることから、少なくとも老子は念頭におかれていたらしいが、荘子が含まれていたかなどそれ以外のことは明確にはわからない。老子と荘子を列べる『史記』の「老子韓非列伝」のほうにも「道家」という語はでてこないばかりか、韓非や申不害（しんふがい）とも一緒に記された格好となっている。結局、前漢の司馬談、司馬遷父子の頃に道家という名称はあらわれていたらしいが、その範囲や構造（伝承関係）などは曖昧模糊としてははっきりとはわからない。

本当の意味で最初の「道家」の概念が決定的に提示されているのは、後漢の班固（三二〜九二）の『漢書』芸文志である。これは前漢までにあらわれた書物を内容別に分類した図書目録であり、大きく、(1)六芸略、(2)諸子略、(3)詩賦略、(4)兵書略、(5)数術略、(6)方技略の六分類に分かれる（「略」は境界、区分の意味）。このなかの諸子略がいわゆる諸子百家の書にあたり、細かく儒、道、陰陽、法、名、墨、縦横、雑、農、小説の十家に分かれている。そしてその道家として、『伊尹』に始まり、『老子』を要としつつ、『関尹子』『荘子』『列子』『黄帝四経』などの書名をあげ、何が道家なのか具体的にはっきりわかるように明示されている。

もっとも、この『漢書』芸文志は、前漢末から後漢初にかけて生きた劉歆（前五三？〜後二三）がつくった図書目録『七略』に基づいているとされる。『七略』は、輯略、六芸略、諸子略、詩賦略、兵書略、術数略、方技略からなるが、そこから全体の総論であった輯略を除いたのが『漢書』芸文志だといわれている。さらに、劉歆の父親の劉向（前七九？〜前八？）は宮中の図書の解題集『別録』をつくりつつ漢王室の図書の整理をおこなったが、劉歆の『七略』は父の仕事を引き継いだものといわれている。そうしてみると、前記のような道家の範囲の確定はその頃にはできていた可能性がある。

なお、『漢書』芸文志では、『老子』や『荘子』『列子』からかなり離れたあとのほうに黄帝関係の書があげられている。黄老思想の流行した頃には老子の前に密着しておかれた黄帝であったが、この頃に

コラム　文子・関尹子・荘子・列子・庚桑子

『漢書』芸文志・諸子略の「道家」には、老子に関係の強い思想家の著作が列挙されている。なかでも重要なのは文子・関尹子・荘子・列子である。

文子は『漢書』芸文志で老子の弟子とされ、著作とされる『文子』は老子関係の文献の直後にあげられるが、その人の詳細は不詳。周の平王時の人という説（『漢書』古今人表）や、姓名を辛研（あるいは辛銒）とする説（『史記』貨殖列伝の集解など）もある。伝来する『文子』の文章は『淮南子』の言葉の借用が多いことなどから偽作と考えられていたが、一九七三年に河北省定州の前漢の墓から『文子』が出土し再検討が始まっている。

関尹子は老子が出関する際に教え（すなわち『道徳経』）を授けた「関令尹喜」（『史記』老子伝）とされる。これは「関令尹の喜」あるいは「関令尹は喜んで……」と読む人もいるが、一般には関令（関所の長官）の尹喜という人物とされる。芸文志にその著『関尹子』九篇があげられている。現存の『関尹子』九篇は南宋の孫定の偽作説があるが（『直斎書録解題』）、『四庫全書総目提要』は「唐五代の筆の立つ方士の作」とする。

荘子は荘周のこと。戦国時代（紀元前四世紀後半頃）の人で、宋国蒙県で漆園（うるし畑）の役人であったともいう。その著書とされる『荘子』は『漢書』芸文志などによればもと五二篇であったが、現存のかたちは晋の郭象により整理された内篇七、外篇一五、雑篇一一の合わせて三三篇。これらは前漢までの道家系の多様な思想家の著作が混在するが、内篇がもとの荘周の著作に近いであろうことと、とりわけ最初の「逍遥遊」と「斉物論」の二篇が自著にもっとも近いとみることについては、多くの学者が一致している。

列子は列禦寇（列圄寇とも）のことで、通説では戦国時代の鄭の人。列禦寇の著とされる『列子』は『漢書』

芸文志に八篇と記され、現存の同名書も八篇であるが、『荘子』や『淮南子』などと重複する文章があることをはじめ、ほぼ後世の偽作と考えられている。晋の張湛の注が有名であるが、その頃までには現在のかたちに整えられたようである。

これらの人々の関係としては、関尹はもとより老子の弟子とされており、また『荘子』達生篇、『列子』黄帝篇、『呂氏春秋』審己篇で関尹は列子の師として描かれ、さらに列子は『荘子』で先達の扱いをされていることから、一般に老子、関尹、列子、荘子の順で列べられることが多い。また文子も古い目録類では老子に密着した位置におかれた。

このほか、同類の思想家として庚桑子があげられる場合がある。庚桑子は老子の弟子として、『荘子』に庚桑楚、『列子』に亢倉子の名で登場する。この人の著作として『亢倉子』があるが、唐の王士元による偽作である。

唐の玄宗はこれらの荘子・文子・列子・庚桑子とその著作をそれぞれ南華真人・『南華真経』、通玄真人・『通玄真経』、沖虚真人・『沖虚真経』、洞霊真人・『洞霊真経』とし、老子の『道徳真経』とともに道教の代表として道挙の試験経典に設定した。老・荘・列・文あるいは荘・文・列・亢倉は「道家の四子」と呼ばれた。

なおこれと同じ頃に関尹子も文始真人とされたようだが（唐・呉筠「高子詠」）、その著『関尹子』があらわれるのは前述のようにのちの時代のようであり、さらにこれが『文始真経』と呼ばれるのは全真教の宋徳方の道蔵編纂にあたって入蔵されたときからであった（朱象先「文始真経出世紀」）。

は両者の関係は薄くなり、老子には荘子などが密接に連続している一方、黄帝は後回しにされている。『漢書』芸文志は後世の学術分類に大きな影響を与えるが、「道家」なるものもまずはこのような認識を根本において考えられることとなっていく。

ただし、序章で述べたように「道家」の意味はその後さらに神仙説や鬼神信仰などを加えつつ膨張し変容していくことになる。

3 神仙説

神僊説と方僊道

古代中国の文化は華北の黄河流域を中心に興ったが、東西南北の世界の彼方には何があるのかまだ詳細な知識をもたなかった頃には、不死の存在が住む不思議な国々があるなどと想像された。なかでも東方と西方についてはとくにユニークな一種の定説が形成されることになる。

まず、東の世界については、『史記』巻二八「封禅書（ほうぜんしょ）」に次のように述べられる。

斉の威王（在位前三五六～前三二〇）、宣王（在位前三一九～前三〇一）、燕（えん）の昭王（在位前三一一～前二七九）のときから、人々を海へ遣わして蓬萊（ほうらい）・方丈（ほうじょう）・瀛洲（えいしゅう）を捜すようになった。この三神山は渤海（ぼっかい）のなかにあると伝えられる。人間世界とそう離れてはいないが、まさに到着しようとすると、風が船を引き離してしまう。かつて到達した者がおり、さまざまな僊人（せんにん）や不死の薬がみなここにあり、鳥や獣

「蓬萊仙境図」（清・袁耀）

たちはすべて白い色をしていて、宮殿は金と銀でできているという。遠くからは雲のように望見されるが、そこまで行くと今度は水面に消え、近づこうとすると風に引き戻されてしまい、結局至り着くことはできないとのことだ。世の人主はここに憧れを懐かぬ者はなかった。秦の始皇帝が天下を統一して斉の海辺へ至ると、方士でこの話を奏上する者が数え切れぬほどあった。

このような方士の一人が徐市（徐芾、徐福とも）であり、『史記』巻六「秦始皇本紀」のほうにはその名をあげつつ、彼が三神山のことを上書したため、男女の童子数千人とともに僊人を求め海上に派遣されたことが記されている。

この「僊人」は、後漢以降は「仙人」と表記され、後漢の王充『論衡』無形篇に「仙人の形を図くに、体に毛を生やし、臂を変じて翼と為し、雲に行けば則ち年を増し、千歳死なず」と述べられるように、翼をもち、空を飛翔し、長生不死の存在とされた。このような仙人や不死の薬などについての専門知識をもつ者が「方士」と呼ばれる人々であった。彼らは鄒衍（前三〇五～前二四〇）に由来する陰陽五行説なども取り入れながら「方僊道」なるものを形成し、形解銷化の術（あとに述べる「尸解」のことといわれる)をおこなったり、鬼神と交流したりしていたという。代表的な方士としては、宋毋忌・正伯僑・充尚・羨門高の名があげられている。

一方、西の世界については、いつの頃からか、黄河の水源として、不死の世界の崑崙山があるとされた。前漢の劉安の編纂にかかる『淮南子』「地形訓」にいう。

> 懸圃と涼風と樊桐の三山は、崑崙山の閶闔門のなかにある。……河水(黄河)は崑崙山の東北の隅より発し、渤海にまで貫流する。……崑崙の丘の上、その倍の高さの所には涼風山があり、そこまで登れば不死となる。そこからさらに倍の高さの所には懸圃山があり、そこまで登れば霊妙な存在となって風雨を使役することができる。さらにその倍の所はまさしく上天であり、そこまで登れば神である。ここは太帝(天帝)の居と呼ばれる。

「崑崙」は、『書経』禹貢、『楚辞』「離騒」、『荘子』大宗師篇などの古い文献にみえることから、やはり秦以前には少なくともその名は知られていた。そして後漢までにあらわれたと考えられる緯書の尚書緯『帝命験』(『帝験期』)や『河図玉版』、あるいは『列仙伝』(赤松子伝)になると、仙女の西王母の居所とされている。西王母については前漢の司馬相如(前一七九?~前一一七?)の「大人賦」に、「三足の烏」「長生」「不死」をともなうものとして語られている。その結果、後漢以降には崑崙山は西王母と強く結びついた不死の郷とされ、東方の三神山と同様に羽人や僊人の類の住む場所とされていたようである。これは古い時代の画像石などにも明確に表現されている。

なお、三世紀末の西晋時代に戦国時代の魏の墓から発見されたという『穆天子伝』や『古本竹書紀

コラム　緯書と道教

緯書は、漢代までに流行した未来予言説に、天人相関説・災異祥瑞説などを合わせたいわゆる讖緯説を記した書物で、儒家の正統的文献の「経書」に対して名づけられた。「易緯」「尚書緯」「詩緯」などの代表的な「七緯」をはじめ、多くは後漢の初め頃につくられたとみられる。そしてそこに記された内容は、後漢から六朝時代に作成された道教系典籍にも少なからぬ影響を与えたようである。例えば、『易緯乾鑿度』や『孝経鉤命訣』などに記された天地の生成過程「太易→太初→太始→太素（→太極）→万物」の説は、『太上洞玄霊宝天開経』『太上老君開天経』などの世界開闢の説明に用いられている。また、東西南北と中央におのおの天帝がいるとする五方天帝の説は経書にも述べられるが、その名前を明示するのは緯書系の説とされる。例えば『春秋文耀鉤』に東方の蒼帝（青帝）の名を霊威仰、南方の赤帝を赤熛怒、西方の白帝を白招拒、北方の黒帝を協光紀、中央の黄帝を含枢紐と記すが、これは『太上霊宝五符序』をはじめとする霊宝経の五帝の名とおおむね同じである。また、呉王闔閭の命により龍威丈人が洞庭包山へ入って発見したという霊宝経の出現譚は、同様の話が『河図絳象』にみえる。さらに道教独特の地理説である洞天説を開示した初期の代表的文献である『真誥』稽神枢篇では、『河図要元篇』『河図内元経』などの緯書を引用しつつ洞天の世界を詳しく解説している。また、いわゆる十州説で説かれる北方の「玄洲」や西方の「流洲」なども『龍魚河図』にみえる。ほかにも、道教的身体神の説と似た髪神、耳神、目神、鼻神などのことが同じく『龍魚河図』にみえるほか、脳に神がいることなどが『春秋元命苞』にみられる。しかし緯書は今日では断片的に残るのみであり、道教への影響の詳しい考察は容易ではない状況にある。

年』には、西周初の穆王が西征に赴き崑崙山で西王母に会う話が記されており、崑崙山と西王母が早くから結びついていた可能性も考えられる。

秦の始皇帝と漢の武帝の愛好

このように東海の三神山には戦国時代から渤海沿岸の斉の威王・宣王や燕の昭王が関心を示し、人を派遣して捜索させていたとされるが、のちに中国の頂点に君臨してとりわけ強大な勢力を誇った秦の始皇帝（前二五九～前二一〇）と漢の武帝（前一五六～前八七）は、その権力と財力を傾けいっそう熱を入れて神僊と不老不死を追求し、神僊説と方士の隆盛を引き起こした。

まず秦の始皇帝は、循環する五行の徳を獲得した者が新王朝を興すという鄒衍の五徳始終説を斉の人より取り入れ、秦を水徳として王朝の制度を設定した。もとより鄒衍の説は方僊道との関係が深く、斉の方士たちの説に耳を傾けつつ、始皇帝は神僊への関心を強めていくこととなった。

秦の天下統一から二年後の始皇帝二十八（前二一九）年、帝は最初の天下巡遊をおこなうが、その際に山東の泰山で封禅（ほうぜん）の儀式をおこない、そのまま東に進んで山東半島をめぐり、僊人の羨門高（せんもんこう）の類を探し求めた。この途上で斉の方士徐市（じょふつ）に出会って三神山の説を聞き、彼を東の海へ派遣したのであった。なお封禅は本来は天下統一の帝王となったことを天地に報告することを主旨とするが、漢の武帝のときには明確に昇天して不死となるための一手段ともされており、始皇帝にもその意図があった可能性が考えられよう。始皇帝は翌年にも山東半島の北端まで至って海上を望見したという。

三十二（前二一五）年、今度は渤海湾の北辺の碣石へ至り、燕の方士の盧生に羨門高を探させたほか、やはり燕の方士、韓終・侯公・石生に僊人不死の薬を求めさせた。三十七（前二一〇）年には再び山東へきたが、徐市ら方士には大鮫に苦しめられてまだ蓬萊へは行けていないと言い訳され、不死の夢をいだいたままもなく五十歳にて没する。

そのおよそ百年後、漢の武帝が登場し、始皇帝に勝るとも劣らぬ情熱で神僊と不死を求め、方士の活動もこの頃に全盛を極めた。

武帝の前にまずあらわれた方士は李少君であった。彼は蓬萊山の僊人安期生に会ったと称し、祠竈・穀道（後述する辟穀に同じ）・却老（老いを却けること）の術に通じていたという。彼は祠竈すなわち竈の神を祀ることによって物の怪が集まり、そうすると丹砂は黄金に変化し、その黄金で飲食の器をつくると寿命が益して蓬萊山の僊人に会うことができ、そうして封禅をおこなえば不死となると述べたとされる。これはつまり封禅を不死のための方法とするほか、錬丹術の濫觴となるような内容も説いていたということになり、注目すべき内容といえよう。武帝は彼の言葉に従って安期生を探し、丹砂で黄金をつくることも試みたが、ほどなくして李少君は不死を実証することもなく病死した。

李少君（『列仙図賛』）

その後、斉の方士の少翁なる者があらわれ、神をおろしてみせる力があるということで文成(ぶんせい)将軍の称号を授かったが、効果がなく誅殺された。続いて少翁と師を同じくするという欒大(らんだい)があらわれ、安期生や羨門高に会ったことがあると言い、自分の師の方法によれば黄金は合成でき、不死の薬は得られ、僊人は呼べると語り、五利(ごり)将軍の称号を授かった。欒大は、方士に対しては少翁の場合のように乱暴にすべきではなく、丁重に扱ってこそ神人はやってくると予防線を張り、皇女を娶るなどして武帝と慎重かつ親密に交わったが、結局は何も効験がなく誅殺された。

さらに続いてやはり斉の方士、公孫卿(こうそんけい)があらわれた。公孫卿は、黄帝が封禅して昇僊した話を功妙に語って武帝に封禅を勧めた。すると元鼎(げんてい)七（前一一〇）年、武帝は始皇帝とほぼ同様のルートで山東半島を巡幸したのち、泰山にて封禅を挙行し、元封(げんぽう)への改元と大赦をおこなった。なおその途上、斉の界隈では神怪や奇方を言上する方士が万人単位であらわれたといい、神僊説の氾濫ぶりがうかがえる。翌年には公孫卿の勧めに従い、神僊を招き寄せることができるとして、長安に蜚廉観(ひれんかん)と桂観(けいかん)、咸陽(かんよう)の甘泉宮に益延寿観(えきえんじゅかん)という高殿を築いた。元封五（前一〇六）年には第二次の封禅がおこなわれ、太初(たいしょ)元（前一〇四）年には長安郊外の建章宮(けんしょうきゅう)に太液池(たいえきち)をつくり、そこに東海三山になぞらえて蓬萊・方丈・瀛洲という山を築いた。その後も封禅は続けられ、太初三（前一〇二）年、天漢(てんかん)三（前九八）年、太始(たいし)三（前九四）年、征和(せいわ)四（前八九）年と四〜五年おきに泰山へと赴き儀式をおこなった。この間もおりにふれて東方の沿海地域の方士たちに接触し、晩年まで不死の神僊について情報収集を欠かさなかったという。

その後、前漢末期の成帝(せいてい)（在位前三三〜前七）もある時期に鬼神のことを好んだため、祭祀・方術を語る輩が続出したという。そのために家臣の谷永(こくえい)は始皇帝と武帝が神僊説を愛好した故事をさまざまにあげてその弊害を述べ、成帝をたしなめたとされる（『漢書』郊祀志下）。

神仙術

以上のように前漢の頃までには神僊の説がさかんに説かれるようになったが、これと並行して、はてしない高所へと飛翔することができ、永遠に死ぬことのないとされる僊人となるための術がさまざまに出現することになる。

さて、漢代以前に存在した学術、技法、文化をもっとも総合的に紹介するのは、やはり先にもふれた『漢書』芸文志である。この『漢書』芸文志の方技略のなかに「神僊（家）」が位置づけられており、その記述に神僊道、すなわち神仙道のもっとも古い姿をうかがうことができる。この「神僊」の一段には一〇種類の書名があげられている。順にあげれば、『宓戯雑子道』『上聖雑子道』『道要雑子』『黄帝雑子歩引』『黄帝岐伯按摩』『黄帝雑子芝菌』『黄帝雑子十九家方』『泰壹雑子十五家方』『神農雑子技道』『泰壹雑子黄冶』である。これらはすべて現存しないので詳しい内容はよくわからないが、題名からある程度推測することが可能である。

まず「歩引」とは、「導引（道引）」にほぼ同じと考えられる。「導引」とは身体の屈伸運動を中心に呼吸法などを取り入れた養生長生法である。一九七三年にこれを図示した「導引図」が『老子』とともに馬王堆の前漢墓から出土し、その具体的な姿が明らかとなる画期的発見となった。『隋書』経籍志の「医方」にみえる『引気図』一巻と『道引図』三巻は現存しないがこの関係の書物であろう。なお後者

「導引図」（部分）

の書名に続けて注に「立一、坐一、臥一」と記されているのは、立・坐・臥の姿勢でおこなう方法がそれぞれ一巻となっていたということであろう。

「按摩」は今日にいうそれとほとんど同じであろう。「按」とは押すこと、「摩」とはこすることである。なお『孟子』梁恵（りょうけい）王（おう）篇上にみえる「折枝」の語について後漢の趙岐（ちょうき）は、「折枝とは按摩のことである。手の節を折って疲れた体をほぐすのである」と注釈しているが、それによれば、按摩も導引のように身体の節々の屈伸運動であったことも考えられる。

「芝菌」とはキノコのこと。ある種のキノコは古来、神僊の食する神秘的な植物とされていた。ここはその服用法を説いたものであろう。そもそも次に述べるように漢の武帝頃に金石を材料とした錬丹術が説かれ出す以前、始皇帝の時代などは不老不死の僊薬といえば、蓬萊などの別天地に生じるキノコを中心とした植物類が想定されていた。

「黄冶」は直訳すれば「黄金の精錬」で錬金術であるが、転じて不老不死の丹薬を錬成する錬丹術のことを指す。これは

「黄白の術」ともいう。「白」とは銀のことである。金属や鉱物を使ってそれを人工的につくるという類の話は、先にみた漢の武帝時の李少君あたりより始まるようである。『史記』封禅書によれば、彼は武帝に対し、丹砂やほかの薬剤を使って黄金をつくり、それを飲食の器にすれば、寿を益すことができ、そうすると蓬萊の僊者にまみえることができる（加えて封禅をおこなうと不死になる）と説いたとされる。また、同じ頃の淮南王劉安も、「神仙黄白の術」をまとめた『中篇』八巻をつくったとされる（『漢書』劉安伝）。また前漢末の劉向は淮南の地から入手した『枕中鴻宝苑秘書』で黄金をつくろうとしたといい（『漢書』劉向伝）、さらに劉向の作とされるが、後漢から魏晋の作と推定されている現行本『列仙伝』には、任光、主柱、赤斧らの伝に彼らが丹（砂）を服用したことなどが述べられている。

なおこれらの書名の多くに冠せられる宓戯（伏羲）、黄帝、泰壹（太一）、神農などの神話的人物は神僊の類とされ、これらの技法に結びつけられていたのであろう。

またこの方技略には「神僊」のほか、「医経」「経方」「房中」の三家が載せられているが、これらもそれぞれ道教との関わりは非常に深い。「医経」とは経絡や人体の陰陽などの医学の基礎理論と針灸などの技法の書物である。現存する『黄帝内経』（のちに素問・霊枢に分けられたとされる）などがそこにあげられている。「経方」は、薬学の書物。伝統的な医薬学は不老長生をめざすためには欠かせない知識であり、中国医薬学史上の最重要人物ともいえる梁の陶弘景や唐の孫思邈は道士であった。そして「房中」すなわち房中術は男女の性交の技法をもって健身をはかるものである。そこには『容成陰道』『湯盤庚陰道』『黄帝三王養陽方』などの書名があげられているが、これに関しても、馬王堆から出土した房中文献「十問」のなかで房中を論ずる人物として黄帝や容成、盤庚の名がみえ、これらの書名と照応している。また房中術はのちに五斗米道から天師道で実践されたことをはじめ、長生のための道術としてのちのちまで根強くおこなわれるが、やはり道教の内外から批判をこうむりつづけたものでもある。

なお後述するように、『魏書』釈老志などのように正史に道教についての専論を立てる場合があるが、それをしない場合に正史では道士などの道教関係者の伝記は「方技（方伎）」伝に入れられるのが通例である。それほどこの方技と道教は内容が重なっているともいえよう。

さまざまな技法

先にみたような『漢書』芸文志の「神僊」あるいは方技略からうかがえる神仙術以外にも、前漢時代までにはさまざまな技法が実践されていたことは、数多くの資料が語ってくれる。

まずは「吐故納（吸）新」と呼ばれる呼吸法がある。文字通りには、故気すなわち古い気を吐き出して新しく新鮮な気を身体に納め入れるということである。思想的にいえば、人間は要するに気によって生きていることを前提とし、地の気を穀物を中心とする食物から、天の気を呼吸により取り入れているとする。しかし地の気は濁った気であり、それにより人は重くかつ有限なる存在となっている。そこで穀物を断ち（「辟穀」）、天の清らかで軽い気のみを摂取する（「食気」）ことで長生が可能となり、また身体は軽くなり最後には地から浮上して天へと昇ることができるとも考えるのである。『荘子』刻意篇には「道引の士」の行いとして、「吹呴呼吸、吐故納新、熊経鳥申（熊や鳥が体を伸ばすポーズをする）」をあげているので、これを導引の一部という捉え方もできるのであろう。また、同じ『荘子』逍遥遊篇の有名な藐姑射(はこや)（藐(はる)かな姑射(こや)）の山の神人が、「肌膚は冰雪の若く、淖約(しなやか)で処子(おとめ)の若し。五穀を食わず、風を吸い露を飲み、雲気に乗り、飛龍を御して、四海の外に遊ぶ」と記しているのも、ほぼ同様の発想に基づいている。

それから『漢書』郊祀志下の文中で、谷永が批判的に神僊の術をあげつらうくだりに「化色五倉の術」というものに言及している。『漢書』注釈家の李奇(りき)はこの「化色五倉の術」を解説して、「身中に五色有り、腹中に五倉神有るを思う。五色存すれば則ち不死、五倉存すれば則ち飢えず」と記している。五倉とは五臓をいうようである。要するにこれは一種の瞑想法であり、五色は詳しくはわからないが、腹中に五臓の神がいることをイメージするものであったらしい。そしてこれを思念する方法を実践することによって不死になるとか、飢えることがなくなるなどといわれている。あとにみるように、五臓神をはじめとする体内神をイメージする方法は、長生法にせよ符呪(ふじゅ)法にせよ、のちの道教にとって欠くことのできない重要な技法となっていく。

また、『史記』封禅書には方僊道のおこなった方術として「形解銷化」なるものをあげているが、後漢の服虔(ふくけん)はこれに注釈して「尸解なり」と述べている。尸解とは、神仙術を修める者が別に百歳を越えるわけでもなく普通の人と同様に死去して屍を残しても、それはある種の術を使って蟬や蛇のように脱け殻を残して仙人に生まれ変わったとするものである。後漢の王充はその『論衡』道虚篇で、漢の武帝に神仙術を説いた李少君が尸解したとする当時流布していた説に対して厳しい批判を展開している。この尸解法は後世さまざまなバリエーションが説かれることになる。東晋の葛洪『抱朴子』論仙篇では、李少君は必ず尸解を遂げたものであると肯定しつつ、「仙経」の言葉を引用して、「上士は形を挙げて虚へ昇る、之を天仙と謂う。中士は名山に遊ぶ、之を地仙と謂う。下士は先ず死して後に蛻す、之を尸解仙と謂う」と記して下士が仙人になる方法という位置づけを示している。また壺中天の話で有名な費長房らは死後に棺を覗くと竹杖が一本残っていたという話をあげている。このように、肉体を何か別のものに託してそれを残しつつ仙去するのも尸解とされた。棺に杖を残すのは杖解と呼ばれたが、棺に剣を残して消え去るのは剣解と呼ばれ、杖解よりも高度な尸解とされた。

4 鬼神と符呪

鬼神信仰

鬼神とは、基本的に人が直接知覚しえない霊的超越的存在を指す語であり、原則として鬼とは人が死してなる霊魂、神とは天地の自然神をいう。『周礼』では「天神」「地祇」「人鬼」をあげて天・地・人に対応させて神・祇・鬼と三種類に分けるが、一般的には天と地についてを神、人についてを鬼ということが多い。ただし、鬼と神も混用される場合が少なくなく、まとめて鬼神と表現することが通行した。

鬼神とはいかなるものかについては、儒家系文献の祖先祖霊崇拝にかかわる記述や、あるいは南方の『楚辞』等々から、断片的にではあるがさまざまな捉え方があったことを垣間見ることができる。よく知られた『論語』の「鬼神を敬して之を遠ざく、知と謂うべし」（雍也篇）というのもその一つである。『老子』や『荘子』なども鬼神に言及し、ひとまずその存在を念頭においている文章はみられるが、例えば『老子』で「道をもって天下を治めれば、鬼も人に祟るような怪しいはたらきをあらわさない」（六〇章）などと述べたり、『荘子』で「天楽を知る者は、天の怨みもなく、……鬼の責めもない」（天道篇）など述べられ、道のはたらきにより害を為さなくなるなどと述べられるのみであり、別にそれに積極的にかかわっていくべきことを説いているわけではない。一方で『楚辞』「九歌」に付された後漢の王逸の序文は、昔楚国の南郢や沅水・湖水の地域では人々は鬼を信じて祭祀を好み、祠で巫覡たちに歌楽鼓舞させ神々を楽しませたと記している。

先秦諸子のなかでもっとも鬼神を重視し、積極的に鬼神を語るのは墨家である。この墨家は世界を天・鬼・人の三つに分け、天は世界の最上層にあって鬼・人の世界を主宰する人格神的なものとし、鬼は詳しくいえば天の鬼・山川の鬼・人の亡魂に分かれるようだが、天と人の中間に存在して人界を支配するとした。天は人間界の帝王とその政治を監視し、鬼は一般の人々を監視し、人が天や鬼の意向（これが「義」すなわち道徳・倫理とされる）に反すると、罰として天災や事故などが起こるとされた。そこで人間は、天や鬼神の祭祀を欠かさずにおこない、かつ日々正しい道徳的実践に励むことにより、天と鬼神よりもたらされる罰を回避できると説かれた。また、ここにみられる天・鬼・人の三部世界観は、のちの道教にあらわれる仙・人・鬼の三部世界観に類似していることはよく知られた事実である。清末民初の章炳麟は、張道陵や張魯以降の道士の源流に墨家をあげている（『章氏叢書検論』巻三「附録・黄巾道士縁起説」)。

また、前にみたように『史記』封禅書にみえる方僊道も、前述の「形解銷化」とともに「鬼神の事に依る」のを内容としていたとされるが、鬼神とどう接していたのかなど詳細は不明である。前漢の武帝のときに跋扈(ばっこ)した方士たちの言葉をみると、その頃には神僊と雑多な鬼神の信仰はほとんど混同されて一体化している状況だったようである。

呪符の起こり

鬼神信仰と深くかかわるものに「符(呪符)」の使用ということがある。「符」は邪鬼から身を守ったり、また鬼神を使役するなど、神秘的な力をもつとされる一見奇妙な図形であり、日本でいうところの「おふだ」である。これは道教を特徴づける重要な要素として知られている。今日でも中国大陸や台湾などの道観(どうかん)(道教寺院)を訪れると、壁に貼ってあるなどで、あちらこちらに見つけることができよう。

歴史的に正式な文献として伝えられたものを眺める限り、前漢以前にはこのような「符」についての言及はまずないようであるが、しかし古い墓からはそれらしきものを思わせる記述がでている。図形自体はないが、紀元前二一七年の秦代のものという湖北省雲夢(うんぼう)県睡虎地(すいこじ)の墓から出土した竹簡「日書」には、「禹符(うふ)」なる符を用いる方法らしきことが記されている。また馬王堆の「五十二病方」には、蠱(こ)によって病となった者に対して、ある種の符(「弁符(へいふ)」?)を焼いてその灰を液体に混ぜ、それで病んだ者を沐浴させる呪術的治療法が記されている。これらは、早くから符が不思議な力があるものとして用いられていたことをうかがわせる。

後漢時代の墓になると、近年の発掘などによって当時の原始的な符篆が少なからず姿をあらわしている。そのなかで紀年のあるものとしてもっとも早いのは、洛陽郊外の邙山漢墓出土の陶罐に記されたもので、延光元（一二二）年とある。また、陝西省戸県朱家堡漢墓から出土した陶瓶（陽嘉二〈一三三〉年）などもよく知られている。これらは多く「解注文（解除文）」という、死者の祟りが現世の親族などにおよばないように天帝（もしくはその使者）に願う文言とともに記されている。このような陶瓶は「解注器」と呼ばれる。「注」とは、冥界にいる亡魂の祟りが顕界の自分たちのところへ流れ込んでくることをいい、「注祟」ともいう。古代の民衆は冥界を苦しい世界と考え、そこで憂き目に遭っている亡魂は生者の世界へきて人を殺して自分の身代わりとし、自分はまた人間界に生まれようとするものとされた。そして亡魂たちはとりわけ自分の親族や子孫の魂を奪おうとするものと考えられていた。このような亡魂の祟りを「鬼注」、祟りをなす亡魂を「注鬼」と呼ぶ。亡魂はまた冥界で自分の死にまつわる怨みについて訴訟を起こし、天帝の采配により生者の世界へきて祟るとも考えられた。このような祟りを「訟注」という。あるいは祟りをなす鬼の実体は気と考えられたため、「気注」と呼ぶ場合もある。このような死せる亡魂の祟りを避ける願いを記した一文が「解注文」である。そしてその「解注」の効果をもつとされた不思

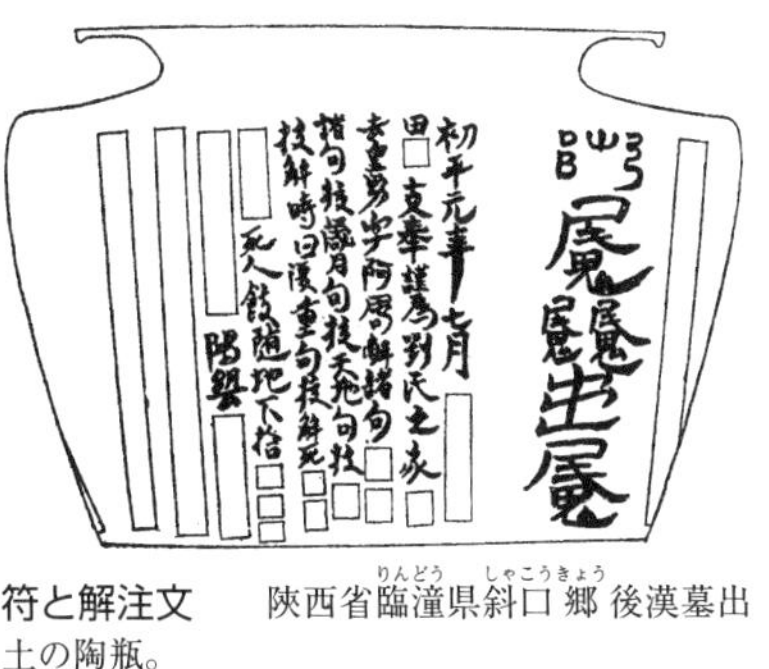

符と解注文　陝西省臨潼県斜口郷後漢墓出土の陶瓶。

議な図形が符であった。ちなみに解注器とみなされるものでもっとも早い紀年のあるものは、陝西咸陽で出土した陶瓶で、永平三(六〇)年と記されているという(「東漢墓葬出土解注器和天師道的起源」『中国道教考古』一)。

なお、後漢時代にこのような符の効用を強調した教説で民衆を引きつけたのが、後述する太平道と五斗米道であった。史書が太平道と五斗米道について直接記録するのは、符を水に浸してその水を飲ませて病気を治すという「符水」という方法であるが、五斗米道から天師道系の文献とされる『千二百官儀』(『登真隠訣』巻下所引)などには鬼の注祟について述べられている。また解注器にみえる符の形式が、太平道に由来する『太平経』にみえる符の形式、すなわち複文と呼ばれる漢字を重ねる符の形式と類似しているとの指摘もある。あるいは祖先との関係をみると、「承負」(祖先の罪が気づかぬまま災禍として子孫におよぶこと)を説くのが太平道なのに対し、「注祟」を説くのは五斗米道から天師道だとの指摘もある。太平道や五斗米道との関係の詳細については、考古学的調査も含めた今後の研究に待ちたい。

このほか、南朝で死後に冥界の土地の領域争いを防ぐための証明として墓に埋められた売地券・鎮墓券に符が記されている場合があるが、これも後漢時代に遡るといわれる。いずれにせよ、符の使用が広範におこなわれるようになったのは、後漢の頃からであったようである。

禹歩

また、禹歩という術がある。禹とは古代に治水の功績で舜から帝王の位を譲られ、夏王朝を創始したとされる人物である。彼は中国全土を治めるために一三年も家にも帰らず各地を経巡ったが、そのために足を痛めて片足を引きずるような歩き方になったという。それで禹は旅行の神とされ、またこれと同じように後ろ足を前足の前に出さないような歩行法にも呪術的な意味づけがおこなわれ、出立前にこのステップを踏むことで旅行中に鬼神の加護が得られるなどとされたようである。その後は、あるいは悪霊から身を守るため、あるいは病気治療のため、そして何よりも鬼神を招き寄せ使役するための方法として、道教ではなにかとこの禹歩がおこなわれるようになっていく。

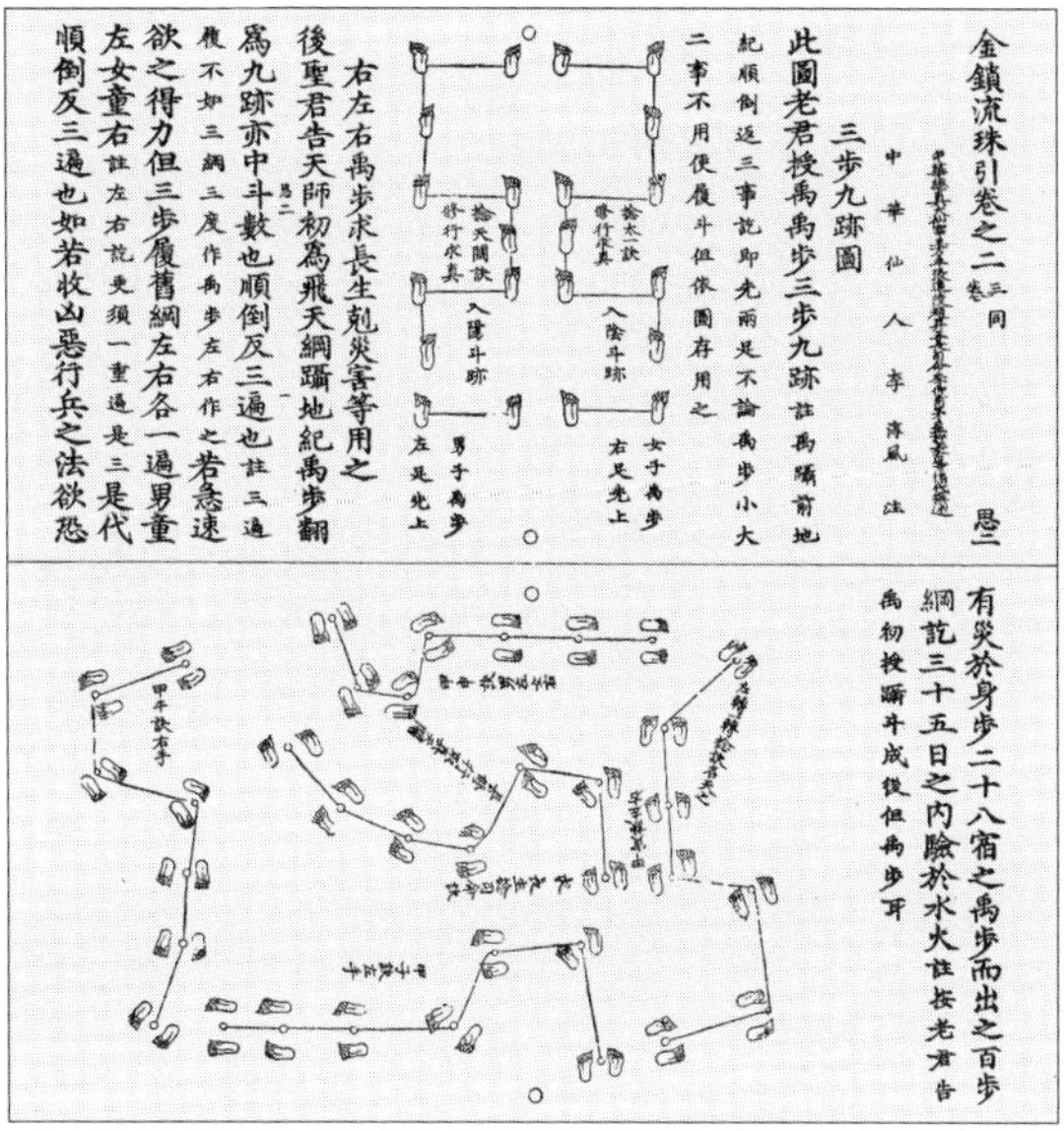

禹歩の図（『金鎖流珠引』より）

　古いところでは、先の睡虎地出土の「日書」にこの禹歩について記録がみられるが、やはり近年出土した馬王堆帛書の一つである「五十二病方」にはかなり詳しい記述がなされている。例えば、蚖（がん）という毒蛇に嚙まれたときの療法の一つとして、次のような方法が記されている。

　沈殿させた泥水の上澄みを一杯ひょうたんに入れ、左手で持ち、北を向いて病人の方へ三回禹歩して、その名を尋ね、すぐに言う、「某某、年は□今□」。水を半分飲んで言う、「病気は□治る。ゆっくりと離れ、ゆっくりと治れ」。すぐにひょうたんをひっくり返して、そこから立ち去る。（行数番号〇九七～〇九八、□は不読部分）

また、穨（たい）（脱腸、鼠径（そけい）ヘルニアのことで、のちに「癩（たい）」と表記）の治療法として、癩には、柏の木の杵を手に持ち、三回禹歩して、言う。「息吐く者は一回垂れた肉を除き、息吐く者は二回垂れた肉を除き、息吐く者は三回垂れた肉を除く。……息吐く者はお前を撞く、柏の杵で七回。その癩を一つなくするぞ」。必ず同族の者に癩の患者を抱いて、東向きの窓辺に据えさせ、外から邪鬼払いのためにこれを撞く。（同二二三～二二五）（以上、小曽戸洋・長谷部英一・町泉寿郎『五十二病方』に拠る）

ここにみられるように、多くの場合は合わせて呪文を唱えるべきことが述べられていることをはじめ、邪悪な鬼神を排除することにより病が癒えるという考えが前提になっており、極めて呪術的な方法であることがわかる。

なお、秦の商鞅（しょうおう）（?～前三三八）の師とされる尸佼（しこう）に『尸子（しし）』二巻があり（『漢書』芸文志・雑家（ざっか））、その佚文とされる文に「古えには（黄河のほとりの）龍門（りゅうもん）も呂梁（りょりょう）も開鑿（かいさく）されていなかったので、禹はそこを切り開いて黄河の流れをよくした。そのため一〇年のあいだ家に帰らず、偏枯の病となり、足は左右それぞれもう一方の前には出さないような歩き方になった（「歩は相い過ぎず」）。人々はこれを「禹歩」と呼んだ」と記されている（『太平御覧』巻八二「皇王部・夏禹」など）。戦国末の『荀子』非相篇では冒頭、古の聖人偉人の悪しき形貌を列挙するくだりに「禹跳」（禹の足が不自由なさま）なる言葉がみられるが、清代の考証学者の王先謙は、これを『尸子』のいう「禹歩」であるとしている（『荀子集解』）。また、戦国時代末の『呂氏春秋』侍君覧・行論にも、禹について「歩は相い過ぎず」と述べられており、古くから呪術師だけではなく一般の知識人にも知られていたことをうかがわせる。

第2章 信仰と諸経典の形成

後漢〜六朝末

1 老子の神格化

神仙老子

無為の政治論としての黄老思想は前漢武帝期より衰えたが、黄帝と老子をセットとする「黄老」という枠組は、その後も残りつづけていく。黄帝は、黄金の飲食の器を使って長生を得、蓬萊の僊人（仙人）に会い封禅をおこなって不死になったとか、首山の銅で鼎をつくると龍がおりてきて、それに乗って昇天したなどとされる（いずれも『史記』封禅書）等々、もとより神仙とされていた。老子のほうは必ずしも神仙ということではなかったかもしれないが、現存本の『老子』をみると、「長生久視の道」を説くなどで長生指向と受け取れる面もあり、また「谷神（あるいは浴神）不死」といった「不死」なるあり方を崇ぶともとれる表現もある。先にみたように前漢の『史記』老子伝では百六十歳とか二百歳であったとの説をあげるなど、神仙じみた人物とされてもいたようであり、またそこで「道を修めることで（百六

軒轅問答図（明・石鋭）　軒轅すなわち黄帝（左）が広成子（右）に養生の秘法を問う。

十歳や二百歳の）長寿となった」と述べているのは、すでに司馬遷の頃に道家と神僊（仙）家が融合しており、その象徴的存在となっていたことも考えられよう。あるいは早くは『荘子』のなかにも『老子』の語を不老不死の要訣としているかに思われる部分もある（在宥篇の黄帝・広成子問答。これは後世『広成子』として独立の書ともなる）。そのような流れの延長として、前漢末から後漢には黄帝と同じように老子も明確に人間を超えた神仙的な存在とされるようになっていく。

　前漢末から後漢初にかけて生きた桓譚（前三一?～後四六?）は唯物主義・合理主義者で、当時流行の讖緯説などにも痛烈な批判を加えていた。また早々と霊魂不滅論にも反対し、のちの中国側知識人の反仏教思想にも大きな影響を与えたことで知られる。その議論を展開する『新論』祛蔽篇の冒頭に記すところによれば、もと陳の長官であったという杜房という人物のもとを訪れると、老子の書を読んでいて、杜房は桓譚に次のように言ったという。「老子は恬淡として本性を養うことにより、寿命は数百歳になった。その老子の道をおこなえば、寿命を延ばし老いを却けることができるであろうか?」。もちろんこのあとに桓譚の痛烈な批判が繰り広げられるのであるが、とにかく杜房のような見方をする者が多かれ少なかれ存在したのであろう。ちなみに、陳は老子の故郷とされた楚の苦県を含む地域である。

この桓譚に強い影響を受け、その合理主義的思想を徹底したのが後漢の王充(二七~九七?)である。彼は『論衡』のなかで古今東西の学術や思想や文化のさまざまな虚妄をあばこうとするが、その一つが「道虚篇」であり、当時いうところの道家の道術の虚妄を厳しく批判する一篇である。これはまず最初に先の黄帝の昇天伝説の否定から始めているように、黄帝を念頭に入れている。すなわち道家と黄老を重ねるかたちで扱っているとみてよい。これはおそらく当時の一般的な認識でもあったのだろう。そしてそのあとで話を老子に向け、次のように述べている。

世間のある人々は、老子の道術(方法)によって人間世界を超越できるとし、恬淡無欲なあり方で精と気を大切に養っている。そもそも人は精と神が基になって命をなしているのであり、精と神をそこなうことがなければ、命は長く続いて不死となるのであり、過去に事実として、老子はこれを実践することで百年以上生きて人間世界を超越し、「真人」(神仙)となったのだという。……

この道虚篇ではほかに、漢の武帝時に神仙説を鼓吹した李少君、文成将軍の少翁、五利将軍の欒大のことや、真人の食気、辟穀、吐故納新、導気(導引)、薬物の服食などのことがあげられ、それらをまとめて批判する格好になっている。すなわち、後漢時代が始まった当時にあっては、老子はこれらの人々や神仙術とカテゴリーを同じくする神仙的存在ということになっていたことが示されているといえよう。

仏とともに祀られる老子

中国の伝統的な知識としては、仏教は後漢の第二代皇帝、明帝（在位五七〜七五）のときに伝来したとされる。あるとき明帝が夢のなかで頭頂に白光のある金人が宮殿のなかを飛んでいるのをみて、それを群臣に尋ねたところ、傅毅がでてきて「仏です」と答えた。そこで天竺へ蔡愔らを派遣したところ、『四十二章経』を携えつつ沙門の摂摩騰（迦葉摩騰とも）と竺法蘭とともに洛陽へ戻り、それから仏教経典と仏僧が中国へ伝わったなどと述べられるが（例えば『魏書』釈老志）、今日では事実とはみなされない。しかし、この明帝の頃までには確実に伝わってきていたようであり、それを証明する有名な史実が、明帝の異母弟であった楚王英すなわち劉英（?〜七一）の信仰である。

劉英は建武十五（三九）年に楚公となり、二十八（五二）年に楚王となった。彼は若いときは社交を好んだが、晩年には黄老と仏教を喜んだ。『後漢書』列伝三二の楚王英伝にいう、「英は少き時は游侠を好み賓客と交通するも、晩節はさらに黄老を喜び浮屠の斎戒祭祀を為す」。のちに明帝は、天下の死罪の者も絹織物を納めれば贖罪できると詔し、それに対して英が絹布三〇匹を献上したところ、明帝の答えにいう、「楚王は黄老の微言を誦え、浮屠の仁祠を尚び、絜斎すること三月、神と誓いを為す。何をか嫌い何をか疑わん、当に悔吝有るべし。其れ贖を還し、以て伊蒲塞・桑門の盛饌の助けとせん」。浮屠は

「ブッダ」の古い音写の一つですなわち仏、あるいは仏教をいう。楚王英は仏に対する祭祀を熱心におこなっていたとのことであるが、それと同時に「黄老を喜び」「黄老の微言を誦え」たと記されている。一般にこの部分は、黄老すなわち黄帝と老子を仏と同じく祭祀したと解され、仏に対する信仰がおこなわれたことを示す最初期の重要資料とされると同時に、黄帝そして老子を並べて祭祀したことを示すやはり最初期の重要資料ともされている。

さらに百年程経て後漢も終末に向かおうかという頃には、はっきりと老子を祭祀したことを示す記録もでてくる。しかも時の皇帝、桓帝による信仰である。『後漢書』孝桓帝紀第七にいう、「（延熹）八（一六五）年春正月、中常侍左悺を遣わして苦県に之き、老子を祀らしむ」。苦県とはむろん『史記』よりいわれた老子の本貫である。李賢の注に、「神廟有り、故に就きて之を祠る。苦県は陳国に属し、故に今の亳州谷陽県に在り」とあり、かつて陳国の領域となっていた苦県には、以前より老子を祀る廟があったのかもしれないが、とにかく桓帝は神として祭祀した。また翌九年の秋七月の記事として、「黄老を濯龍宮に祠る」とみえる。この孝桓帝紀の末に『後漢書』の作者の范曄は総括の文章をつけていう、「前史（『東観漢紀』を指す）に称すらく、桓帝は音楽を好み、琴笙を善くし、芳林で飾りつつ濯龍の宮を考え、華蓋を設けて以て浮図（浮屠）と老子を祠ると。斯れ将た所謂る神に聴けるものか」。これらによれば、桓帝は老子だけでなく黄帝や仏もあわせて祀り信仰していたようである。

このほかにも『後漢書』には、熹平二（一七三）年に魏愔が愍王の劉寵とともに天神を祭って天子の位を得ることを願ったと嫌疑をかけられ、これに対して魏愔が「愍王とともに黄老君を祭ったのは、長生の福を求めただけで、ほかの望みなどありません」と答えた話がみえ（「孝明八王列伝」）、黄老信仰の広がりがうかがえる。

「老子銘」

ところで、桓帝が苦県に使者を遣わして老子を祀らしめたというのが延熹八年であるが、その八月には陳国の国相の辺韶（へんしょう）により、その苦県の老子廟に「老子銘（ろうしめい）」という石碑が立てられた。この石碑自体は残っていないが、碑文はほぼ全文が記録され伝えられている。そしてその文章は、後漢の当時に老子がどのような存在とみなされていたかをもっとも詳細に示す貴重な資料となっている。

まずそれは老子の伝記的記述から始まるが、「老子の姓は李（り）、字（あざな）は伯陽（はくよう）、楚の相県の人なり」とするなど、『史記』の記述とはかなり違っている。新たに字とされた伯陽は、もとは周の予言者の名で、神秘的人物像を重ねる試みではないかと推測されている。前漢の劉向（りゅうきょう）作とされるが、おそらくは後漢以降に成立した『列仙伝』も老子の字を伯陽とする。また相県とは今の苦県であるとしている。さらに孔子との会見は、孔子が十七歳であったのに対して老子は二百余歳であったなどと記している。

そしてさらに重要なのは、続く内容である。世間の道術を好む者は、『老子』に「神を浴（せいしん）えば（やしな）不死となる」（原文は「浴神不死」。『老子』の通行本では「谷神不死」〈第六章〉だが、河上公注の古いテキストなどでこの「老子銘」と同様に「浴神不死」につくるものもある）とあるのを敷衍（ふえん）して、老子は宇宙の根元をなす混沌の気と離れたり合一したりしながら、日月星辰とともに永遠に生きるのであり、天を観察して予言の類を

鹿邑太清宮太極殿　後漢の苦県の老子廟を継承する道観。河南省鹿邑県。

つくり、北斗星を昇降し、日ごとに九回姿を変え、時に応じて出没し、日月星辰の運行を規定し、青龍・白虎・朱雀・玄武の四神を従えているという。さらに、体のなかの丹田や紫房に、「太一」すなわち北極星を神格化した天帝などの体内神をイメージする神仙術を実践し、成道を遂げて仙化し、俗人の殻を抜け出てこの世を超脱し、伏羲神農よりこのかた代々聖者たちの師となってきた、というまさに神的存在とするのである。最後の「伏羲神農（羲農）よりこのかた代々聖者たちの師となってきた」というのは、要するに老子は三皇五帝の頃から何度も姿を変えてあらわれ、中国を支配した歴代のおもな帝王に師として教えを説いたとされる説で、のちの神仙化した老子の伝記には必ずといってよいほど記されている。この話を専門に説いた『老子変化経』という文献も敦煌から出土しているが、そこでは老子は苞羲（伏羲）のときに温爽子、神農のときに春成子、祝融のときには広成子としてあらわれたなどとして代々の名称を記している。また後述するように仏教が伝来して以後には、老子が西域に渡って仏に変化して仏法を説き、インドの胡人を教化したとの内容を加えた『老子化胡経』がつくられ、仏教側から激しく反発されることになる。また、東晋の葛洪の作とされるが、現存するものはもう少し後世にできたと考えられる『神仙伝』の老子伝では、上三皇のときには玄中法師、下三皇のときは金闕帝君、伏羲のときは鬱華子、神農のときは九霊老子、祝融のときは広寿子、黄帝のときは広成子などとしてあらわれたと記されている。

碑文はさらに、時の皇帝、桓帝が老子を崇め祀ることなどをはさみつつ、最後にこの碑のメインとなる四言句からなる韻文の銘文を綴り、その末尾の部分でこう讃え記している。「光を日月と同じくし、……丹盧を出入し、黄庭を上下し、流俗を背棄し、景を含み形を匿し、元を苞んで神化し、至精を呼吸す。世は原ぬる能わず、其の永生なるを仰ぐ」。「盧」は鼻のこととされるので、「丹盧」も同様であろう。「黄庭」は丹田と同様、のちに盛んになる存思法では関鍵となる体内の部位。一説に丹田と同じともされる。要するに老子は、諸々の神仙術をみごとに体得して、永遠に生きる神として、世間一般の人の理解をはるかに超えた存在となっていることが、あらためて示されているということになる。後漢の神仙道に携わる人々にとって老子とは、このような存在であったようである。

2 太平道と五斗米道・天師道

太平道

『三国志』魏書巻八の張魯伝に引く『典略』によれば、後漢霊帝の熹平年間（一七二～一七七年）には妖賊がおおいに起こったとして、三輔の駱曜、東方の張角、漢中の張脩（ひとまず張衡に置き換え可能とされる）をあげている。このうち駱曜は人々に「緬匿法」（身を隠す術？）を教えたとされるが、詳細は不明である。しかし、張角は太平道、張脩（張衡）は五斗米道をなしたとして比較的詳しく紹介している。

太平道は、後漢の後半にあらわれた干吉（あるいは于吉）に始まるとされる。『後漢書』の襄楷伝の記すところでは、後漢の順帝のとき（一二六～一四五年）、琅邪の人という宮崇なる人物が後漢の宮中にやってきて、その師匠の干吉（于吉）が曲陽泉のほとりで得たという神書一七〇巻を献上した。その書はみな水色の絹の布に朱で罫線が施され、青色の表紙、朱色の題目があり、『太平清領書』というものであった。内容は陰陽五行の説を基礎とし、それにさまざまな巫覡の語が織り交ぜられているものという。役人はこれを妖妄の書であってまともなものではないことを奏上し、結局倉庫にしまいこんでしまったとされる。

なお、前漢の成帝時（前三三～前七年）に斉の人の甘忠可が『天官暦包元太平経』をつくり、天地が終わって天命が改まること、天帝が真人の赤精子を使わしてそのことを彼に教えたことなどを述べたといい、彼を継承する人々が朝廷をも巻き込んで「太初元将」への改元沙汰まで引き起こす等々で一時大きな影響力をもったという（『漢書』巻七五「李尋伝」）。『天官暦包元太平経』の内容について詳しいことはわからないが、『太平清領書』はおそらくこの書に淵源するとの見方を示す研究者は少なくない。

さてこの干吉（于吉）は、『後漢書』の李賢注や『三国志』孫策伝の裴松之注に引く『江表伝』によれば、琅邪の道士であり、最初は東方に寓居していたが、そのあとに呉や会稽の地方にやってきて精舎を立てて道書を読み、符水によって人々の病を治し、その地に多く事える者がでたという。あるとき、呉の孫策が城門の楼閣に賓客を集めて会を催したおり、干吉が門の下を通ったところ、そこに詰めかけていた賓客と諸将の三分の二が楼閣をおりていって彼に礼拝した。孫策は怪しんで彼を捕らえたところ、多くの弟子がその婦女を孫策の母のもとへ遣わして釈放させるよう願った。母はそこで孫策に、今後の戦場でも彼は福をなすはずだと説得しようとしたが、孫策は衆心を幻惑する妖妄の者として聞かなかった。また諸将も助けを乞うたが、孫策は先人の例などを引きながら邪俗の類の無益なことを説き、すぐに処刑してその首を市に掲げた。弟子たちはそれでも彼は死なずに尸解したのだとし、彼を祭祀して福を求めたという。『三国志』孫策伝裴注に引く『史林』によれば、干吉の処刑は、順帝のときから五〇～六〇年たっていて齢は百歳程にはなっていただろうとしている。孫策が二十六歳の若さで死去したのが建安五（二〇〇）年であり、その年か直前のことであったのだろう。その後、干吉はさまざまに伝説化されていくことになるが、孫策も彼の幻影に悩まされノイローゼになって死去したなどと伝えられることになる。また曲陽という地名は各地にあるが、李賢の注は琅邪に近い東海（現在の江蘇省北部で山東省との境に近い)のその地としている。

『太平清領書』が青と朱(赤)からなることについては、やはり李賢の注に『太平経』を引き、「青なる者は仁を生じて心有り、赤なる者は太陽にして、天の正色なり」などと説明されている(この語は現在の『太平経鈔』巻四、巻七にみられる)。五行の配当からいえば、五色の青は五常の仁、赤と太陽の対応も含め、陰陽五行説からきていることはだいたい察しがつく。

そして、この『太平清領書』は一方で、張角という人物に大量に入手されていたようであり、彼はそれをもとに黄巾党という結社をつくりあげることになる。

『後漢書』皇甫嵩伝によれば、張角は鉅鹿(現在の河北省南部)の人で、自ら「大賢良師」と称し、黄老道を信仰実践した。その教法は治病にすこぶる効果があり、人々は信仰を強め信者は増大した。そこで張角は弟子八人を四方に派遣し、慈善的な教えで天下を教化したが、しだいに性格を変えて反乱軍と化していくことになる。十余年のあいだに信徒は数十万に達し、青州(おおむね現在の山東省北東部~遼寧省南部)、徐州(山東省南部~江蘇省北部)、幽州(河北省北部)、冀州(河北省南部)、荊州(湖北省~湖南省)、揚州(安徽省南部~浙江省北部)、兗州(山東省西部)、豫州(安徽省北部)の八州の人は皆これに呼応した。張角はこれら各地の信徒を三十六方と呼ばれる三六人の将軍をおいて統括した。そして中平元(一八四)年の三月、反乱の企てが王朝側にもれたことを機にいっせいに蜂起した。「蒼天は已に死す、黄天当に立つべし、歳は甲子に在り、天下大吉ならん」をスローガンとし、信徒は皆黄色の巾を着けて目印としたので人々はこれを黄巾と呼び、また蛾賊とも呼んだ。張角は自ら天公将軍と称し、弟の張宝と張梁はそれぞれ地公将軍、人公将軍と称し、一時は各地政府の長官たちも逃げ出して都も震え上がったが、政府軍も皇甫嵩らを軸に体勢を立て直し、同年十月に黄巾党の拠点で張梁の守る広宗（現在の河北省威県の東）を陥落させて張梁を斬り、先に病死した張角の屍を裂いて首を都へ送った。そして十一月には下曲陽にいた張宝も攻め殺し、黄巾軍はほぼ制圧された。その後も一部の残党が盛り返して青州などを中心に抵抗を続けたが、やはり中心人物を失った組織はもろく、しだいに崩壊し消散した。

太平道の内容としては、まず前述のように史書に「黄老道を奉事した」と記されている。やはり後漢の当時の黄老道、すなわち黄老を中心とした神仙信仰、および神仙道の実践が多かれ少なかれ中心になっていたと考えてよいのであろう。また史書には首過と符水による治病をおこなったと記されている。首過は思過ともいい、自らの犯した罪過を思念しつつ反省し告白すること。首とは「自首」というときのそれと同じ意味。干吉もおこなったという符水とは、符を入れた水を飲む法。これらにより、鬼神により罰として与えられた病気が癒えるとされたようである。このような病気治療が案外効果を発揮したとされ、民衆を惹きつけて力をもつようになったようである。

結局この黄巾党はほぼ壊滅し、彼らの教法は後世に伝承されることはなかった。ただ『太平清領書』は今日の道蔵に収録する『太平経』のなかに残されているとされる。しかし、現存の『太平経』は後世の再編と増益を経ており、どの程度当初の内容を伝えているかについては諸説ある。

五斗米道

五斗米道は、沛国の豊（現在の江蘇省豊県）の人という張陵（張道陵）に始まる。『三国志』魏書の張魯伝などによれば、張陵は蜀の地に渡ってきて、成都に程近い鵠（鶴）鳴山にて道を学び道書をつくり、人々より信仰を得た。その教えに従う者には五斗の米を納めさせたので、世間から米賊と呼ばれた。張陵が死去すると子の張衡が教えを受け継ぎ、衡が死去するとその子の張魯が継いだ。張魯は蜀の北に接する漢中（現在の陝西省漢中市）を根拠地として、「鬼道」（鬼神の道）によって民を教化し、自らを「師君」と号したという。すなわち、そこで五斗米道の教義を基にした小国家を築き、約三〇年にわたって巴蜀の領域をも含めて平和な支配を敷いた。

この五斗米道の内容は、基本的には太平道と似かよっていたといわれる。治病を重要な活動とし、病を得た者には静かな部屋をしつらえ、太平道とほぼ同様に思過（首過）をおこなわせたという。またそれに加え、病人に自分の姓名と服罪の意を記した手紙を三通つくらせ、一つは山上に置き、一つは地に埋め、一つは水に沈めてそれぞれを天官、地官、水官の三官に捧げるものとし、これを「三官手書」と呼んだ。三官は、神々から鳥獣に至るまで天地のあらゆる生き物の行為の善悪をチェックし、それらに応じて賞罰を与えるとされた。すなわち、太平道と同様に病気は鬼神もしくは神々がくだす懲罰と考えられたのである。なお、人々にこのような方法で治病を施す際、あるいは入信するとき、先にふれられていたように五斗の米を献納することが要求されたので、これがこの一派の呼称にもなっていった。

五斗米道のそのほかの特徴的な点としては、かなりしっかりとした教団的組織を設定していたことがあげられる。入信したばかりの者は、最初「鬼卒」と呼ばれる。その後教えを授かり信心が十分に深まった者は「祭酒」となる。祭酒はそれぞれ信徒を領するが、多くの信徒をかかえる者は「治頭大祭酒」とされる。祭酒は信徒に誠実にして人を欺かないよう指導するほか、義舎という旅行者用の宿舎を建て、米や肉をそこに供えて無料で提供した。ただし、そこで過分に利用すると鬼神が罰として病を与えるとした。法を犯す者がいたら、三度まで赦し、それ以上になると刑罰を加えた。その領域内には一般の長官の類はおかず、祭酒が治める「治」という行政的単位を設定した。これは蜀から漢中にかけて、陽平治（現在の四川省彭州市）を筆頭に全部で二四治（のち二八治）がおかれた。また春夏には生き物を殺すことが禁じられ、さらに飲酒も禁じられた。民もそのような治世を楽しんだという。ほかの土地から移ってきて一時的にそこで過ごす者たちも、ひとまずその教えに従った。

　また、祭酒は信徒たちにはみな『老子』を学習させたとされている。六朝から隋唐にかけての文献には張魯あるいは張道陵による『想爾（注）』なる書があったことが断片的に記されているが、二十世紀初頭に発見された敦煌文書のなかに、『老子想爾注』の残巻が見つかり、これが五斗米道の『老子』教育に結びつく重要資料なのではないかと推測されている。

張道陵　江西省龍虎山天師府天師殿。

　なお張陵から張魯までの三代を世に三張といい、また張陵を天師、張衡を係師（もしくは嗣師）、張魯を嗣師（もしくは係師）とし、あわせて三師と呼ばれた。そして史書をみる限り、東晋頃より五斗米道は天師道と呼称されることが一般化していくようである。

三国時代以後の五斗米道と政治

張魯は五斗米道に基づく一種の独立政権を築いたが、建安二十（二一五）年、魏の曹操は出兵してこれを征服した。そして張魯を捕らえて魏が都としていた鄴（現在の河北省南部の臨漳県）へと連行したが、客礼をもって待遇するなど丁重に扱いつつも軟禁状態においた。また信者数万戸も、魏の領域である北方の渭水から黄河流域地方へと移住させ、やはり魏の監視下においた。この結果、教主を頂点とする組織は瓦解することになる。しかし一方で個々の祭酒とその信者はそれぞれ独自に信仰活動を守っていく場合も少なからずあり、魏とそれに続く西晋にかけて北方で新しく信者になる者もあらわれ、それなりに伝承されていくことになる。

ところで、このように蜀と漢中の五斗米道は魏によっていったんは除き去られたようであるが、しかしその影響は完全には消滅せず残りつづけた。『華陽国志』巻八などによれば、犍為（現在の四川省彭山県）の人という陳瑞は、蜀の地において「鬼道」をもって徒衆を集めた。信徒には最初に酒一斗、魚一頭を供出させた。そして指導者を「祭酒」、その伝教の施設を「治」とし、信徒は何千何百にもなり、陳は自らを「天師」と称した。しかし咸寧三（二七七）年、益州刺史の王濬により誅せられたという。

その後まもなく、また蜀の地に李特（？～三〇三）という人物があらわれる。巴蜀の賨族に属し、祖父の李虎は張魯の国の人で、かつて北地へと移されたが戻ってきたという。彼は成都郊外の青城山にいたという五斗米道の首領、范長生の協力を得て成都を奪った。永興元(三〇四)年、李特を継いだ息子の李雄はそこで成都王を称し、さらに二年後(三〇六年)には皇帝位に即位し、国号を「成」とし、晏平と改元した。また范長生を丞相として「天地太師」と加号した。この政権は後世「成漢」とも呼ばれ、いわゆる五胡十六国の一つに数えられる。ここでは当然のことながら鬼神信仰に基づく五斗米道的色彩の強い政治がおこなわれた。この成王朝は四〇年余り続いたが、永和三(三四七)年に桓温によって滅ぼされた。

さらに五斗米道の余韻は、道教系民衆反乱として「黄巾の乱」と並称される「孫恩の乱」を引き起こすことになる。東晋の初めの四世紀前半頃、銭塘(杭州)の人、杜子恭(本名は杜昺)は余杭にて陳文子という天師道を奉じる人物の弟子となり、人々の救済活動に励んでいたところ、張魯が降臨してきてさまざまな秘密の処方を伝授し、かつ陽平治を授けた。すなわち五斗米道的信仰の拠点である「治」を授けた。これは世に「杜治」と呼ばれて当時広く知れ渡った。そこに北の琅邪から逃れてきた下級貴族の孫泰がやってきて弟子となった。孫泰は琅邪の孫秀の一族で、みな代々五斗米道を信奉していたという。この孫泰は政治的反乱を企てて結局失敗したが、その弟子であり、また甥でもある孫恩(?~四〇二)がこれを引き継いだ。孫恩は、「孫泰は死なずに登仙した」と説き、また自分たちを「長生人」と称して信徒を率いて立ち上がった。まもなく当時の貴族政治の圧力に耐えかねた人々をまとめて数十万の反乱軍を形成し、一時は江蘇沿岸地域を支配して都の建康を脅かした。その後、孫恩は臨海(現在の浙江省南部）での戦闘の失敗から自ら海へ入り命を絶つが、代わって盧循（ろじゅん）（？～四一一）が信徒を率いて江南にて戦いを繰り広げた。しかしこれも、のちに宋を創建する劉裕（りゅうゆう）に討伐され、九年ののちに盧循も海に身を投げて反乱は終息する。

北朝と南朝の天師道

西晋の末にはいわゆる八王の乱が起こって国内は混乱し、さらにこれをみた北方異民族が中原に進入した。この戦乱を避けて貴族を中心に多くの人々が長江を渡って南下したが、これを機に江南地域に本格的に五斗米道が伝わることになったようである。例えば書聖として著名な東晋の王羲之（おうぎし）は琅邪の王氏に属する名門貴族であり、道教に絡んださまざまな逸話が伝えられている道教マニアであるが、南渡前から代々熱心な五斗米道信者の家系であった。彼の次男の王凝之（おうぎょうし）はとくに信仰が篤かったようであり、会稽（現在の浙江省紹興（しょうこう）市）にあって孫恩の反乱軍が襲ってきたときも、防戦しようともせずに部屋に籠もってひたすら鬼神に祈禱するのみであったといい、結局そのまま殺されてしまう。

さて、このように北朝と南朝でともにおこなわれるようになった五斗米道は「天師道」と呼ばれることが多くなったようであるが、北と南でそれぞれなりの展開を遂げることになる。

北では北魏のときに寇謙之（こうけんし）（三六五？～四四八）という道士があらわれる。もともと彼は五岳のうちの中岳とされる嵩山（すうざん）（現在の河南省登封（とうほう）市）や西岳とされる華山（かざん）（陝西省華陰市）で天師道系の修行をしていたとされ、当時もやはりその種の人々が活動していた状況がうかがえよう。さて彼はその嵩山で修行をし

嵩山中岳廟　寇謙之が修行した地。

ていたところ、太上老君が降臨し、彼を張道陵以来空職となっていた「天師」に指名し、当時堕落していた天師道の改革粛正を命じたという。そしてこの際に『雲中音誦新科之戒』二〇巻を授かったという。その後さらに老君の玄孫という李譜文が降臨し、百神を召集する方法次第を記した『録図真経』六十余巻を授けつつ、末劫にある滅びゆく人々を救って新しい泰平（太平）真君の世に生きる「種民」とするように指示した。そこで寇謙之は授かった書を携えて朝廷に赴き、太武帝に献上しつつ自らの考えを言上した。仏教に対して道教に肩入れしていた貴族の崔浩（?〜四五〇）も彼を太武帝に推薦して接近させた。すると太武帝は彼の教説に傾倒し、彼に弟子の礼をとり、道士として必要な文書類なども授かった。さらに年号の名を「太平真君」と改めたり、天へと届かせようという静輪宮なる巨大な塔の建設にも着手した。しかし寇謙之は普通の人と同様に死去し、またとくに有能な後継者があらわれることもなく、彼の道教はほぼ一代にて終息した。ただし、中国の歴史上このように皇帝が先頭に立って国家をあげて道教的信仰に熱中したのは前代未聞であり、この一連のできごとは歴史的に特筆すべきものであった。なお、今日の道蔵に収録されている『老君音誦誡経』一巻は『雲中音誦新科之戒』の残本とされる。

一方南朝の天師道については、前述の杜子恭の場合などもちろん好例であるが、劉宋が成立する頃にあらわれた陸修静（四〇六〜四七七）が重要である。彼は呉の名族陸氏の一支の出身であり、年若くして結婚し官途に就いたが、二十代前半に「時は再び得難し」として出家し、中国各地を行脚してさまざまな人に教えを請い修学した。これはそのあとに特定の教派に捉われない活動に繋がるようである。宋の初めに廬山に入り、十数年間そこで過ごすと多くの弟子が集まった。そして宋の明帝より尊ばれ、帝より請われて都の建康へ出る。帝は彼のために都の北部に崇虚館を建てて住まわせたが、彼はその恵まれた環境を利用して、さまざまな道教経典を収集し、また自らも多くの著作物を残した。そのなかの『陸先生道門科略』には劉宋初め頃の天師道の堕落振りが記されている。そこには、祝祭日にはきちんと祭礼がおこなわれておらず、師弟関係はお互い寄りかかり合って腐敗し、道士の位階秩序は乱れ、法服は規定通りではなくなっている等々と述べられており、陸修静はこのような状況を批判してその改革是正を訴えている。その甲斐あってか劉宋末には天師道教団の秩序は回復して制度も安定し始めたとされる。この天師道の制度はその後さまざまな経典や教派が統合化されていく道教の制度的な基礎として引き継がれていくことになる。

なお、陸修静以前の東晋の五斗米道の教法を示すものの代表として『女青鬼律』が知られており、悪鬼を退ける方法や房中術などが説かれている。ここには内容的に初期の五斗米道の教法が残されているともいわれる。

3 葛洪の金丹道とその周辺

玄学と神仙道

漢末から魏晋にかけては、知識人のあいだでいわゆる「玄学」がおおいに流行する。「玄学」とは文字通りには玄妙で奥深い学問ということであり、具体的には「三玄」と呼ばれる『易経』『老子』『荘子』を基にして、世界の根本や原理的問題について思索するものである。このような「玄学」が流行した原因はさまざまに考えられている。例えばある説では、儒教の歴史的展開として捉える。漢末から魏の初めにかけて、馬融、鄭玄、王粛らの訓詁研究が盛んとなるが、これを末節への拘泥と職人化と捉え、その反動から大義を考えようとする才能のある者は老荘へと走ったとする（武内義雄『中国思想史』）。またある説は、漢末以降の社会的変化から捉える。漢代は各人が儒教の知識を身につけてそれにより一代限りの官僚になる制度であり、官僚は世襲ではなかった。しかし漢末以降は家が貴族化して身分は保障されたので、儒教に拘束されず、自由主義的学問や自由な生活が可能になり、そちらへ流れたとする（森三樹三郎『中国思想史』）。またある説は、知識人が知識人として学ぶべき重要な学問（教養）に対する認識の変化があるとし、後漢末の国家崩壊によって国家統治原理としての儒教の権威が失墜し、世界と人間についてもっと根本的に考えるべきとの反省から、『易経』『老子』『荘子』への注目が集まり再評価されたという（戸川芳郎ほか『儒教史』）。いずれも一理あろうが、このような流れから起こった玄学の盛

嵆康（『列仙全伝』）

行は国家制度にも影響し、劉宋の頃には国立の大学的施設として儒学・文学・史学に加えて玄学がおかれて四つの学館が立てられた。これらは「四学」と称され、漢以来の「太学」に相当する当時の最高学府とされた。その後も玄・儒・文・史の四科の制度は南斉まで引き継がれた。

この玄学は、基本的には儒教的教養人の老荘志向というべき性格のものであり、一般には道教なり道家に入れられることはあまりないが、例えば「丹鼎派」（錬丹術）や「符籙派」と並列される「玄理派」として「道家」あるいは「老学」に含める人もいる（梁啓超「論中国学術思想変遷之大勢」）。いずれにせよ、社会の拘束を脱け出して自由を求める精神は神仙道と共通のものがあり、したがって同時に神仙道への関心をもっていた人も少なくはなかった。

そのような当時の知識人の代表は、竹林の七賢の一人としても著名な嵆康（二二三〜二六二）である。彼は「養生論」を著し、そのなかで次のように述べている。神仙というものは、「異気」を受ける——すなわち常人とは違った特殊な素質を授かった者でなければ、学んでなれるものではない。しかし、神仙道の実践などを正しくおこなえば、普通の素質の人であっても千余歳、少なくとも数百歳は生きることが可能である、と。彼は「養生」について精神の平安を重視しながらも、呼吸吐納、薬物の服食といった肉体を長生させる神仙術も肯定する。この説を批判するのが向秀の「難養生論」であるが、それに対して反論した「答難養生論」では、さらに金丹、硝石、雲母の服用などさまざまな神仙術の類にやはり肯定的に論及している。嵆康自身はこのような神仙術に全面的に没頭していたわけではないが、ある程度は実践していたことがうかがえよう。

当時は「五石散」、一名「寒食散」という薬物の服用が流行していたことはよく知られている。これは石英、石硫黄などの五種の石薬を調合してつくることからその名で呼ばれ、精神を高揚させ壮快な気分になる効果があったという。これを飲めば憂いがなくなり、また体が軽くなる感覚が得られるなどとされ、一種の神仙薬の扱いであったようである。これは自由な精神を追求した玄学の人々にも好まれた。ただし、この薬は体を熱くさせ高熱を起こすという強い副作用があり、冷たいものを飲んだり食べたりしながら使用しなければならない（ゆえに「寒食散」ともいう）など、扱いが難しく、用法を誤って発狂したり死亡する者が多くでたという。

そもそも五石散の流行の先駆けとなったのは、玄学の祖とされる何晏（?〜二四九）であり、『世説新語』言語篇には彼の「五石散を服すれば、唯だ病を治するのみに非ず、亦た神明の開朗なるを覚ゆ」との語が載せられている。このほか、皇甫謐（二一五〜二八二）は「寒食散方」という専門の文章を著し、寒食散による自らの苦しい体験や、知人で背中に穴が開いた事例や死者が続出していることなどをあげている。また王羲之も幻覚作用など自らが体験したことを文章に記している。

このような薬物は金丹とは一線を画したほうがよいと考える人もいるかもしれないが、この種のものが知識人にとってかなり身近なものであったことは確かであろう。

コラム　道教と玄学

「玄学」の代表的人物は何晏、王弼、向秀、郭象らであった。

嵇康は自ら「道士の遺言を聞くに、朮と黄精とを餌すれば人をして久寿ならしむと。意甚だ之を信ず」（「山巨源に与う絶交書」）と述べるように、道士と交流しつつ神仙説を篤く信じた。そしてそれを「養生論」という論文にまとめた。嵇康は神仙の実在を肯定しつつ、それはもともと特別な素質をもっていた者であってだれもが学んでなれるものではないとする。しかし一般の人でも神仙術に従い努力すると、長ければ千年以上、少なくても数百歳の長寿を得ることができると述べる。神仙術は吐故納新や丹薬の服用などが念頭におかれていたようであり、当時の道士らの神仙説をほとんど代弁しているといえよう。これに対し、玄学の代表者の一人で嵇康の友人でもある向秀は「難養生論」を記して批判する。五穀は養生に良くないというが、五穀を食べるのは人間として天理自然のあり方であり、富貴も養生に良くないというが、ある程度の富貴を望むのも天地自然の道理なのだ。そして天より与えられた生命には定めがあり、外物によって増やすことなどできぬものなのだ、と。郭象の『荘子』の注釈は玄学を代表する著作の一つであるが、向秀はその原本をつくったとされる人物。現在の『荘子』郭象注に示される思想、すなわち天地自然より与えられたものに違わず、全面的に肯定し正しく受け入れるのを望ましい生き方とする所説とほぼ同じ立場を基調としつつ、努力次第でそれは動かすことができるという嵇康の神仙説を批判するのである。向秀は先王や周孔などを基準にして論じている点も見逃せないが、この向秀と嵇康の対立が、玄学と道教（神仙家）の違いを端的に示す一例といえよう。

葛洪

葛洪(二八三?～三四三?)、字は稚川、号は抱朴子といい、丹陽句容(現在の江蘇省句容市)の人。十三歳のまだ幼いときに父を失い、暮しは貧しかったが蔵書家を訪ね歩いて勉学に励み、儒学をはじめ諸子の学などを幅広く修めた。十五、六の頃から二十歳ぐらいまで鄭隠に師事し、金丹術をはじめとする神仙術や儒学などを学んだ。鄭隠はもともとは大儒であったが、晩年になって仙道を好んだ。当時すでに八十歳を超えていたが髪は黒く、弟子は五〇人を超えていた。大安元(三〇二)年に張昌の乱が起こると、鄭は入室の弟子のみ連れて霍山(現在の安徽省西南部)へ身を投じて消息不明となった。葛洪は二十を過ぎてからは軍役に従い、石冰の乱の平定に従軍して戦功をあげた。その後、広州刺史であり、嵆康の兄嵆喜の孫である嵆含に仕えて広東に滞在する。しばらく滞在ののちに故郷の句容に帰るが、広東もしくは句容にて、南海太守の経歴をもち神仙家でもあった鮑靚に師事し、かつその娘を娶ったようである。鮑

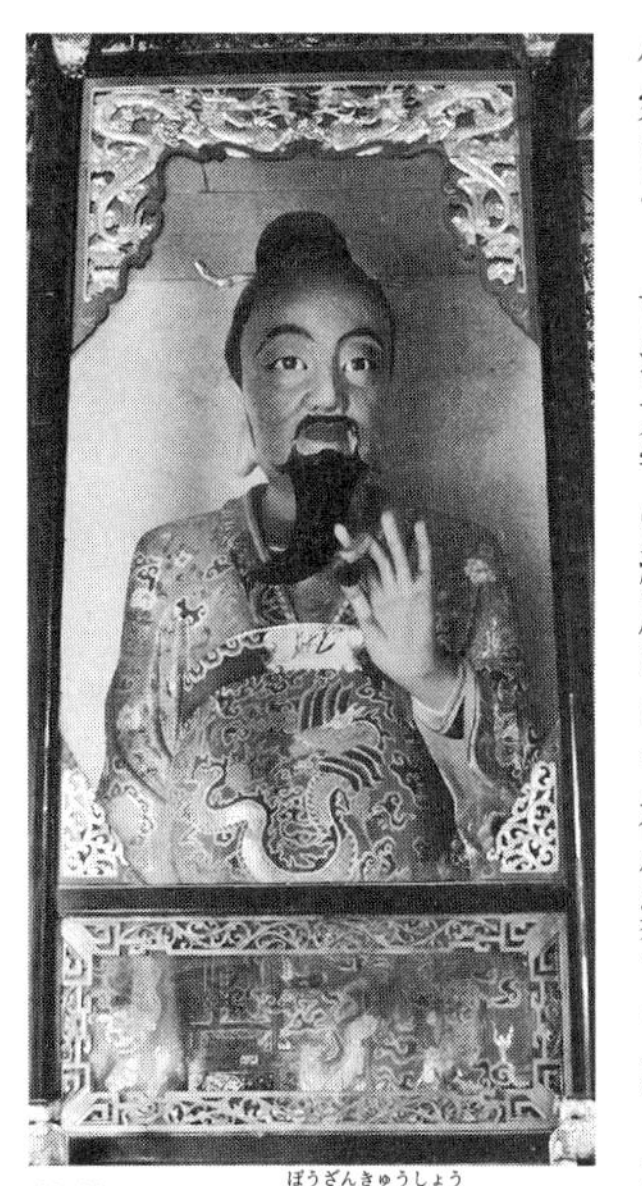

葛洪　江蘇省茅山九霄宮。

覗からは三皇文の伝授もあったとされる。五十歳頃に丹砂を産する交趾（現在のベトナムのハノイ市）に行くため、広西勾漏（現在の広西チワン族自治区北流市）の県令に志願し、そこへ至る途中に羅浮山（現在の広東省博羅県）に寄り、そのままその地で没したという。著書『抱朴子』は鄭隠から伝えられた学問に基づき、二十歳過ぎから書き始めて一四年後に完成した。道家的内容の「内篇」と儒家的内容の「外篇」に分かれ、道が本で儒が末であるとする。すなわち道儒兼修の教養人であり、嵇康と似たタイプということもできよう。師の鄭隠もそのような人であったという。後漢の思想家、王充『論衡』の影響もしばしば指摘される。

『抱朴子』の内・外篇で道教史上重要なのは内篇のほうである。『抱朴子』内篇は当時おこなわれていたさまざまな神仙術や経典について言及しており、そのため後漢から魏晋にかけての神仙道を具体的にうかがうためのもっとも重要な資料として知られている。そのなかで、葛洪は主要な神仙術をあげながらその重要度にランク付けをしている。例えば、「朱砂（丹砂）を金と為し、之を服する者は上士なり。芝を茹らい導引し、気を咽み長生する者は、中士なり。草木を餐食し、千歳以還の者は、下士なり」（黄白篇）といい、金丹は上士、芝菌や導引や食気は中士、草木の薬は下士の所業であるとする。また、「金丹を得ずに、但だ草木の薬を服し小術を修める者は、以て年を延ばし死を遅らすも、仙を得ざるなり。或いは但だ草薬を服するを知るも、還年の要術を知らざれば、則ち終に久生の理無し。或いは神符を帯び、禁戒を行い、身神を思い、真一を守るを暁らざれば、則ち止だ内疾起こらず、風湿犯さざらしむのみなりて、若し卒に悪鬼強邪、山精水毒の之を害する有れば、則ち便ちに死す」（極言篇）と述べ、金丹

コラム　六朝小説と道教

魏晋南北朝時代には小説が盛行するが、その多くは鬼神や冥界に関係する怪異譚を集めたものであった。これは今日一般に「志怪」小説と呼ばれ、代表的なものに、晋の干宝『捜神記』、晋の陶淵明『捜神後記』、劉宋の劉義慶『幽明録』、梁の任昉『述異記』などがある。また後世の「伝奇」小説のように創作性の強いものとして『漢武帝内伝』などもあらわれる。これらの内容は道教経典の内容と少なからず重なることがしばしば指摘されている。例えば、上清派の成立事情を示す『真誥』には、茅山で神仙の教示を求める降霊活動のなかで次のようなできごとを記す。まず霊媒の楊羲のもとに西王母を師とする神女の九華安妃（安鬱嬪）があらわれ、将来神仙界で二人が夫婦になる運命であることを告げ、仙界から持ってきた棗を与えて二人で食べ、さらに求愛の詩を贈って思いを述べる。同じく降霊活動を主宰する許謐に対しても、西王母の娘の右英夫人（王媚蘭）が訪れて同様に将来夫婦となることを述べ、数々の求愛の詩や教示を残したという。これらは例えば、蜀漢の頃に十七歳の青年の張傅のもとへ西王母の娘の神女杜蘭香が訪れ、夫婦になるべき運命であることを告げつつ持参した薯蕷子を渡して二人で食べる話や、同じく魏の弦超のもとへ神女の成公知瓊がやってきて食事をともにし、求愛の詩を贈り、易経の玄妙な道理を教示する話などの『捜神記』に載せる説話と似た内容である。このほか、細い洞窟を抜けると別天地が存在したという陶淵明「桃花源記」も、洞窟の先に地上にも似た神仙世界があるとする道教の洞天説との類似性があり、さらに東方朔が見聞した世界を漢の武帝に語る『（海内）十州記』は道教の地上世界観の基本になっていくなど、六朝小説を生み出した知識人の精神世界は六朝道教の醸成に密接に関連していたことがうかがえる。

を服用せずに草木の薬などその他のつまらぬ術だけでは仙人となれないとする。また符を帯びたり戒を守ることや、体内の神を思念する存思の術（後述、「真一」も体内神のこと）を知らないと、邪鬼などに害され容易に死ぬなどとされている。

さらに、「長生の道は、祭祀して鬼神に事(つか)えるに在らざるなり、道引と屈伸に在らざるなり。昇仙の要は、神丹に在り」（金丹篇）という経典の言葉を引き、最終目的の長生登仙の方法は神丹（金丹）の術であり、導引や屈伸運動のほか、当時五斗米道などでさかんにおこなわれていた鬼神の祭祀などは別に役に立たない、と否定的な扱いをしている。「余(わたし)の親しく識る所の数人を見るに、了(まった)く神明(かみ)を奉ぜず、一生祈祭せざるに、身は遐年(ながいき)を享け、名位は巍巍(たかだか)として子孫蕃昌(はんえい)し、富み且つ貴し。唯だ余もまた斯(これ)に事えず」（道意篇）などとも述べる。葛洪は、「『亀甲文(きこうぶん)』に「我が命は我に在り、天に在らず。……」とあるが、古人がどうして私を欺こうか」（黄白篇）と述べているように、鬼神や天に頼るのではなく、自分の努力が神仙になるための根本であるとするのである。ちなみにこの「我が命は我に在り、天に在らず」の語は、内丹(ないたん)術を含む金丹術の世界で基本的スローガンとしてのちのちまで受け継がれていくことになる。

金丹術

さて、「金丹」とは「金液還丹(きんえきかんたん)」ともいい、鉱物や金属類を使ってつくる不老不死の薬のことである。この種の技法はまた黄白(こうはく)の術（黄は金、白は銀のこと）とも呼ばれる。そしてそれらは先にみた前漢以来の黄冶(こうや)の術に遡源する。嵆康らの魏晋の前にあたる後漢には、金丹術の基を築いたとされる陰長生(いんちょうせい)がいたとされ、また同じく左慈（さじ）がいたとされる。そしてこの両者から発する二つの系譜に連なるとされるのが葛洪であった。

　葛洪によれば、自分の記す金丹術ははじめ左慈が天柱山（現在の安徽省潜山（せんざん）か？）の山中で精思（めいそう）していたところ、神人が彼に金丹仙経を授けたという。左慈はその後漢末の戦乱を避けて江南に渡ってきた。葛洪の従祖すなわち祖父の兄弟にあたる葛玄（かつげん）はこの左慈に師事して『太清丹経（たいせいたんきょう）』三巻、『九鼎（きゅうてい）丹経』一巻、『金液丹経』一巻を授かり、そして鄭隠は葛玄の弟子となってそれらを授かったという（『抱朴子』金丹篇）。これが葛洪に伝わることになるが、葛玄と葛洪（およびその後の同族）を含むこの系譜は葛氏道と呼ばれる場合がある。一方、『晋書』鮑靚（ほうせい）伝や、陳の馬枢（ばすう）撰という『道学伝』によれば、葛洪のもう一人の師となる鮑靚は陰長生より道訣を授かったとされる。『神仙伝』によれば、陰長生は馬鳴生（ばめいせい）より『太清神丹経』を授かったとされる錬丹家であるが、実際に陰長生―鮑靚―葛洪の系譜が金丹術関係の伝授かはわからず、また葛洪が鮑靚に師事するのは『抱朴子』完成以降のことのようであり、『抱朴子』への影響はないともいわれる。

　では、葛洪の金丹術はどのようなものか。まず、『抱朴子』仙薬篇では仙薬としてもっとも上等のものから順に、丹砂、黄金、白銀、諸芝、五玉、雲母、明珠、雄黄（ゆうおう）、太乙禹余糧（たいいつうよりょう）、石中黄子（せきちゅうこうし）、石桂（せきけい）、石英（せきえい）、石脳（せきのう）、石硫黄（せきいおう）、……松柏脂（まつやに）、茯苓（ぶくりょう）、地黄（じおう）、麦門冬（ばくもんとう）、木巨勝（もくきょしょう）などと、金石から草木まで数多くの薬物を列挙している。そして金丹篇にはこれらを材料としたさまざまな長生薬の作り方が述べられるが、当然丹砂や黄金を使ったものが優れていることになる。丹砂とは天然の硫化水銀で、鮮やかな赤色をしている。「丹砂は焼けば焼くほど霊妙な変化を起こし、黄金は火に入れて繰り返し錬成しても消滅せず、土に埋めても永遠に朽ちず不変である。そこでこれら二物を服用すれば、（それらのもつ性質通り）人の体を霊妙に錬成し変化させ、人を不老不死にすることができるのだ」（金丹篇）というのである。「金丹」とは狭義には文字通り黄金と丹砂の薬ということであり、広義にはそれ以外の前述の薬物を含めて調合錬成してできる種々の長生不死もしくは登仙の薬ということになる。その方法はじつにさまざまに説かれる。例えば「太清神丹」（前出の「神丹」）は華池赤塩などの薬物を元にして手間をかけるほど即効性のある薬ができるとされ、一転の丹（一度焼いて錬成した薬）であれば仙人になるために三年間服用しなければならないが、二転のものならば二年、三転ならば一年、四転ならば半年、そして九転の丹ならば三日の服用で仙人になれるなどという。

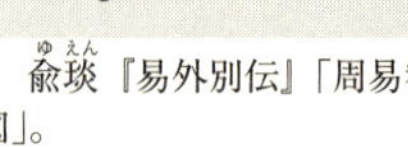

『周易参同契』の理論の図示　兪琰『易外別伝』「周易参同契金丹鼎器薬物火候万殊一本之図」。

なお、この『抱朴子』に先行する金丹術の書として、後漢あるいは三国呉の人、魏伯陽の作とされる『周易参同契』が知られている。これは易の卦の象を使って丹薬をつくる際の炉の火加減の変化を示すことをはじめ、漢代に流行した象数易の理論を使って錬丹の方法を説いたものといってよい。また「周易」に「参同契」という三字を加えて題としていることなども、やはり書名を三字とするのが通例であった緯書が流行した漢代の雰囲気を伝えていると捉えることができるかもしれない。現存するテキストで時代の明確なものは、五代の彭暁『周易参同契分章通真義』がもっとも古く、結局後漢から五代までのある時点で今のかたちをなしたということくらいしか確かなことはわからない。『抱朴子』の遐覧篇にあげる『魏伯陽内経』がそれだともいわれるが、この書の成立時期についてはさまざまな説がある。しかしテキストの部分的引用や他の経典に対する内容的影響は唐以前にもかなりみられ、時代がくだるにつれてその影響はむしろ『抱朴子』より大きくなるといってよい。『抱朴子』を丹砂・黄金中心主義とするなら『参同契』は鉛・汞(水銀)中心主義とでもいうべき内容であり、唐代にはこの種の金丹術が盛んになっていく。

帛家道・李家道と李弘の反乱

帛家道は、帛和(あるいは白和)なる不思議な人物を祖師として崇め信仰する一派を指す呼称である。葛洪も帛和の信奉者の一人であったようであり、彼が当時すでに八千七百歳だと言い伝えられることや、どんな質問にも答えられる深遠な知識の持ち主であること、瞳が正方形をしていて仙道経典のいうとおりの仙人であることなどを述べている(『抱朴子』祛惑篇)。『神仙伝』(今本)にも帛和の伝が載せられており、石室中で『太清中経神丹方』『三皇天文大字』『五岳真形図』を入手したとされているが、後述するように帛和はたしかに一般に『三皇文』の発見者として知られており、これらの経典の伝承とも無関係ではなかったようである。

帛家道は東晋以後も相当に流行し、やはり後述するように『上清経』を伝える許氏一族もこれに従事したほか、陶弘景の弟子の周子良の一族も同様であったとされる。内容については、「血食する（生き物を殺してその血や犠牲を祭る）」（『真誥』運象篇）、「俗神禱」（『周氏冥通記』）などと指摘され、あまり評価されない場合がある。

李家道は、李八百と呼ばれる八百歳（あるいは瞬時に八百里移動できる）とされる仙人を崇める一派をいう。李八百はもともとは三国の蜀の李阿という人物であり、その教えについて葛洪は、殺生をせず、肉を食らわず、供物はつねに豊富にあるなどと述べ、ほかの邪宗派とは違うものだと高く評価している（『抱朴子』道意篇）。この李阿のあとにまた李寛という人物があらわれ、あらためて李八百と考えられた。李寛は蜀から呉へと渡り、符水・導引・日月行気などの道術をおこない、千人近い弟子を従えていたという。東晋の初め、さらに八百歳と称する李脱があらわれ、中原から建康へ至る地域で「鬼道」によって病を治し、人々の信仰を得たという。李阿から李脱に至るまでの李家道は、内容的に天師道の影響が強いとされる。

この李脱の弟子に李弘があり、「李弘、当に王たるべし」との図讖とともに安徽の潜山に多くの弟子を養い、東晋王朝と衝突する。しかしまもなく政府軍によって鎮圧され、結局李脱・李弘とも建康で殺され反乱は終息した（三二四年）。

この事件があったのち、李弘は老子の化身であるとか（『三天内解経』『老君変化無極経』）、甲申の年に災害が起こって天下が大乱し、「真君」の「木子弓口(ム)」すなわち李弘があらわれて天地を改める(『〈太上〉洞淵神呪経』)などと考えられるようになったようであり、民衆のあいだに李弘と名乗る者が次々にあらわれ、それぞれが多くの信者を集めて王朝に対して反乱を起こすようになる。例えば東晋の咸康年間(三三五〜三四二年)の山東・貝丘の反乱(『晋書』巻一〇六)、同永和年間(三四五〜三五六年)の湖北・江夏の反乱(同巻九八)、同太和年間(三六六〜三七〇年)の四川・広漢の反乱(同巻八および巻五八)、同義熙年間(四〇五〜四一八年)の陝西・弐原の反乱(同巻一一八)があり、また華北では北魏の始光年間(四二四〜四二七年)に甘粛・仇池の反乱(『魏書』巻五一)、同孝昌・武泰年間(五二五〜五二八年)に河南で反乱があった(同巻六六)。このような状況は隋の大業十(六一四)年の陝西・扶風の人、唐弼による反乱(『隋書』巻四「煬帝紀」下)まで続いた。これらは多く、国家の抑圧に耐えかねた民衆が、李弘のもとに結集して支配者層に反旗を翻したものであった。

なお、人々のこれらの行動は、六朝時代に流行した「種民」思想と密接に結びついていた。甲申の年に洪水などの大災害が起こって天地は崩壊するが、それを生き延びて壬辰の年に再生する新しい世界で「真君」の主宰する太平の世の民となるとされる人々は「種民(または種臣、種人)」と呼ばれ、道教系の信仰をもつ人々はこの種民となることを願った。「真君」は「太平真君」「太平聖君」「太平金闕後世李帝君」などと多様な呼称があり、六朝時代には、普通の民衆から道士に至るまでさまざまなあり方でこのような観念をいだいていたことがわかっている。民衆は李弘をこのような「真君」として希望を託したのであった。また前述のように寇謙之の教法はこの思想を含んでおり、北魏の太武帝の年号「太平真君」もその思想の実現を意図したものであった。

4 三皇経・霊宝経・上清経の形成

三皇経

三皇経は本来は三皇文という。一般に世界の歴史を語るにあたって最初に登場する三人の帝王が天皇・地皇・人皇の三皇とされるが、これを独特の思想で神格化した三皇から伝わったとされる呪術的文書が三皇文である。

この三皇文とはいかなるものかを説明する最初期の記述が『抱朴子』遐覧篇の次の文である。私が鄭君（師の鄭隠）から聞いたところ、道書のなかでもっとも重要なものとしては、『三皇内文』と『五岳真形図』に勝るものはない。古の仙官や至人はこれを尊び隠し、神仙としての名が定まっている者にしか授けなかった。これを受けたら四〇年後に一度伝授するだけとし、血を啜り誓いの品を贈って約束する。名山や五岳には皆この書があるが、山深い石室に秘蔵されている。道を成就するにふさわしい者が山に入り、純粋な心で一途に念ずれば、山神が自ずと山を開いて見せてくれる。例えば帛仲理（帛和）は山中でこれを手に入れた。そしてその際に自分で壇を築いて絹を贈物とし、一冊ごとに筆写して持ち去った。この書を持つ者はつねに清らかな場所に置き、何か行動をする際には、君や父にするように必ずこの書に報告する。その経文には次のようにいう。「家に三皇文があれば、悪鬼、疫病、不慮の災害を却ける。もし瀕死の重病の者でも、道を心から信じるならば、この書を与え持たせると、必ず死なずにすむ。……長生を求める道士は、この書を持って山に入れば、虎、狼や物の怪、毒虫などあらゆる邪悪はみな近づこうとしない。大河や海を渡るのに蛟龍を退け風波を抑える。……もし家を新築したり墓をつくる場合は、『地皇文』を数十通写して地に置き、翌日黄色くなっている符があったら、そこから起工すれば家は必ず富み栄える。また他人の葬式の際に『人皇文』を写し、その紙の裏に自分の姓名を記し、ひそかに墓のなかに入れて知られないようにすれば、その家に不慮の禍や盗賊が襲うことはない。自分に対して悪だくみする者があれば、逆にその者が災いに遭う。またこの文を用いる前に百日潔斎しておけば、天神や司命（命を司る神）、および太歳（方位と年月の秩序を司り、衆神を率いる神）を呼び出すことができる。日々五岳や四瀆に遊べば、神社神廟の神もみな人の姿をしてあらわれ、将来の吉凶安否から病人の祟りの原因まで尋ねることができるのだ。

この遐覧篇は別の部分で数々の道教系経典の名を列挙するが、三皇文はそれらの筆頭にあげられていることからも、いかに重視されていたかがうかがえよう。

ここでさまざまな効能が説かれているが、同じく『抱朴子』の地真篇に、黄帝が紫府先生より『三皇内文』を得、それにより「万神を劾召した」と記されているように、とくに重要な性格としては、それを用いることで神々を呼ぶなどで優れた呪術的効果を発揮するものとされていたようである。

さて、三皇文の由来としては、帛和が石室で得たとされ、それがいつしか鄭隠が入手して葛洪に授けたことになる。『神仙伝』などの後世の文献では、そもそも帛和は西城王君（王褒）に師事し、王君が帛和に西城山の石室の壁の刻文から学ばせたものだとされている。

またもう一つ別伝がある。鮑靚が晋の永康年中（三〇〇年）に嵩山の劉君（『神仙伝』の劉根？）の石室において、身を清め道を思っていたら、ふと三皇文の刻字があらわれたという。そしてそれを葛洪と子孫に授けたといい、またそれは陸修静、孫遊岳、陶弘景へと伝わったという（『道教義枢』巻二「三洞義」）。

後世、前者のバージョンは小有天の玉府にあったものなので『小有三皇文』、後者は大有宮に秘蔵されていたものなので、『大有三皇文』とされる。

もともと大部のものではなく、葛洪の見たものは三巻、孫遊岳のは四巻、陶弘景はこれを細かく分けて一一巻としたという。唐代の初めには、道士として国家から土地を分与されるために三皇経に通じていることが要求される制度があったようであるが、貞観二十年（一説に二十二年）に太宗より図讖の類の妖妄の書などとされて、勅令により焚経に遭ったとされる（『法苑珠林』破邪篇など）。しかしその後も伝承されたようであり、偽作による増補も考えられるが、唐代には十三、四巻のものがあったようである。

霊宝経の成立

霊宝経の歴史的展開はわかりにくく複雑である。いわゆる霊宝経とそれに関連する文献は数多く残っているが、成立時期がはっきりわかるものが非常に少ないからである。ここでは今日までの研究成果の主要なものに拠りつつ、それらの多くに共通すると思われる見解を軸に述べることにする。

霊宝経の起源としては、まず後漢時代にあらわれたという「霊宝五符」という符もしくは文献が取り上げられる場合がある。その根拠とされるのが、唐の玄嶷『甄正論』の巻中に、『呉楚春秋』（後漢の趙曄『呉越春秋』の誤記？）と『越絶書』（後漢の袁康の作といわれる）の引用のかたちで載せる、次のような話である。

(1)　禹は洪水の際に神人より「霊宝五符」を授けられ、洪水を起こす蛟龍、水豹を制伏した。

(2)　その後、禹はそれを洞庭包山の洞穴に隠した。

(3)　その後、呉王闔閭のとき、龍威丈人が包山に入ってこれを見つけ、呉王に献上した。

(4)　呉王はそれが何かわからず、赤烏がくわえてきたなどと偽りつつ孔子に尋ねる。孔子は包山のものならわかるがそれは知らぬと答える。その後、呉は滅ぶ。

「洞庭包山」は現在の太湖（江蘇省）に浮かぶ西洞庭山とされる。「霊宝五符」は、後漢時代にこのような伝説をともないつつ出現した可能性が考えられる。これとよく似た話は『河図絳象』（『古微書』巻三二）にもみえるので、讖緯説系統から発した話なのかもしれない。なお『河図絳象』には「霊宝五符」という名称がみえないことや、前記の記述は、『甄正論』所引のもの以外の『越絶書』や『呉越春秋』の文章にはみられないことから、西晋以前の早い時期にこのままの話や「霊宝五符」が存在したとみなすことには慎重な態度をとる研究者は少なくない。

いずれにしても、晋の頃までには徐々に文章類も加わって不老不死や昇仙のための経典と化していったようである。葛洪『抱朴子』弁問篇では『霊宝経』に言及し、それには「正機」「平衡」「飛亀授袟」

林屋洞　龍威丈人が入ったとされる洞庭西山（西洞庭山）の洞窟。

の全部で三篇があってみな仙術であるとし、続けて前述の呉王と孔子のやりとりの話（やや話の筋が違うが）などを載せている。またそこで霊宝とは長生の法であり、禹は天地と寿を同じくし、紫庭へと昇仙したとしている。さらに同じく『抱朴子』遐覧篇には『正機経』『平衡経』『飛亀振経』各一巻の書名をあげているので、当時はその三篇もしくは三巻として存在したようである。また本来は葛洪の作であるが、現行本は後世の改編とみなされる『神仙伝』の華子期伝に、彼が甪里（禄里、角里とも）先生から『仙隠霊宝方』を得、その内容は「伊洛飛亀秩」「伯禹正機」「平衡方」であったとの記述がみられる（『雲笈七籤』と『四庫全書』所蔵本の『神仙伝』による）。

要するに、おそらく早ければ後漢から東晋初めにかけて、禹の治水伝説に基づく「霊宝五符」あるいは「正機」「平衡」「飛亀」といったものが伝えられ始めたようである。

その後の東晋時代に、「霊宝五符」などを基に『（太上洞玄霊宝天文）霊宝五符経』があらわれたと推測される。そしてこの経典の経文と序文を合わせたものが、今日残る『太上霊宝五符序』の原型とみなされている。この『太上霊宝五符序』から、初期の霊宝経の内容をうかがってみたい。

まず霊宝経の伝承についてであるが、最初に九天真王と三天真皇が帝嚳高辛氏に『九天真霊経』と『三天真宝符』などを授け、帝嚳はこれを石室に封じたという。その後これを禹が入手し、あらためて『霊宝五符天文』なるものをつくってある山に秘蔵した。そののちに龍威丈人と呉王闔閭が洞庭包山にて入手したとする。そして最後に華子期が甪里先生より『仙隠霊宝方』を授けられ、白日昇天を遂げたという。

この経典で中心となる「霊宝五符」とは何かというと、要するに東・西・南・北・中央の五方に北帝・南帝・(中央)黄帝・西帝・(東方)青帝の五方天帝があるとし、これらに働きかける力をもつ五つの符のことである。この「霊宝五符」を備えていれば、東西南北のどこへ行っても五方天帝が守ってくれるので安全に過ごすことができ、ついには長生不死となるという。あるいは、これを得ることができてからさらに三日間、誠をつくして潔斎すれば、五方天帝が必ずくだってくるとし、そうすれば長生不死となるなどとされる。

霊宝経の展開

その後、東晋の末頃、葛洪の従孫という葛巣甫があらわれた。彼は霊宝経を「造構」し、その風教はおおいにおこなわれたとされる(『真誥』巻一九)。すなわち彼はこのとき、従来の霊宝経をおおいに増補して新しい経典を偽造した。その内容には、西方より中国に入ってきて当時流行しつつあった仏教思想をおおいに取り入れたようである。その重要な点は輪廻転生の思想といっさいの衆生の救済を説く大乗仏教の思想である。とくに不特定の他者をもあまねく救おうという大乗思想は、基本的には神仙道の修行などにより個人的な救いをめざした従来の道教系の経典にはみられないものであり、以降の霊宝経の特徴となる重要な内容となった。なお中国で大乗仏教が広まるのはもう少しのちの時代であることから、この種の新しい内容の霊宝経ができるのは葛巣甫よりもあとの劉宋とする見方もある（小林正美の説）。

　このような大乗思想を取り入れた霊宝経の代表が、『霊宝無量度人経』（『元始無量度人経』）であり、一般に『度人経』と呼ばれて広く知られている。その内容は、元始天尊という神により、生きとし生けるものからあらゆる亡魂までもが救済されると説くものである。「度人」とは人を済度すなわち救済するということであり、道教では天上の仙界へと至らしめることを意味する。具体的には、道教のいう地獄である酆都に亡魂がいて苦しんでいるとし、元始天尊の命によってその亡魂たちを南宮という場へ至らせて「錬度」すなわち体を錬り直して仙界へ行けるかたちとし、そのうえで上清天と呼ばれる天上の仙界へと送り、長生不死なる存在にするということを説く。この酆都—南宮—仙界のプロセスを説くのは霊宝経だけではないが、それを中心とする『度人経』はのちのち道教的葬儀において亡魂救済儀礼の中心的経典となっていく。また、元始天尊はのちに霊宝経のみならず道教教理上最高神とされることになっていく。劉宋の陸修静は後述するように霊宝経に基づく死者救済の儀礼を整備し、それは霊宝斎として道教式死者供養儀式の代表として定着していくことになる。

なお、南北朝時代に新しくあらわれた霊宝経には二種類あることが指摘されている。一つはこの『度人経』をはじめとして、元始天尊および太上道君を主人公とするものであり、文中には霊宝経以外の道典を引用しないという特徴をもつ。もう一つは太極真人と葛仙公（葛玄のことで、神仙としては太極左仙公と尊称される）を主人公とするものであり、上清経や三皇文を含めた霊宝経以外の経典を多く引用し、とくに『老子道徳経』を重視するほか、張陵の尊重もみられる。前者を「元始系」霊宝経として葛巣甫ら葛氏道の作とし、後者を「仙公系」霊宝経として天師道（三洞派）の作とする推定がおこなわれている。このような別々の成立過程をもつと思われる二つの経典群があった可能性があるが、後世では同じ霊宝経（洞玄経）とされ、葛玄も地上における霊宝経伝承の起源に位置づけられるようになっていく。

例えば、隋の『玄門大義』を承けた唐初の『道教義枢』巻二「三洞義」に霊宝経（洞玄経）の伝授系譜を述べ、霊宝君（大道君）から禹、徐来勒などの三真人、葛玄、葛洪、葛巣甫と繋げている。また『雲笈七籤』巻三「霊宝略紀」では、元始天尊、太上道君、帝嚳、禹、呉王・龍威丈人、そして太上道君が派遣した徐来勒などの三真人、葛玄、鄭隠、葛洪、葛巣甫と繋げている。「徐来勒などの三真人」は葛玄への経典の伝授者として「仙公系」霊宝経にあらわれる神仙である。これと葛玄が、禹や龍威丈人から葛洪へ至る系譜のなかに割り込んできているのがわかる。葛玄は後世、天師道の

葛玄　江西省閤皂山崇真宮。

張道陵にあたるような存在として、霊宝経の伝統の開祖的な位置を与えられるようになっていく。

上清経の形成

上清経を尊び伝えた人々のことを今日では一般に上清派と呼ぶ。また茅山を重要な拠点としたことから茅山派と呼ばれる場合もある。

後世に編まれた『茅山志』などで、上清派の第一代すなわち開祖の位置に掲げられているのは魏華存(二五二〜三三四)という女性である。彼女は西晋の司徒、魏舒(二〇九〜二九〇)の娘で山東任城の人。若くして閑居を好み神仙道を修めたが、二十四歳で親に強いられて劉文に嫁ぎ、劉璞と劉瑕の二児を産む。劉文の死後は北方の戦乱を逃れて息子とともに江南へ移り住み、八十三歳の高齢で世を去った。生前に天師道の祭酒になっていたともいわれる。その後、江南の神仙道に関心をもつ人々のあいだで伝説化され、彼女は神仙の世界にあって紫虚元君の位を授かり、上真司命・南岳夫人の職務を拝領し、江南の仙道修行者の教育の任務にあたる仙女と考えられたようである(顔真卿「晋紫虚元君領上真司命南岳夫人魏夫人仙壇碑銘」)。

この南岳魏夫人から神仙道の教示を得ようと熱心に神降ろしをおこなったのが、許謐(三〇五〜三七六)である。許謐は東晋朝に仕えて太学博士、護軍長史、散騎常侍などを歴任したが、一方で都の建康の南東の郊外にある茅山に別宅を築き、神仙道修行の資質に優れた三男の許翽(三四一〜三七〇)、そして神仙の姿が見え、また声も聞くことができるという霊媒の楊羲(三三〇〜三八六)とともに、降霊とその言葉に基づく修道生活を実践した。

茅山は大茅峰・中茅峰（二茅峰）・小茅峰（三茅峰）の三峰からなり、前漢の景帝の頃に咸陽の茅盈・茅固・茅衷の三兄弟が仙道を成就し、鶴に乗っておのおの三峰に舞い降りたという伝説にその名が由来するという。あるいは前漢昭帝の頃に三人が山中に入り修行して昇仙したとも伝えられる。つまり建康界隈では知られた霊山であった。楊羲のもとに降臨して言葉を残した神仙は、魏華存とこの茅氏三兄弟が中心であった。その「お告げ」の内容は、天上の神仙界の美しさと楽しさを歌い上げる神仙たちの詩歌をはじめ、修行の方法、重要経典の解説、茅山の地理の神仙説的な意味など多岐にわたった。この降霊活動は興寧年間（三六三〜三六五年）を中心に数年間にわたって続けられ、楊羲と許氏父子はそのなかで得られた大量の神仙の言葉を筆記して保存した。またこれとは別途に、魏華存の息子の劉璞が、経典あるいは「法」を楊羲や許氏父子に伝えたともいわれる。すでに葛洪『抱朴子』に名前が見える『黄庭経』など、以前から流伝している経典も含め、許謐らによってこの頃に収集された文献群が、実質的に上清経の伝承の根源ということになる。

この上清経のなかで最高の経典とされるのが、『大洞真経』である。上清経でもさまざまな神仙術の実践が説かれるが、この『大洞真経』が得られればほかに何もいらず、それを一万回読みさえすれば神仙となれるとされた。この『大洞真経』の元来の姿はよくわからないが、後世の作とされる同名の経典の内容は、数多くの体内神の名前や字や居場所、そしてそれぞれの神の存思法および唱えるべき呪文が簡潔にまとめられている。存思法とは、体内神の姿に精神を集中して現実さながらに思い描くのが基本であるが、体外の日月星辰から気や光が流れ込んでくることを思念するなどさまざまな技法がある。また『黄庭経』も上清経の代表的な経典である。やはり体内の世界を詳しく解説しつつ、各所に住む体内神の名前や姿を詳しく述べ、それらの存思を説くものである。簡潔な『黄庭外景経』と詳細な『黄庭内景経』の二つのバージョンがある。

このような存思法が上清経ないしは上清派の修道法の中心であり、その特徴をなすといってよい。許謐らの残した神仙の言葉には、草木薬よりも房中術・行気・導引の法が重要であり、さらに金丹の術が得られればほかの術は必要ないとし、さらに『大洞真経』が得られれば（手間のかかる）金丹は必要なく、それを一万回読みさえすれば仙人になれると、諸道術の価値に序列をつけて示されている。

上清経の流伝と陶弘景

許翽、許謐があいついで死去すると、経典類は許翽の息子の許黄民（三六一～四二九）に受け継がれた。その後、桓玄の皇位簒奪などで都の建康が不安定になったので、元興三（四〇四）年許黄民は経典類とともに剡（浙江省嵊州市）へと移り、馬朗・馬罕のもとに身を寄せた。ここで、当時葛巣甫の手になる新しい霊宝経が流行しているのを妬んだ王霊期が許黄民に懇願して上清経を授けてもらい、おおいに増幅させて世に出した。これは人々に喜ばれ、伝写されて江南に広まり、許黄民さえも書写して所持するほどであった。この結果、本物と偽物の上清経が入り交じって世におこなわれることになった。劉宋の元嘉六（四二九）年、許黄民は本来の上清経を入れてあった厨子を馬朗に託し、自分がとりにきたとき以外

コラム　存思の技法

存思は存想ともいい、精神を集中して神や事物の姿を思念する道術である。古くは『漢書』郊祀志にみえる「化色五倉の術」がおおむね同様のものとされ、また今日に伝わる『太平経』にも五臓の神を思念することなどがみられる。東晋初めの葛洪『抱朴子』雑応篇にはかなり具体的な記述がみえる。「老君の真形は、以下のように思念する。姓は李、名は聃、字は伯陽、身長は九尺、黄色をしており、口は鳥のように尖り、鼻は高く、眉は長くて五寸あり、耳は七寸、額には三本の筋が上下に通り、……老君が見えるようになれば、寿命は延び、心は日月のように明るくなってあらゆることがわかる」、また「五臓の気が自分の両目から発して、わが身を雲霧のように取り巻くと思念する。肝臓の気は青、肺の気は白、脾臓の気は黄、腎臓の気は黒、心臓の気は赤。五色がそこに入り乱れてあれば、疫病の人と同じ寝床で寝ても感染しない」という。

存思法を主要な修行法としたのは上清派の人々であるが、彼らにとくに重視された存思の経典の一代表が『黄庭内景経』である。『黄庭内景経』では身体を上中下の三部に分け、それぞれに八景八神があるとして三部八景二四神を説き、神々の姓名、字、身長、容姿、衣装などを細かく示す。その方法は、例えばまず読誦を終えたあと、「心神の丹元、字は守霊、形長九寸、丹錦飛裙。肺神の皓華、字は虚成、形長八寸、素錦衣裳黄帯。肝神の龍烟……、腎神の玄冥……、脾神の常在……」という五臓六腑の神が体内の各自の臓腑の宮殿に居て嬰児のような姿をしているのをしっかりと思念し、叩歯を二四回、咽気を一二回してから呪文「五蔵六府、真神同じく帰す云々」を唱える。これを八年間続けると黄庭真人がくだってくるとされる。あるいは迎えの車蓋がきて、天帝のもとへ上昇できるとも想定された（『登真隠訣』巻下「誦黄庭経法」など）。

は絶対に開けないように指示した。そして自らは少数の経典類を携えて、銭塘（浙江省杭州市）で「杜治」として知られる天師道の「治」を営んでいた杜道鞠のもとへと移り、まもなくその地で死去した。馬朗・馬罕はその指示をかたくなに守り、許黄民の息子の許栄弟（?〜四三五）がきて経典を求めても返そうとしなかった。そのため許栄弟も仕方なく王霊期の経典を使ったという。その後馬家に伝えられた厨子は、楼恵明と鍾義山の働きかけなどにより、鍾義山のもとにもたらされた。この許黄民から馬朗・馬罕、そして鍾義山の伝承を中心としつつも、楼恵明や杜道鞠の子の杜京産、あるいは許栄弟などをはじめ、さまざまな人により虚実入り混じった上清経が各地に伝えられた。

その間、広く道教系の文献に関心をもっていた劉宋の陸修静もこれらの一部を入手して自らの研究施設の崇虚館に納めた。また南斉の道士顧歓（四二〇〜四八三）も楊羲や許謐による神々の「お告げ」の筆写記録を集めて独自に編集して『真迹（真迹経、道迹経とも）』を編纂した。しかし各地に分散した上清経の回収にもっとも精力的に取り組んだのが、のちにあらわれた梁の陶弘景（四五六〜五三六）であった。

陶弘景は呉の名族、丹陽秣陵陶氏の出身で、まずは南朝の劉宋および南斉で仕官してそれなりに官歴を積んだが、一方で各地に上清経を求めて大量に収集し、三十六歳でついに官を辞して茅山に入り、修行生活に没頭した。梁王朝を築く武帝とは即位以前より親交があり、茅山から「梁」の国号のアイディアを教えたり、書簡で相談に応ずるなどして世に「山中宰相」と称せられたというが、それ以外の俗縁は絶った。収集した上清経は「昭霊台」という図書館にまとめて収蔵し、また修行と居住のための施設「華陽館」を建てて多くの弟子たちとともに山中に暮らした。ここで彼は新たに楊羲・許謐らの記録した「お告げ」を編集しつつ精密な注解を付して『真誥』と名づけ、また存思法を中心とする上清経の修道法をまとめた『登真隠訣』を編纂し、さらに神仙世界のヒエラルヒーを描き示した『真霊位業図』をつくるなどしつつ、楊羲・許謐時代の上清経の教法の復興をめざして力をつくした。また神仙道に対する研究の延長線上で、中国本草学の基礎を築く『神農本草経集注』なども作成された。

経典類の再編集による当初の教法の復元の試みのみならず、実際このときに茅山の神降ろしの再現も起こった。五十歳を過ぎた陶弘景は、ある旅の途上で青嶂山(浙江省永嘉県)に至り、休養のためにその地のある天師道の治堂に身を寄せるが、そこで周子良という十二歳の少年に出会った。彼は幼い頃から神霊と感通する不思議な能力があり、また道教系の帛家道の信仰もあったようであり、陶弘景と知り合うとすぐに弟子となって彼に随行し、茅山に住まうこととなった。その二年程あとより、楊羲・許謐らに「お告げ」を与えたのとおおむね共通する茅山の神仙たちが彼のもとにあらわれてさまざまな教示を残した。陶弘景自身は神霊と交感する能力はなかったため、周子良より神仙の言葉を教えてもらうこともあった。しかし一年余りのち、周子良は神仙たちより俗世の生活を続けずに命を絶てば、死後に神仙の世界で高次の存在になると勧められ、それに従って服毒自殺を遂げてしまうのだが、これらのできごとはまさに上清派の原点となる活動

陶弘景　元代に作成された「貞白先生小像」。

の再来であった。

しかし陶弘景のあとはその隆盛を維持できずに茅山はすぐに荒廃してしまったようである。陶弘景の弟子に高名な道士の王遠知(おうえんち)があってその教法を継承したとの通説があったが、今日の研究では歴史的事実と考えるのは不可能として否定されている。ただし、王遠知が弟子たちとともに茅山へ足を運んでその復興を試みたことは資料が語っている。

第3章 統合と成熟 六朝末〜五代

1 道教・仏教の関係と諸派の融合

『老子化胡経』と夷夏論争

仏教が伝来してより、道教と仏教はしばしば対立しつつもお互いに影響を与え合い、儒教とともに三教のカテゴリーを形成していくが、道教の教理教説は仏教との交渉より触発されつつ展開していくことになる。

唐初の護法僧道宣(どうせん)(五九六〜六六七)は『集古今仏道論衡(しゅうここんぶつどうろんこう)』という書を編纂し、仏教側の立場からではあるが、仏教と道教の対立の歴史を時代順にまとめている。それは冒頭、後漢の明帝(めいてい)が西域より沙門(しゃもん)の迦葉摩騰(かしょうまとう)と竺法蘭(じくほうらん)を招いたことに五岳の諸道士が嫉妬し、永平十四(七一)年明帝に願って仏教と道教の優劣を決することになったといい、そのとき仏舎利(ぶっしゃり)が五色の光を放って空中にあがり、また迦葉摩騰も空中に身を躍らせて神変するなどしてその場にいた人々は皆感動し、官人士庶から道士たちまで千数百人が出家して仏僧になったという。あるいは呉の孫権のとき、家臣の闞沢に「仏というのは孔老と比べてどうだ?」と尋ねてみたところ、「孔老は天に則り天に違わないが、仏の教えは天がそれに則り違わないようにしている」と答え、仏は孔老とは比較にならないほど優れているとしたことなどを載せている。しかしむろん今日では偽作した話とみなされている。

『集古今仏道論衡』は以上に続き、魏の武帝曹操の第三子、陳思王曹植(一九二～二三二)の手になる「辯道論」を掲げている。これは道家神仙の説の虚妄について厳しく批判する文章となっている。曹植は中国の梵唄(仏教式声楽)の祖ともされる早期の仏教信者であるが、その仏教者の立場からの道教批判の類に含めるのはあながち間違いではなかろう。むろん表にはでない道教仏教の抗争はあったのであろうが、現存する関係資料としてはこのあたりがもっとも早いものといえるようである。

歴史上にあらわれる道教と仏教の対立で、深刻な事例の第一弾が『老子化胡経』をめぐる一連のできごとである。『高僧伝』や『出三蔵記集』によれば、西晋の帛遠(三〇〇年頃?)は若くして仏教に関心をもって出家し、長安に精舎を建てて講義に務め、受学者は一千人余りにもおよんだという。しかし一方で道教とは対立し、つねに議論で屈服させている道士管蕃より恨みをかい、その讒言がもとで刑死させられた。そしてこれとは別に道士王浮にも同様の理由で恨まれ、王浮はそのため仏教を貶めるために『老子化胡経』をつくったとされる。この『老子化胡経』は前述のように現在は断片的に残るだけでもとの姿はわからないが、『老子変化経』などにみられる老子変化説(歴代化現説)にさらに話を加え、尹喜と出会って出関ののちに西域で仏となって胡人を教化した、あるいは尹喜を仏に変身させて教化したというような内容だったようである。『史記』老子伝は、老子の出関後の行方を黙して語らなかったが、その後の老子像の神秘化とあいまって、インドに至って釈迦になった（『後漢書』襄楷伝）とか、釈迦を教えた（『三国志』烏丸伝注所引『魏略』西戎伝）などとの説があったようであるが、『化胡経』はこれらの説を発展させ経典化したものであろう。なおもっぱら仏教側資料に示された王浮の恨みに起因するという成立事情も全面的には信用できるわけではなく、むしろ仏教側が中国に受け入れられやすくするために説き出した可能性を指摘する声もかなりある（例えば柴田宣勝、窪徳忠、鎌田茂雄）。ちなみに隋唐の仏教の経目は『老子化胡経』を『正化内外経』の名であげ、仏教経典の偽経として扱っている。

『老子化胡経』があらわれると、仏教側から自然の成行きとして反発をかうことになる。そしてまずはこの老子化胡説を反転させたような内容の経典がつくられる。その代表は『清浄法行経』（作者未詳）である。これはその昔、インドの仏が摩訶迦葉・光浄童子・月明儒童の三弟子を教化のために中国に派遣し、その三人がそれぞれ中国で老子・孔子・顔回となったというものであった（『七寺古逸経典研究叢書』第二巻）。この説の背景には呉の支謙訳『瑞応本起経』の本生譚の権現思想、あるいは『仏説分別経』の影響があるとされる。また同じく作者不明

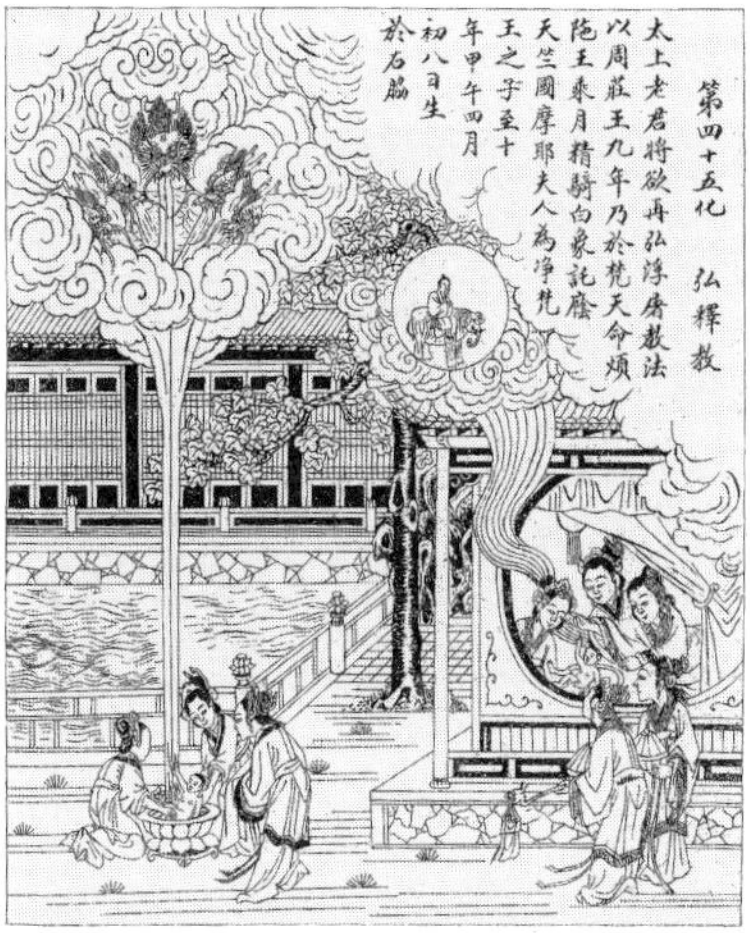

『老子八十一化図』第四十五化「弘釈教」
老子が天竺で釈迦として誕生したとする。

の「正誣論」（『弘明集』巻一）には、尹文子は老子の弟子であるが、老子は仏の弟子である云々と述べている。さらに『老子大権菩薩経』でも老子は迦葉であるという説を語り、また『須弥四域経』なる経典もあらわれて、伏羲と女媧もそれぞれ宝応声菩薩と宝吉祥菩薩が変じたものであると述べていたらしい（『二教論』服法非老第九）。

このような説の応酬はその後の道教仏教論争においても継続して火種として残りつづけていく。とくに両者の仲が険悪になると、『化胡経』はもっとも許しがたい虚説として仏教から真っ先に槍玉にあげられ、仏教が優勢なときにはたびたび王朝の命により焼却処分とされた。一方道教内では老子を神格化した太上老君の一代記の内容に組み込まれ、老子変化説とともにいわば常識として定着し、後世『混元聖紀』『猶龍伝』『太上老君八十一化図説』などの長編の老子伝を述べる経典も生み出されていくことになる。

深刻な抗争の第二弾は、顧歓の「夷夏論」に端を発する論争である。顧歓（四二〇〜四八三）は劉宋から南斉にかけて生きた道士であるが、諸学に通じて南斉より太学博士として招かれるほどであった。先述のように上清経関係の文献を収集して『真迹』を編纂したが、陸修静に霊宝経の一種である『真文赤書人鳥五符』の閲覧を求めて拒絶されたとか、天師道系の道士杜京産と交流があったなどと伝えられるように、一つの系統の経典に拘泥せず、道教系の諸経典に幅広く関心をもちつつ道教にかかわったようである。

「夷夏論」は、劉宋明帝の泰始三（四六七）年に著された。その内容を要するに、道教と仏教の説く

「道」（真理）はどちらも素晴らしく帰一するものであるが、「夷」すなわち西域と「夏」すなわち中国は、「俗」（風土風俗）が異なっている。ゆえに中国ではもともと中国にある道教を信奉するべきであってそれで十分であり、仏教はまったく必要ないとするものである。仏教は夷狄の教なので中国には必要ないという主張は、すでに後趙の王度（『高僧伝』第九仏図澄伝所引の語）、東晋の蔡謨（『広弘明集』巻六所引の語）などが述べているが、これらは天子や国家の崇仏を諫めることが主目的であり、とくにこれに仏教者が意見をはさむことはなかったようである。しかし顧歓の「夷夏論」は明確に道教との対比を意識して書かれたものであったため、仏教信奉者から激しい反発を受けることになった。

顧歓がまず「夷夏論」を説いた相手である謝鎮之は、「与顧道士折夷夏論」（『弘明集』巻六）を著して反論し、「夷夏論」に述べるような道教・仏教の夷・夏の区別を否定しつつ、仏教こそ国土にかかわらぬ唯一不二の法であり、小局に滞る道教に勝る広大な教えだとした。その後さらに顧歓と書簡による応酬を繰り広げた。

これらをみて朱昭之は「難顧道士夷夏論」（『弘明集』巻七）を著し、道教と仏教の真理の「道」の同一性を肯定しつつ、歴史の観察から道教の退廃と仏教の興隆の必然性を論じた。また朱広之も「疑夷夏論諮顧道士」（『弘明集』巻七）を著し、同様の論調で夷夏を区別することに反対しつつ、道仏双方に中立の立場を示した。

さらに明僧紹（?～四八三）は「正二教論」（『弘明集』巻六）を著し、「夷夏論」中で道教と仏教の通じ合うとしている点をあげつつそれぞれに反対し、また異なるとする点も反対しつつ、仏教の道教に優れることを述べ、また劉宋の司徒の袁粲も論駁文をつくって応酬した(『南斉書』巻五四「顧歓伝」)。このほか、慧通の「駁顧道士夷夏論」(『弘明集』巻七)と僧敏の「戎華論折顧道士夷夏論」(同)は、仏教徒の立場から世界の中心をインドとして辺境にある中国の道教は見識が狭いとし、さらに『清浄法行経』に依拠して老子を仏よりも下の迦葉にすぎないなどとした。

これらとほぼ時を同じくして、やはり南斉の張融(四四四〜四九七)は「門律」(『弘明集』巻六)を著して道と仏の根本は同一であると述べ(道が本地で仏は垂迹と述べたと解釈される場合もある)、これに対して周顒は道仏は根本的に異なり仏の優れることを述べて反論し、また孟景翼は「門律」に影響を受けつつ「正一論」(『南史』巻七五)を著して道仏の同一を論じた。張融には彼に仮託されたものともいわれる「三破論」があり、仏教は国と家と身の三つを破壊するものとして激しい批判が展開されている。これに対し梁の劉勰は「滅惑論」を、僧順は「答道士仮称張融三破論十九条」を著して反論した。

なおこの頃、北朝では北魏の明帝時に、融覚寺の僧曇無最と道士姜斌のあいだで、仏の生誕を老子よりはるかに前であることを述べる『周書異記』をめぐって論争が繰り広げられたとされるが、唐初の護法僧の法琳による偽造ではないかと疑問視もされている(楠山春樹「老君伝とその年代」)。

南北朝の廃仏と廃道

中国仏教史上でとりわけ大きな法難とされるのが、いわゆる三武一宗の廃仏であり、北魏の太武帝、北周の武帝、唐の武宗、後周の世宗による仏教弾圧である。これらは最後の後周の場合を除いていずれも道教との抗争が関係している。
北魏の太武帝の宰相であった崔浩は前述の道士寇謙之を見込んで太武帝に近づけて崇道へと導いた。太武帝は寇謙之から道士の資格を与えられ、かつ道教的信仰に基づいた「太平真君」の年号を用いるなど傾倒を深めた。その太平真君七(四四六)年に蓋呉の乱を平定するために長安へ入った際に、仏寺中に大量の武器があるのを発見して激怒し、崔浩の建言もあって廃仏の詔勅をくだした。沙門は穴埋めに処せられ、経典仏像はすべて焼却された。太武帝は太子の諫めにも耳を貸さず国内全域にわたって過酷な廃仏を断行し、ついには寇謙之さえも反対にまわったという。寇謙之が没したのち、崔浩は自らの手がけた北魏の歴史書の記述が太武帝を憤激させて誅殺され、帝もその翌々年に宦官に殺害される。同年の末に即位した文成帝は復仏の詔を発して廃仏は終息した。

その次に、北周の武帝が廃仏をおこなう。武帝は「黒衣は王にあたる」との当時流れた讖緯の言葉を気にして「緇衣」すなわち黒い僧衣の着用を常とする仏僧を疎んじていたとされるが、そこへ道士の張賓が「黒釈(黒い釈氏=仏教)を以て国忌となし、黄老を以て国祥となす」と吹聴して黄老すなわち道家へ心を向かわせた。張賓と結んだ元仏僧の衛元嵩は天和二(五六七)年に上書し、仏寺が多くあった南斉や梁が国を失ったのはその弊害だとの廃仏論を述べた。そこで武帝は崇道抑仏の感情をいだきつつ天和四(五六九)年、三教の徒を集めて議論させ、その後も合わせて四たび論争の場を設けて道教・儒教・仏教の順位を定めるなどしたが、廃仏には至らなかった。そこで武帝に仏道二教の優劣を論じるよう命じられた司隷大夫甄鸞は「笑道論」三巻三六条(『広弘明集』巻九)を著して献上した。「笑道論」は文字通り道教をあざ笑いつつ批判する論文であり、三巻三六条なのは、道教経典の三洞三六部を笑ってのことだという。これは武帝の意にそわずに即座に焼却処分となった。すぐに続けて仏僧道安（どうあん）が「二教論」（『広弘明集』巻八）を著して献上した。これは道教は儒教に包含されるので三教を考える必要はなく、儒教と仏教の二教のみ論ずればよいとする過激な道教批判の内容であった。その後武帝は儒教優位の政策に傾き、五年後の建徳三（五七四）年の五月十六日にあらためて仏教道教の徒を集め、二教の討論がおこなわれた。『続高僧伝』巻二三の智炫（ちげん）伝に拠れば、道士張賓が道教を称揚したのを智炫が批判し、武帝が張に代わって道教を持ち上げ、智炫がそれに反論して終わったという。そしてその結果として、翌日に仏道二教をともに廃すべき詔勅がくだり、それぞれの経典や神像を廃毀し、沙門と道士は還俗、寺観の財産は没収となった。つまり廃仏ばかりでなく廃道も同時におこなわれたのであった。なお、このような経緯の記録はおもに唐初の護教的仏教徒の意向の反映であり、実際には三教調和のうえでの治世を考えた武帝が道・仏二教の泥仕合を不愉快に思うようになり、「笑道論」と「二教論」が一方的に激しく道教を愚弄するのをみるにおよんで、協調精神を欠いた仏教徒に嫌悪の念をいだいたための結果という見方もある（塚本善隆「北周の廃仏」）。

もともと武帝は都の長安に国家的な中央道観として玄都観（げんとかん）をおき、道教経典を集積して「玄都（観）目録」を作成するなどしていたが、この廃道沙汰でいったん廃止となる。しかしすぐにまた通道観（つうどうかん）をおき、仏・道双方から奇才俊邁（しゅんまい）の三〇〇人を選んで「学士」として引き続き学問研究に励ませたという。しかしここに入ったのはじつは道士が中心だったらしく、実質的には中央道観の復活だったようである。

事実、この通道観において、漢魏六朝に興った道教諸派の教理を最初に集大成した書といえる『無上秘要』がなることになる。隋はこれをそのまま玄都観ともとの名に改称してやはり中央道観として利用するほか、唐初にかけて道教界のリーダー的存在となる王延や傅奕といった面々もこの通道観から育つことになる。つまり、廃仏廃道をおこなうことはおこなったが、ハード面を壊してソフト面をかなり残した格好である。とくに道教は実質的に残されたといってよい。やはり武帝の道教に肩入れした処置だったということであろう。

なお、南北朝の王権は廃仏だけではなく、ときとして一方的な廃道をおこなうこともあったとされる。梁の武帝は天監三（五〇四）年の四月八日、先代も含めてそれまで好んでいた道教を捨て仏教に帰依する願文をつくり、詔勅を発した。この三日後さらに詔勅をくだし、老子とともに周孔（周公旦と孔子、すなわち儒教）も一緒に邪道の名で連呼し、仏道のみを正道と力説した。この詔勅により、邵陵王綸をはじめ道教を捨て仏教に従う者が続出したという（『広弘明集』巻四「捨事李老道法詔」）。また天監十六（五一七）年に道観を廃し、道士を還俗させた（『歴代三宝記』巻三、『仏祖統紀』巻五四）。このために道士たちはみな北斉へ向かったともいう。

北斉の文宣帝は、梁の道教に対する迫害から逃れてきた陸修静の門徒の道士について処遇に悩み、天保六（五五五）年の九月、もろもろの沙門と道士を論争させ比較を試みた。その結果、道士は論争に敗れ、道教排斥の詔勅がくだった（『広弘明集』巻四「廃李老道法詔」ほか）。その後の道士への排撃は激烈を極め、北斉から道教は一掃されたともいわれる。

ただしこれらを記述した文献は仏教系のものがほとんどであり、その記述と一般史料との不整合から史実性を疑う人が少なくない。

三洞四輔説の形成と諸派の融合

陸修静は劉宋の明帝より尊重され、都の建康の近郊に崇虚館を建て住まわされた。そこで彼は王朝権力に依りつつ道教経典を収集し、かつ自らも多くの著作物をまとめた。さらに彼は廬山東林寺における仏教徒の一切経目作成に影響され、崇虚館の蔵書に基づいた道教経典の目録を作成した。これが『三洞経書目録』であるが、その名が示すようにこれは「三洞」という経典分類に基づいた道典の一切経目録である。三洞とは、洞真経(上清経)、洞玄経(霊宝経)、洞神経(三皇文)のことである。これ以前にこのかたちの三洞説に基づく道教経典の整理統合がおこなわれたようなことは今日残るさまざまな資料には確認できないので、これは陸修静が創案したのではないかと考えられている。いずれにせよ、この頃から江南の道教諸派の経典がまとめて扱われるようになる。ただし、これも前述のように陸修静のあとでも例えば陶弘景のようにもっぱら上清経とその教理のみを追求する大物道士もでるなど、そのまま全面的に融合化が進んだわけではない。

その後、道教経典の分類法は、「三洞」に加えて劉宋末頃に活躍した道士孟智周の頃には、「四輔」が設けられていたようである。「四輔」とは「三洞」を輔けるものとされた太玄部、太平部、太清部、正一部の四部の経典であり、太玄部は『老子道徳経』および老子の教説や伝説を敷衍した『老子西昇経』

などの老子と関係の深い経典、太平部は『太平経』の残巻、太清部は金丹関係の文献、そして正一部は五斗米道から天師道関係の経典によって構成される。あらためて便宜上簡潔に示せば次のような関係である。

三洞　洞真部＝上清経
　　　洞玄部＝霊宝経
　　　洞神部＝三皇経
四輔　太玄部＝老子関係の経典
　　　太平部＝太平経
　　　太清部＝金丹術関係の経典
　　　正一部＝天師道関係の経典

これにより、魏晋南北朝期までに出現した道教系の文献の主要なものをほぼカバーする分類法が調えられた。この「三洞四輔」七部の枠組は、道教経典の分類法の基本としてのちのちまで継承されることになる。ただし、三洞四輔の分類が考えられた頃には諸経典はすでに内容上混ざり合っている場合もあり、さらにそのあとも次々に新しいタイプの経典類があらわれて道教の内容も変化していく。そのような歴史のなかで、三洞四輔という枠組自体は残しつつも、七部おのおのの内実はそれぞれの時代のありかたにそくして流動していくことになる。

北魏の寇謙之の唱えたものは「道教」という表現で呼ばれたようであるが、内容的には天師道をおおむねそのまま継承するものであった。そのあとの一世紀くらいのあいだ、諸経典の集成統合化とともに、道教は仏教・儒教と「三教」として並列されるようになる。陸修静や孟智周の頃よりのち、南朝では「二孟」として「小孟」の孟智周に対し「大孟」と呼ばれる梁の孟景翼、『通門論』や『霊宝経義疏』を著した梁の宋文明、『老子疏』を著した梁の臧玄靖（臧玄静、臧矜、臧兢）、『老子玄覧』を著した陳の諸糅（褚糅）らがでて、制度上の整理を試みたり、三論教学などの仏教教理学の方法を採り入れ思想を錬るなどしつつ、元来系統の異なった道教系諸経典の教学の整理と体系化に力をそそいだ。また北斉には『度人経注』を著した厳東らがあった。このような流れと並行して、北朝では三教間の抗争が盛んとなる。これらは権力者の面前でおこなわれ、その勝敗は各教の存亡から当事者の生死にかかわる極めて重いものであった。実際、前述のようにいわゆる廃仏の多くはこれに起因する。したがって道教も三教の一つとして十分な規模と内容を主張する差し迫った必要があった。そこで、とりわけ道教と仏教の関係に政治的緊張がつきまとう北朝において、南朝由来の教学を採り入れつつ教理をますます充実させ、三洞それぞれが一二部からなるとして、あわせて三六部尊経と呼ばれる経典群が形成された。そして北周のときに、武帝の主導のもとに道教教理を集成した『無上秘要』一〇〇巻が編纂された。その後も隋代に『玄門大義』二〇巻、唐代にはそれに基づいた孟安排『道教義枢』一〇巻、王懸河『三洞珠囊』一〇巻といった総合的教理書が編纂され、おもに道士たちにより三教の一つの道教としてその教理を総合的に示す試みがおこなわれていく。

文化・社会・民衆への影響

仏教が伝来した当初には仏は神仙の一種とみなされ、後漢頃の画像石などで仏が西王母や東王父に交じって描かれたり、あるいは僊人・羽人のように翼をもつような姿のものがあったという指摘がある。また楚王英や桓帝が祀った仏も黄老信仰に寄り添ったものであった。仏の彫像は後漢末に笮融が徐州で仏寺とともに作成した金銅像が最初といわれ（『三国志』「呉志」劉繇伝、『後漢書』陶謙伝）、現存する仏像でもっとも早い紀年のあるものは、後趙の建武四（三三八）年の金銅仏である。魏晋の道教ではもともと思想的に「道」に形質はないとして天尊などの尊像をつくらなかったともいわれるが（陳国符「道教形像

魏文朗仏道教造像碑　向かって右が仏教像，左が道教像。

考原」)、ある時期より仏の尊像に道教の尊像を加えて一対とした「仏道像」があらわれる。この類のものとしては北魏の始光元(四二四)年の魏文朗仏道教造像碑が現存するものでは最古とされたが、近年これを六世紀初めとする説が有力のようでもある。これと前後する時期、北魏の太和二十(四九六)年に、「道民」を称する姚伯多兄弟による皇老君文石像があらわれる。これが現存最古の老子を神格化した神像と考えられる。その後、現存するものは西魏、北斉のいずれの時代も道教像は基本的に「(太上)老君」像であるが、北周になると李元海兄弟による道教造像碑(五七二年、山西省芮城出土)があらわれる。これは碑陽の中心に元始天尊をすえたものとなっている。その後の隋以降は元始天尊系のものが多くなっていくようである。このような造像碑は仏教も含め唐代中頃までつくられたが(『金石萃編』巻三九「北朝造像諸碑総論」)、ほかにも並行して規模の大きな石窟彫像などもおこなわれるようになっていく。

これらの造像碑を作成したのはおおむね義邑(もしくは邑義)と呼ばれる結社であった。義邑は在家の仏教もしくは道教信者と出家の仏僧もしくは道士により組織された集団で、造像や斎会などの信仰活動をおこなうものであった。成員にはさまざまな肩書があり、邑師は義邑の教化にあたる指導的立場の仏僧もしくは道士、邑主はメンバーのリーダー、邑子は一般のメンバーで、道教系の義邑にはほかに三洞法師、道民、道士、籙生、邑老などのさまざまな肩書があった。

また、「仏説」を標榜しつつ中国において偽作された仏教経典を偽経(あるいは疑経)というが、これはすでに四世紀に二六部三〇巻あったとされ(道安「綜理衆経目録」)、唐代には四〇六部一〇七四巻にものぼったという(「開元釈経録」)。この偽経のなかにも道教の影響下に成立したものが少なくなかった。

初期の代表的なものの一つに、劉宋の智厳・宝雲の訳とされる『四天王経』があげられる。ここでは一月のうちの六斎日(物忌みすべき日)に四天王が使者や太子を派遣して天下の帝王・臣民から蚑行・蠕動に至るまで生き物の善行悪行を伺察するとし、その現世の行動の善悪によって現世の寿命の長短が決まるという。これは『抱朴子』などにもみられる道教系の思想と捉えられる。三国呉の支謙訳とされる『三品弟子経』にも同様の内容が記されているほか、『大阿弥陀経』『平等覚経』『無量寿経』のなかで中国成立部分のいわゆる「五悪段」にも同じ趣旨の内容がみられる。「五悪段」はまた老荘的自然思想の影響が大きいともいわれる。これらのうち『無量寿経』は浄土三部経の一つとされ、後世にも大きな影響をもった。

偽経の代表の一つが北魏の曇靖の作とされる『提謂経』(『提謂波利経』)である。これは北魏の廃仏後に仏教復興がおこなわれる際、民衆の強い支持を得るために俗信や中国的思想を多分に取り込んで作成されたと考えられている。ここでは中国的歳時観に基づきつつ、やはり四天王などが人々の善悪を伺察するという年の三長斎日・一月の六斎日などが説かれるが、「長生の符」「不死の薬」なども説いていたほか、悪事をおこなう者は東岳泰山の下にある太山地獄へ入り報いを受けるとするなど、民衆の道教的冥界観が取り込まれている。またこの経典でとくに注目すべきは「五」を「天下の大数」として、五戒を五常・五星・五岳・五臓などに結びつけつつ、中国固有の五行思想を前提としている点である。『提謂経』は僧祐・道宣らの学僧には偽経として排斥されるが、一方で南斉の劉虬は五時七階の教相判釈の第一番目に組み込み、北朝でこれに倣う学僧もあったほか、隋唐の智顗、澄観、窺基なども偽経扱いせずに教理上の位置づけを研究した。また、やはり中国北方では『提謂経』を中心とする邑義が北魏から隋代にかけて存在した。『浄土三昧経』も『提謂経』と趣旨を同じくする偽経であり、曇靖とほぼ同時期の曇曜の作とされる。『提謂経』『浄土三昧経』の影響下に成立した偽経に、『薬師瑠璃光経』と『灌頂経』(『大灌頂経』)がある。後者は符呪法のほか、「身中の鬼神」「五気の神」「九幽地獄」「七祖の救済」などの道教的な内容がみられる。また前者は「続命法」なる道教的長生法も説いた。なおこれと同様に長生や不死を説く偽経として『延寿経』『続命経』『益算経』『益算神符経』『度世不死経』『不死経』などもあらわれた(『武周刊定衆経目録』)。

また、『首羅比丘見月光童子経』(敦煌本)、『観月光菩薩記』『仏鉢経』などでは甲申の年に洪水が起こり、そのときに蓬萊山にいる月光童子がやってきて救済する話が記されていたようであるが、甲申年の天地崩壊説など道教系信仰の影響下につくられたものであったようである。

このほか、文学の分野では六朝時代には神怪に絡む不思議な物語を集めた「志怪」と呼ばれる小説が流行し、仏教的な題材とともに神仙説や道教と関係の深い内容がさまざまに取り入れられ流行した(コラム「六朝小説と道教」参照)。代表的なものに、東晋の干宝『捜神記』、東晋の陶潜『捜神後記』、宋の劉義慶『幽明録』などがあり、また三島十洲説を明記し、その後の道教的世界観の基礎ともなった『(海内)十洲記』などもつくられた。

2 隋唐王朝と道教

隋唐王朝と道教・仏教

隋王朝三十余年は、基本的に道教より仏教を優遇する「仏先道後」政策であった。

北周の功臣楊忠の子として生まれ、静帝の禅譲を受けて隋王朝を創建した文帝楊堅は、幼少期は仏寺に預けられて尼僧により育てられたといい、のちに彼が仏教に対してははなはだ好意的であったのはその影響と考えられている。ただし、その話は隋王朝の革命を正当化するために、自身の出世譚に仏教的神秘化を加えて創作したものだともいわれる。いずれにせよ、彼は禅譲による革命で即位したのち、すぐに北周の廃仏で大打撃を受けた仏教の復興に着手し、各地の寺院の再興や経典の修復に力をそそいだ。仏教を治国の理念的基礎にすえ、三教の序列は仏、道、儒の順とされた。しかし、道教をことさら抑圧したわけではなく、都の大興城(のち長安城)の左街に国家の中央仏寺として大興善寺を建てる一方で、同じく右街にやはり中央道観となる玄都観をおいて一対としている。なおこれは北周の玄都観を引き継ぐ通道観をおおむねそのまま移したものである。この玄都観は唐の玄宗期まで存続した。また、即位後に隋の最初の年号を「開皇」としたが、これは道教の説く劫(天地の開闢から崩壊までの一サイクル)の年号名から採ったものである。これは北周の武帝を廃仏へと導いた道士張賓の献策に拠ったといわれる。

文帝を継ぐ煬帝も同様に仏教重視の態度で諸事に臨んだ。とくに即位前の晋王広の頃からそれぞれ三論宗と天台宗の大成者となる吉蔵と智顗を厚遇したことは重要である。ただ、仏・道二教をともに尊ぶ姿勢も示し、揚州に慧日・法雲の二仏寺と玉清・金洞の二道観の合わせて四道場を設けて高徳の仏僧・道士を住まわせた。道士としては王遠知が玉清観に迎えられたとされる（『太平広記』巻二三「談賓録」、『旧唐書』巻一九二「王遠知伝」）ほか、天台の道士徐則もここに招かれた（『隋書』巻七七「徐則伝」）。

さて、隋の次の唐王朝は、よく知られるように中国の歴史上、国家と道教がもっとも強く結びついた特異な時代であった。

唐王朝の初代皇帝となるのが高祖李淵であるが、彼が唐を創建していく過程で早くも帝室と道教の結びつきが築かれたようである。その事情を語る伝説には二種類ある。

(1)　隋末の混乱のなか、李淵は山西の太原で兵をあげるが、長雨に悩まされ苦況に陥る。そこに霍山（太霍山）の神の使者という白衣の老人があらわれて助言を与え、李淵はそれに従うことで難局を打開し、長安へ入ることができた（『大唐創業起居注』巻二、『旧唐書』高祖紀など）。そしてさらにこの霍山神が太上老君の使者で、李淵が天下を得ることを予言したという（杜光庭『歴代崇道記』）。

(2)　唐が建国してまもない武徳元（六一八）年もしくは三（六二〇）年、吉善行なる者が山西の羊角山で不思議な老人に会う。たてがみが赤い白馬に乗り、老人も白髭をたくわえ、「私は唐の天子に告げる、今年賊をたいらげたあと、子孫は千年にわたり国を継承するだろう云々」と述べた。このことを聞いた李淵と息子の李世民は喜んで羊角山に神廟を築いた。その後、老人は再び吉善行のもとにあらわれ、自分は老君で高祖の祖先だと正体を明かした（『唐会要』巻五〇「尊崇道教」など）。

これらがどこまで事実かは知るすべがないが、やはり王朝交替を正当化するにあたって讖緯的神秘的ストーリーが絡むことは有用であることはもとより、血筋を重視する貴族社会にあって、李淵としても老子（李耳）が祖先とされることは鮮卑系といわれる家系をはぐらかすのに好都合であった。ここで隋以来の姿勢を改め、武徳八（六二五）年に「先老後釈詔」を発し、三教の序列を道教、儒教、仏教（釈教）の順として中国文化優先政策をとった。

太宗も貞観十一（六三七）年に「令道士在僧前詔」を発して道仏の序列を確定し、さらにその文中で「朕の本系は柱史（老子）に出づ」と述べ、老子との関係を決定的なものにした。

次の高宗はいっそうの崇道政策を進めた。乾封元（六六六）年、老子の出生地とされる亳州（かつての苦県）の老子廟に行幸し、老子に追号を与えて「（太上）玄元皇帝」とした。翌々年には仏道論争の成行き上『老子化胡経』を焚経とするが、上元二（六七五）年には『老子』を科挙の出題に加えた。これは老子の無為の治を理想としたためである。高宗はそもそも道教を好んでいたようであり、金丹の服用にもやぶさかではなかった。治世の後半はその副作用に苦しめられたため、実質的に妃の武后や皇太子に国政を任せたとされる（『旧唐書』高宗本紀・則天皇后本紀）。

高宗に代わった則天武后は、もともと太宗の侍女であり、のちに高宗に見そめられて妃とされた。太宗の没後に一時尼僧となっていたことや仏僧らの策謀などから、実権を掌握すると仏教重視の政策に転じた。まず自らに重なる女国王が登場する『大雲経』を天下に頒布し、帝位に就き国号を「周」と改めると、両京（長安・洛陽）と諸州に大雲寺各一所をおき、宮廷の参列順を仏先道後と規定し、老子の「玄

唐玄宗　台北国立故宮博物院蔵品。

元皇帝」号を取り消した。ただ晩年には神仙に関心をもち、長寿を祈る投簡儀礼をおこなうなどした。

武后が引退すると、息子の中宗は神龍元（七〇五）年に国号を「唐」に戻し、基本政策も武后以前に復される。三教間の地位も復旧され、これ以後は唐末まで原則としてその順列に変化はなかった。

続く睿宗の時代には政治利用も含めて皇帝の一族ぐるみで道教に入り込んだ。睿宗は即位前より娘の西城公主と昌隆公主を道教に入信させてそれぞれ金仙公主・玉真公主としたが、即位後の景雲二（七一一）年には、当時韋后を退け権力を握った太平公主の息のかかる太清観の道士史崇により、この二公主に道士として上から二番目の位階である霊宝中盟位が授けられ、さらに翌年には最高位の上清位が授けられた。そして長安の街のなかに金仙観・玉真観という巨大な道観を建て、彼女らに与えて国家的祭祀の執行や、女冠（女性の道士）たちの取りまとめなどの国家的政務を任せた。これはのちの玄宗の時代も続いた。

武后以来の混乱のなか、太平公主を打倒して帝位に就いたのが玄宗である。中宗・睿宗は実質的には道仏二教併崇であったが、玄宗は武后・韋后の崇仏政策への嫌悪感や李氏王朝の伝統の確かな復活をめざし、とくに崇道政策を強化し遂行した。当初、道士葉法善を招いて道法を授かったが、その後道士司馬承禎を重用し、彼より符籙を伝授されて玄宗自身が道士と同等の立場となったほか、彼の意見を多く取り入れつつさまざまな崇道政策を実行していく。

開元十（七二二）年、両京と諸州に老子を祀る玄元皇帝廟をおく。同十五（七二七）年には儒教経典に基づいておこなわれていた五岳の祭祀を道教式に改める。これ以後今日に至るまで五岳廟は実質的に道観となる。同二十一（七三三）年、司馬承禎に『老子』の諸本を校定して底本をつくらせ、それに玄宗自ら注釈をつけ、士庶の一家に一本所蔵させた。同二十九（七四一）年、『老子』に『荘子』『列子』『文子』を加えた道挙の開始を宣言し、諸州の玄元皇帝廟に崇玄学を併設して四子を学ばせた。また老子に対して追号を重ね、天宝二（七四三）年に「大聖祖玄元皇帝」、同八年に「大聖祖大道玄元皇帝」、同十三年に「大聖高上大道金闕玄元皇帝」とした。

安史の乱以後は唐王朝は弱体化し、崇道政策は玄宗朝のかたちをひとまず保ったが規模は縮小した。これと並行して道教の弊害が深刻化していく。玄宗以降の唐王朝中興の英主といわれた十一代の憲宗をはじめ、十二代の穆宗、十五代の武宗、十六代の宣宗らが金丹の愛好により中毒死している。

武宗は玄宗に次ぐ崇道皇帝であり、道士の趙帰真を重用し、彼から符籙を授けられ、神仙術を習った。また同じく道士の劉玄靖も重用した。武宗は彼らに銀青光禄大夫の高位を与えるなどで寵遇した。そして仏教に敵意をもつ趙帰真の建言を基に、寺院所有地の増加による経済上の問題や僧尼の腐敗などの解消をはかって会昌五（八四五）年、いわゆる会昌の廃仏を断行した。武宗を継ぐ宣宗は「小太宗」と称される唐末の名君とされ、趙帰真と劉玄靖らの奸臣を誅殺粛清したとされるが、最後は金丹により中毒死した。

道官制度

道官とは国家が道教（道士と道観）を管理するために設けた官吏をいう。道官の起源と目されるのは、北魏の太祖道武帝が黄老を好み、天興三（四〇〇）年に儀曹郎董謐が『服食仙経』数十篇を献じたことにより、「仙人博士」をおき、「仙坊」を立てて百薬を煮煉させたこととされる。太祖のときより仙人博士であった張曜は太武帝のときも引き続き担当し、寇謙之は彼の下におかれた。孝文帝の太和十五（四九一）年には道教的祭祀の施設として崇虚寺をつくり、諸州の隠士九〇人を召して住まわせた。そのなかに道壇があり、ここで壇主・道士・哥人一〇六人が祭祀にあたった。これらは洛陽・鄴への遷都とともに東魏にも受け継がれるが、武定六（五四八）年に至って廃止された（以上『魏書』釈老志・官氏志）。

北斉では、太常寺のなかに崇虚局を設け、在京・諸州の道士の簿賬などを掌管させたといい（『隋書』百官志）、また昭玄寺があって「仏・道二教を掌った」とされる（『唐六典』巻一八）。その後の北周でも春官卿をおき、その下の典命が沙門・道士の法を司ったといい（『通典』巻二三）、また春官府の下に司寂上士・中士をおいて沙門の政を司り、司玄中士・下士をおいて道門の政を司ったという（『唐六典』巻一八、『通典』巻二五）。ただし、これらが道士から選んで任官していたかは必ずしも定かではない。

以上は北朝であるが、南朝では帝が政府肝入りの道館や各地の主要道館の館主を勅によって道士を任じることがおこなわれていた。例えば董率法は宋の明帝より崇虚館主に任ぜられ（『上清道類事相』巻一「仙館品」）、薛彪は南斉の高帝より金陵館主を命ぜられ（同）、張元之は同明帝より茅山の崇元館主に命ぜられ（『茅山志』巻一五）、徐師子は陳の武帝より宗虚館主とされた（『上清道類事相』巻一「仙館品」）という。

これらも道官の濫觴とみなすことができよう。

隋朝になると、かなり明確な制度が整えられる。文帝のときに鴻臚寺の下に崇玄署をおき、仏教・道教の事務を司らせ、それぞれに令・丞の二官を設けた。次の煬帝のときには郡県の仏寺・道観を道場・玄壇と改称し、それぞれに監・丞をおいた。これ以後、道教は中央の崇玄署、地方の玄壇を中心とした国家の管理制度が固定し、その後も名称は変わるがこのシステムは受け継がれていく。

唐朝の初期は、隋の鴻臚寺から崇玄署を中心とする体制を引き継ぐことになる。崇玄署は残りつづけるが、上位機関の鴻臚寺は玄宗の開元二(七一四)年には宗正寺、同天宝二(七四三)年には司封、憲宗の元和二(八〇七)年には左右街功徳使(両街功徳使)と変化した。また唐の崇玄署には令一人(正八品下)、丞一人(正九品下)のほかに、府二人、史三人、典事六人、掌固二人、崇玄博士一人、学生一〇〇人があったとされる(『新唐書』巻四八「百官志」)。

道官の具体的な肩書名については、中央では「道門威儀」(「道門威儀使」「道門使」)があり、隋の王延や唐の司馬秀、李含光、劉玄靖、王棲霞などが知られている。これは左右街功徳使が成立すると、「左街道門威儀」「右街道門威儀」に分かれたようである。さらに「東京道門威儀」をはじめ、某州、某県、某山、某観に至るまで各地の道教の管理者を「道門威儀」の名でおくこともおこなわれるようになったようである。地方の道観には三綱と呼ばれる「観主」一名・「上座」一名・「監斎」一名がおかれた(『唐六典』巻四)。仏寺の三綱制度は唐初の武徳年間より始まるので、道観もほぼ同様であろう。

このような制度の大枠のなかで、個々の道士は以下のようなあり方をしていた。まず道士になるためには師匠に入門し、一定期間の修行を積む。師匠に認められれば師匠が政府に推挙する。すると尚書省の祠部（あるいは崇玄署）が度牒（道士の身分証明書）を発給し、一人前の道士となる。道士の度牒は所属の道観の三綱により管理され、道士が死去したら国家の発給元へ返される。このようにして道士の人数は国家により管理され、私的な認可で道士になることは厳禁された。しかし玄宗朝頃より反乱鎮圧の軍資金調達のために国家による度牒の公売がおこなわれ、道士の管理体制はゆるんでいった。

なお、唐代の四法令「律令格式」の「格」には道士・仏僧に対して特別に「道僧格」という刑法的規律があった。また、王朝が道士に対して紫衣や「先生」号を与えて褒賞や尊崇を示すことは王遠知あたりより始まるようであるが（杜光庭『歴代崇道記』、『新唐書』巻二四〇「王遠知伝」）、これは唐代で慣習化し、その後の宋代以降には制度化されていくことになる。

道観制度

道観の源流と目されるのが六朝時代の道館であるが、道館はもともと規模もそれほど大きくはなく、管理にあたる役職も細かい設定はなかったようである。公的なものばかりでもなく、父子によって継承されるような私的なものの例もみられる。

しかし唐代になると公式に仏寺とともに道観の制度が整えられるようになる。

高祖は武徳九（六二六）年に詔勅を発し、それまでの寺観をすべて廃し、京城に三寺二観、天下の諸州に一寺一観をおき、優れた仏僧・道士を住まわせ、衣食を国家から支給することとした。すなわち、寺観の数量制限による仏教・道教の管理体制を敷こうとした。これは玄武門の変により実際の施行には至らなかったが、その意志はのちに引き継がれた。

高宗の乾封元(六六六)年、まず封禅を挙行したのにちなんで天下の諸州に仏寺道観を一所ずつおくように勅を発布する。そして弘道元(六八三)年には大赦とともに天下の諸州に道士観を設置し、上州には三所、中州には二所、下州には二所をおき、それぞれの観で道士七人を度した(資格を与えて配置した)とされる(『全唐文』巻一三「改元弘道大赦詔」)。

その後、中宗の神龍年間(七〇五〜七〇六年)には天下の諸州に龍興観と龍興寺を各一所ずつおいた。玄宗の開元十(七二二)年には両京と諸州に玄元皇帝廟をおいた。同二十六(七三八)年には諸州の美しい寺観を改めて開元観・開元寺とした。さらに同二十九年に両京と諸州の玄元皇帝廟に崇玄学を併置し、天宝二(七四三)年には西京(長安)の玄元皇帝廟を太清宮、東京(洛陽)のを太微宮、天下の諸郡のものを紫微宮と改め、おのおの道士を度し、封戸を給した。さらに玄宗時には各地に千秋観、天長観などを設けた。これらは従前のものを名称を改め再設定したものもあれば、新しい名称に応じて新設されたものもある。そのなかでも長安の太清宮は国家の中央道観であるとともに王朝祭祀の場としてとくに重要な役割を担った。

『唐六典』巻四に拠れば、全国に道観は一六八七所あり、前述のように各道観には観主一人、上座一人、監斎一人がおかれ、協力してもろもろの事務を統轄した。また道士は修行に応じて三つの号があり、その一は法師、その二は威儀師、其の三は律師といい、さらに徳が高く思想が精密な者を錬師といった。

これらの官制道観のほかにも、王侯貴族が私的に提供した建物を道観としたケースも少なからず存在したようである。

各道観では斎醮や日常の功課などの道教儀式がおこなわれるが、その場合の役割分担も設定された。儀式の役職は古くは劉宋の陸修静の文章に基づくという『洞玄霊宝斎説光燭戒罰灯祝願儀』などにみられるが、唐代にもおおむね踏襲された。唐の朱法満『要修科儀戒律鈔』や杜光庭『太上黄籙斎儀』などに拠れば、以下のようなものがある。

高功　斎醮を主宰し、儀式次第を統轄する道士の最高責任者。古くは「法師」と称し、唐代でも「高功法師」などと呼ばれる。

都講　斎醮で唱賛を担当し、高功を補佐する道士。経典と斎醮儀式次第に精通する。

監斎　斎醮の進行を監督する。また斎醮に参加した道士たちに誤りがあった場合それを正す。

侍経　斎醮や各種法事に際して用いる各種の経典を管理する。

侍香　祭壇に供える線香と香炉を管理する。日常も香火を絶やさないように見守る。

侍灯　祭壇に供える灯火を管理する。日常も灯火を絶やさないように見守る。

なお、隋唐では宮廷内に仏教徒同様に道教の「内道場」もおかれ、皇帝一族が中心におこなう祭祀・祈禱の場とされた。

道挙制度

　唐代では中国史上、ほかにほとんど類例のない「道挙」制度がおこなわれた。まず、高宗の上元元(六七四)年、武后が明経科に『老子』を策試(出題)すべきことを上奏し、翌年この提案が採用された。唐代の科挙は制科(皇帝による臨時の試験)と常科(定期におこなわれる試験)があり、常科にはまた進士科(詩賦などの文学の才を試す)と明経科(儒教経典の暗記と運用能力を試す)があったが、ここで明経科に『老子』が採り入れられた。その後、武后が政権を握るとかえって崇仏抑道政策を強力に実施し、『老子』の策試は取りやめになる。

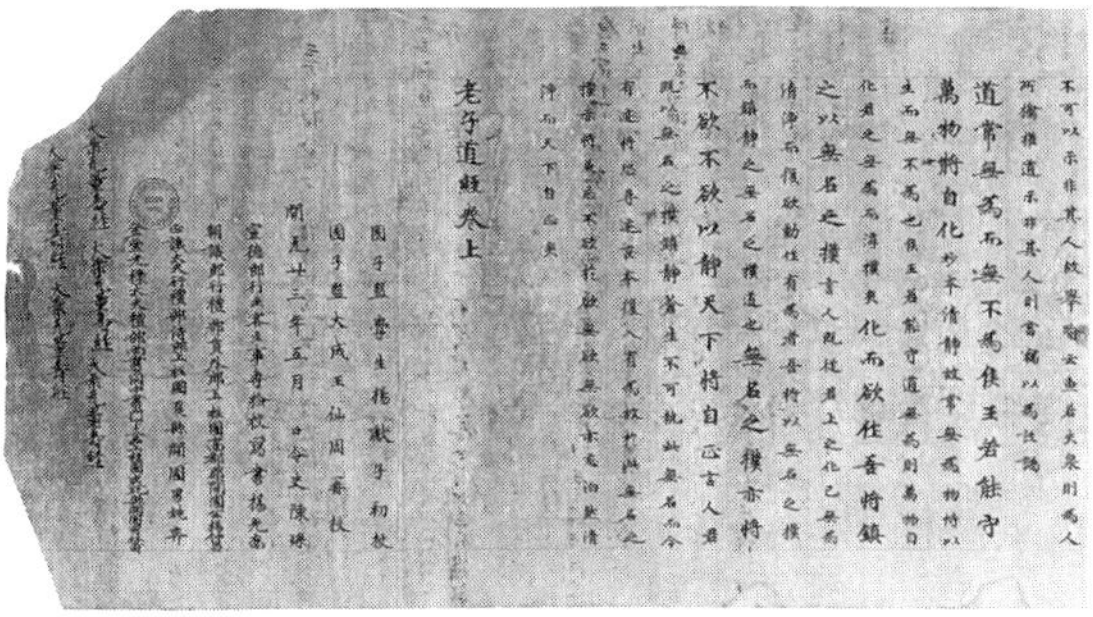

　玄宗時代となった開元二十一(七三三)年、帝の『老子注』が完成して天下に頒布すると同時に、再び科挙に『老子』の策試を加える勅令が出される。さらに翌々年、自らの『老子注』をさらに注釈した『老子疏』も頒布される。そして開元二十九(七四一)年にはついに道挙が発足する。これは道教の主要な四経典、『老子』『荘子』『文子』『列子』について、明経科と同様に、「帖経」(経書の文章の一部分を隠し、その部分の言葉を問う)、「問義」(経書の文章について、注や疏に基づいて意味を答えさせる)、「答策」(経書の文章を政策に生かすアイディアを答える)をおこなって官吏を選ぶシステムである。両京と諸州には玄元皇帝廟が

敦煌本『老子』玄宗注　開元二十三(735)年の紀年がみえる。

おかれたが、そこに崇玄学という『老子』以下の四経典を学ばせる専門の学校が併設され、人材の育成体制も整えられた。崇玄学の地位は国子監（都にある国家の中心的大学）と同じであり、国子監の博士や助教にあたる教授職がおかれた。天宝二（七四三）年、崇玄学は両京は崇玄館、諸州は通道学と改称した。なお、天宝元（七四二）年には荘子を南華真人、『荘子』を『南華真経』と名称を改め、以下文子とその著は通玄真人と『通玄真経』、列子とその著は沖虚真人と『沖虚真経』とし、さらにこれらに加えて庚桑子とその著を洞霊真人、『洞霊真経』とし、『老子』と合わせて道挙は五経典に基づく試験とされた。天宝四年には過去の典籍中に記された五経典の名称も同様に改めるよう詔勅が出された。

この道挙は玄宗ののちの時代も引き続きおこなわれる。あるいは『周易』が加えられたり、あるいは停止したり復活したりしながら、いちおうおよそ二〇〇年のあいだ続くことになる。そして唐の継承を称する五代の後唐の明宗時代、長興元（九三〇）年に勅によって取りやめとなり、ここでようやくその歴史を終える。

なお、この道挙により選抜された官吏は別に道官などの道教関係の官職に就くわけではなく、一般の科挙により選抜された人の任官ととくに大きな違いはなかったようである。すなわち、官途に就く方法として儒教経典に基づく科挙に加えて道教経典に基づく道挙も選択肢として設定されたということである。これはほかの時代にはみられない独特の状況であった。

3　隋唐五代の道士とその活動

道教儀礼の整備と位階制度

劉宋の陸修静は、天師道の経典や霊宝経の内容を整理しつつ『陸先生道門科略』『太上洞玄霊宝授度儀表』などの儀礼書を作成し、のちの道教儀礼の基礎を築いた。

その後、金明七真なる者の作とされる『洞玄霊宝三洞奉道科戒営始』（現行本より古い敦煌本は『三洞奉道科誡儀範』）があらわれ、唐代前期の道教儀礼に大きな影響をもった。中宗から玄宗初期にかけて活躍した長安清都観道士の張万福は、この『科戒営始』の説や当時の道士の乱れたあり方を批判し、新たに位階制度の整備に着手しつつ『伝授三洞経戒法籙略説』『三洞法服科戒文』『醮三洞真文五法正一盟威籙立成儀』などを著した。唐末五代の杜光庭は、唐代までにあらわれた道教儀礼を補足し完備させつつ大成し、『太上黄籙斎儀』『無上黄籙大斎立成儀』『太上正一閲籙儀』『金籙斎啓壇儀』『金籙斎懺方儀』『道門科範大全集』などの膨大な儀礼書を作成した。彼はあらゆる儀礼について過去の方法を研究しつつ詳しく述べているが、とりわけ黄籙斎の完備に特徴がある。また斎のあとに神

杜光庭　四川省青城山建福宮。

への謝恩醮を加える点も新しいとされる。のちに道教儀礼を論ずる者は、必ず杜光庭の著作に言及するといわれた。後世、陸修静・張万福・杜光庭は合わせて「科教三師」と呼ばれることになる（甯全真『霊宝領教済度金書』巻三一七など）。

南北朝時代の後半、仏教への対抗の必要もあり、道教系の諸経典が三洞四輔説を基に統合して扱われることが定着してくる。すると、洞真（上清経）・洞玄（霊宝経）・洞神（三皇経）・太玄・太平・太清・正一という三洞四輔の七部による経典の序列を基にした道士の位階制度が成立する。すなわち、正一経を初歩、上清経を最高として、道士の修行の進展に応じて上位の経典・符籙・戒律などを授けて位階を認定するという制度が形成されるようになる。この形成がいつ頃かということについては研究者の見解は必ずしも一致していないが、重要な指標となる文献が、前掲の『洞玄霊宝三洞奉道科戒営始』（『三洞奉道科誡儀範』）である。これは教団式道教の内部制度を整理して詳しく述べる文献としてもっとも古いものという認識では研究者の意見は一致しているが、しかしある人は梁の武帝の末年頃の成立といい、ある人は隋末までには成立していたといい、またある人は唐初頃までには成立していたという言い方をする。この書の巻四から五にかけて、道士の位階にそって称号が示されており、次のとおりとなっている（『三洞奉道科誡儀範』では字句に若干の違いがあるが、位階自体は同様）。

(1)正一籙生弟子、(2)某治気男官・女官、(3)三一弟子赤陽真人、(4)某治気正一盟威弟子、(5)陽平治太上中気領二十四生気行正一盟威弟子元命真人、(6)太玄都正一平気係天師陽平治太上中気二十四生気督察二十四治三五大都功行正一盟威元命真人、(7)洞淵神呪大宗三昧法師小兆真人、(8)老子青糸金鈕弟子、

(9)高玄弟子、(10)高玄弟子太上高玄法師、(11)太上弟子、(12)洞神弟子、(13)無上洞神法師、(14)昇玄法師、(15)太上霊宝洞玄弟子、(16)無上洞玄法師、(17)洞真法師、(18)無上洞真法師、(19)上清玄都大洞三景弟子無上三洞法師

これらの名称をみれば、三洞四輔の七部の序列を基にしつつそれを拡張して設定されていることが看取できる。なお、右の(9)(10)の「高玄」とは太玄にほぼ同じ、また、(7)「洞淵神呪大宗三昧法師小兆真人」、および、(14)「昇玄法師」は、それぞれ『洞淵神呪経』『昇玄経』という、三洞四輔説形成後にあらわれた新出の道教経典を伝授される位階であり、この文献が成立するまでの道教史の展開を反映している。また太平経や太清経に関連する位階がみえないのは、それらが減少するなり秘匿されるなりででまわらないか、あるいは伝授に適さないなどの事情を示しているのであろう。

唐代の代表的道士の一人である張万福は道教の儀式や制度に関する多くの文献を残しているが、それらを中心に唐代道士の位階をまとめると、おおむね次のようになるようである（小林正美『唐代の道教と天師道』第二章・七の整理に拠る）。

(1)正一道士、(2)高玄道士、(3)神呪道士、(4)洞神道士、(5)昇玄道士、(6)洞玄道士、(7)五法道士・河図道士、(8)洞真道士、(9)三洞道士

なお、このような設定に基づき、各位階ごとに守るべき戒律や着用すべき法服が詳しく定められた。経典・符籙などの伝授にあたっては、合わせて三師に対し敬礼すべきことが教えられた。三師とは度師、籍師、経師をいい、度師は自らの師、籍師は度師の師、経師は籍師の師をいう。師から弟子へはこ

れらの師について名諱、容姿、居住する道観、道観の所在地を教示し、弟子は読経や焼香・登壇などのすべての場合につねに三師を思い、心中で敬礼しなければならないとされた。この三師の名諱、道観などの教示は、正一部から洞真部までのすべての経籙の伝授の際におこなわれるべきとされた。三師説を説く代表的著作に張万福『洞玄霊宝三師名諱形状居観方所文』、杜光庭『洞玄霊宝三師記』があるが、このような説は六朝末の上清派や天師道にまで遡るという(小林正美『唐代の道教と天師道』)。

道仏抗争の盛衰

唐代初期には再び道教と仏教の論争が激化し、唐の宮廷を中心的舞台として史上まれにみる道仏抗争の高潮期をつくりだす。その主役を演じたのは、道教側が太史令傅奕(五五四～六三九)、仏教側は後世護法僧として鳴り響く法琳(五七二～六四〇)であった。

傅奕は高祖の武徳四(六二一)年、「減省寺塔僧尼益国利民事一一条」という奏状をつくって朝廷に献じた。これは仏僧・仏寺をおくのは無駄な労力と資金を費やすだけで国のためにならないとし、六十歳以下の出家僧を民に戻して兵役や農業に従事させるべきことなどを一一箇条にまとめて述べたものであった(『広弘明集』巻七、原文は失われて引用のみ)。傅奕はもと北周の通道観学士から隋の玄都観に入って道士となった経歴をもつが、隋朝の崇仏時代の不満が蓄積していたことが、これを端緒に開始する激しい仏教攻撃の一因とみられている。この奏状は一般にも流布させてかなりの反響を起こしたらしい。

これをみた法琳は激しく反発し、「破邪論」(『広弘明集』巻一一)を著してその一一条を逐一取り上げて縷々反論し、やはり朝廷に奏上しつつ一般に公開した。法琳の門徒の李師政（生没年不詳）も「内徳論」（『広弘明集』巻一四）を著して傅奕への反論と仏教が儒道より優れることを論じ、さらに明槩（生没年不詳）は「決対傅奕廃仏法僧事」により傅奕を批判した。

これらに対して道教側は、李仲卿が「十異九迷論」（法琳「弁正論」に引用が残る）をつくり、「十異」として老子と釈迦の違い一〇点をあげて夷狄の教えが中国にいらぬことを、「九迷」として頭髪を剃ることなど仏教の迷いを九点あげて仏教を批判した。また劉進喜は「顕正論」（『続高僧伝』巻二四「慧乗伝」など）で道教が仏教より高遠であることを思想的に論じた。すると法琳は再び「弁正論」（『広弘明集』巻一三）二巻を著し、上巻の「十喩篇」で「十異」論に、下巻の「九箴篇」で「九迷」論と「顕正論」に逐一論駁を加えた。

当初朝廷は、傅奕や法琳の奏上を黙殺したが、対立の高揚から武徳七（六二四）年、ついに朝廷の主宰により儒・仏・道三教の討論会が開催された。以後四〇年にわたり、断続的ながら朝廷を舞台に道教と仏教の対立を軸とした激しい論争が繰り広げられることになる。武徳八（六二五）年に釈奠（孔子を祀る恒例の国家儀式）の席順を道・儒・仏とされたことに仏僧の慧乗（五五五〜六三〇）が激高して李仲卿と論争し、また貞観十一（六三七）年に太宗が「道先仏後」の詔を出すや、仏僧の智実（六〇一〜六三八）・法常らに法琳も加わり、老子が唐朝の祖先であることは認めるにしても、今の道士は黄巾党の残党で違うなどと不服を申し立てた。傅奕にはまた総持寺普応が「破邪論」を著し論難を加えた。翌年、太宗は三教の学士を弘文殿に集めて議論させた。紀国寺慧浄は道士蔡子晃と論争し、仏教側の資料の記すところによれば、蔡は慌てて曲弁して負けたとされる。ちなみに儒教側からの代表は、かの孔穎達であった。なお、このあとの貞観二十一（六四七）年、太宗の命により、玄奘の主宰で五通観において『道徳経』の梵語訳事業がおこなわれたが、この蔡子晃は唐初の理論派道士としてもっとも著名な成玄英とともに、道教界を代表して参加している。貞観十三年には道士秦世英が「弁正論」を皇室を誹謗するものと説いたため、太宗は逆上して法琳を蜀へ配流に処し、翌年法琳は蜀へ向かう途上にて没した。

高宗の時代にはもっともさかんに内殿に道士と仏僧を招いて討論会がおこなわれた。顕慶三（六五八）年四月には仏僧の会隠・神泰・慧立ら、道士の黄賾・李栄・黄寿らの各七名ずつを招き、「五蘊」「九断」「道生万物」について論じ合い、また同六月には仏僧の慧立・会隠と道士の李栄ら各七名が、帝の提示する仏・道二教同帰説について議論し、さらに同十一月には仏僧の義褒と道士の李栄が「本際」について討議した。そのあとも同五（六六〇）年には『老子化胡経』に関して僧静泰が道士李栄を論難し、龍朔三（六六三）年には道経に関して僧霊弁が道士方恵長を論難したという。記録を残すのはほとんどが仏教側の資料であるが、それによれば討論はすべて道教が屈服して仏教の勝ちだったという。麟徳元（六六四）年には僧道世が道経の偽妄を上奏、四年後に百福殿に仏僧・道士・百官を集めて『老子化胡経』の真偽の審議がおこなわれ、僧法明の論により焚経に処せられることとなった。前述のようにこの頃は「道先仏後」の政策は原則としてあったが、一方で道仏論争の成行きからこのような事態が生じたこともまた事実であったようである。

このあとの時代は深刻な抗争の盛上りが生じることもなく、比較的おだやかな状況が続いた。朝廷としては則天時は「仏先道後」、玄宗時以降は「道先仏後」と明確な方針があったため、二教の徒を召して討論させようという動機もなかったといえよう。おもに仏教側の資料によれば、散発的ながら二教の戦いは起こり、玄宗時の開元年間に青龍寺道氤が道士尹謙と二教の優劣を論じて勝利し、絹五〇〇匹を賜ったとか、代宗時の大暦三（七六八）年に章信寺崇恵が道士史華と刀の階段を登り火を踏み鉄を食べるなどの法術比べをして勝ったなどとされる。またときおり三教談論が開かれ、徳宗時の貞元十二（七九六）年に沙門覃延、道士葛参成、儒者徐岱により、敬宗の宝暦二（八二六）年に沙門道士合わせて四百余人により、文宗の太和元（八二七）年には僧の安国寺義林、道士の楊弘元、そして儒者の白居易によりおこなわれたという。この文宗のときより、三教談論は皇帝の誕生節のセレモニーとして形式化する。

　次の第十五代皇帝の武宗は道教を好み、前代の皇帝にいったん退けられた道士の趙帰真（？～八四六）および劉玄靖（？～八四六）を呼び戻し、それぞれに高位を授けたうえ、自らも趙帰真より符籙を伝授されて道士の資格を得た。このような雰囲気のなか、穏便な誕生節のセレモニーのはずであった毎年の三教談論は、会昌元（八四一）年より道教・仏教の討論会となった。両者の討論について武宗はつねに道教側に軍配をあげ、しだいに仏教に弾圧を加えるようになる。そして会昌五（八四五）年、趙帰真ら道教側の要求により麟徳殿で弁論会が催されたが、ここで仏僧の知玄が武宗の神仙愛好を批判した。すると武宗は激怒し、これを機に徹底した廃仏が施行された。その結果、僧尼は還俗、仏寺は長安と洛陽のわずかな大寺院を除いて廃寺とされた。

　武宗を継いだ宣宗は趙帰真らを誅殺し、廃仏は撤回されて仏教は復興する。これ以後は三教談論は再び形式化した定例イベントとなり、三教の調和を唱えて平和裏に終わることが習慣化し、唐代の道仏抗争は終焉することになる。

隋唐五代の著名な道士

隋唐時代には数多くの道士があらわれ、唐王朝の崇道もあいまって活発に行動しそれぞれ歴史に名を残した。

まず高祖から高宗期に道仏論議や思想的著作で著名な道士は次の人々である。

傅奕（五五四〜六三九）　相州鄴（河北省臨漳県）の人。もと北周の通道観学士、隋に道士となり、天文暦数に通暁していたことから唐では太史令とされる。唐初に僧法琳と激しい道仏論争を展開した。排仏論者列伝の『高識伝』を著す。

劉進喜（生没年不詳、隋・唐高祖時）　傅奕とともに仏僧と論争した。『太玄真一本際経』を作成する。

成玄英（生没年不詳、太宗・高宗時）　字は子実、陝州（河南省陝県）の人。貞観五（六三一）年、太宗に召されて長安に住し、道仏論争や『道徳経』の梵語訳事業に参加するなど道教の代表者として活躍。『老子道徳経義疏』のほか、『荘子』注釈として歴史的に著名な『荘子疏』、また『度人経注』などがある。

尹文操（六二二〜六八八）　隴西天水（甘粛省天水市）の人。高祖が楼観を増修しつつ建立した崇聖観の観主。高宗の勅命で長大な老子伝の『玄元皇帝聖紀』一〇巻を著す。また唐初の道蔵目録「玉緯経目」を作成。銀青光禄大夫。

コラム　楼観とその道士

長安の西の郊外（現在の陝西省周至県）に位置する楼観はもと関令尹喜の故宅とされ、老子の出関ののち、尹喜はここに老子を招いて『道徳経』五千言を授かったとの伝説があり、そこでここに老子と尹喜、および彼らに関係する経典を尊ぶ伝統が形成された。これを一派とみなして「楼観派（楼観道）」と呼ぶ場合がある。この楼観について一定の信頼をおける歴史としては、三国魏の元帝の咸熙年間（二六四〜二六五年）に道士の梁諶がここで鄭法師（鄭履道）に仕えたというのが最初のようである。その後、晋恵帝の永興二（三〇五）年に太和真人尹軌が楼観に降臨し、梁諶に教法を伝授したという。この尹軌は尹喜の従弟であり、かつ尹喜に師事したといい、その教えはその地で代々相承されて後漢まで続いていたというが、梁諶が創作したものであろう。その後、北魏の太武帝は尹軌の後裔という楼観道士の尹通を尊崇して斎醮の挙行を依頼するが、この頃から高名な道士が四方よりやってきて隆盛した。北周の中央道観ともいえる通道観は楼観から多くの道士を徴集し、道教教理を総合した『無上秘要』を作成した。このときに楼観からやってきた道士王延は、次の隋王朝で通道観を引き継ぐ中央道観の玄都観の観主とされた。唐の高祖李淵が隋末に挙兵したおりには、楼観道士が援助した。これにより高祖は即位後に勅命で楼観を増修し、また聖天子の宗祖老子にちなむ道観であることから「宗聖観」の名を与えて重んじた。高宗時には老子に「玄元皇帝」の尊号を奉ずるにあたり、宗聖観道士の尹文操に命じて『玄元皇帝聖紀』一〇巻を作成させた。これは化胡説を含む老子伝の集大成であり、後世の老子伝にも大きな影響を与えた。その後も楼観改め宗聖観は唐王朝の支持のもとに繁栄したが、安史の乱以降には衰退した。

孟安排（生没年不詳、高宗・則天時）　『玄門大義』を節略して道教教理の綱要を『道教義枢』にまとめた。

王懸河（生没年不詳、高宗・則天時）　数多くの道教経典の内容を項目ごとに分類した類書『三洞珠嚢』『上清道類事相』を編纂した。

次に、高宗から玄宗期に都の長安で道教界のリーダーとして活躍したのが以下の道士である。

葉法善（六一六?～七二〇?）　字は道元。括州括蒼県（浙江省麗水市）の人。唐高宗より召され、以後歴代天子に厚遇され禁中に出入する。睿宗先天二（七一三）年、鴻臚卿・越国公を拝す。また金紫（あるいは銀青）光禄大夫とされたとも。後世、法術使いとして伝説化される。

史崇（生没年不詳）　史崇玄とも記される。長安太清観主。神龍二（七〇六）年、三洞大法師・金紫光禄大夫・鴻臚卿・河内郡開国公上柱国に封ぜられる。睿宗の娘で女冠の金仙公主・玉真公主の導師。先天元（七一二）年、勅により『一切道経音義』一一〇巻を編集する。先天二（七一三）年、太平公主の謀反罪に連座して誅せられる。

張万福（生没年不詳、中宗・玄宗時）　長安太清観で史崇を補佐しつつ活動する。とくに当時の斎醮科儀に深く通じ、それらを集成した貴重な文献を数多く残す。『三洞衆戒文』『伝授三洞経戒法籙略説』『三洞法服科戒文』『洞玄霊宝道士受三洞経誡法籙択日暦』『洞玄霊宝三師名諱形状居観方所文』『醮三洞真文五法正一盟威籙立成儀』『洞玄霊宝無量度人経訣音義』がある。

徳宗期末の李渤の『真系』（八〇五年）に茅山上清派の伝承者として掲げられるが、それぞれに重要な活動で名を馳せた道士が次の人々である。

王遠知（五一〇？～六三五）　字は広徳、揚州（江蘇省揚州市）の人。陳の道士の臧矜（臧玄靖）に師事し、のち隋の煬帝に重んぜられ、さらに隋末に唐の革命を予言したとされる。唐以後は衰退した茅山に入り復興に取り組む。太宗より銀青光禄大夫を授かる。

潘師正（五八四～六八二）　字は子真。貝州宗城（河北省威県）あるいは趙州賛皇（河北省賛皇県）の人。隋代に道士王遠知に師事す。中岳嵩山に居し、唐の高宗は彼を篤く尊崇してしばしば訪問した。高宗との問答集とされる『道門経法相承次序』がある。

司馬承禎（六四七～七三五）　字は子微、号は白雲。河内温（河南省温県）の人。はじめ嵩山にて潘師正に師事、のちに天台山に隠居するが、則天武后、睿宗、玄宗より召され入廷する。とくに玄宗は洛陽にて自ら彼より法籙を授かるほか、崇道政策の顧問役とし、洛陽郊外の王屋山に住まわせた。服気法をまとめた『服気精義論』のほか、『修真精義雑論』『上清含象剣鑑図』『天地宮府図』『坐忘論』など多様かつ道教史上重要な著作を残した。没後に銀青光禄大夫を授かる。

司馬承禎（『仙仏奇蹤』）

李含光（六八三～七六九）　本姓は弘。広陵江都（江蘇省揚州市）の人。王屋山にて司馬承禎に師事。師の死後に唐王朝より尊崇される。茅山上清派系道教の伝統の復興に努める。玄宗、顔真卿に師の礼をもって遇せられる。

このほか、次の人々も唐代の道士として歴史上著名である。

孫思邈（?～六八二）　京兆華原（陝西省耀県）の人。北周から唐初に生きた道士、医学者。著書『千金要方』『千金翼方』は中国医学史上に名高い。後世「薬王」として崇められる。

王玄覧（六二六～六九七）　本名は暉。広漢綿竹（四川省綿竹市）の人。仏教思想の影響を受けつつ思索的著作をなす。『玄珠録』が知られる。

張果（生没年不詳、太宗?～玄宗時）　玄宗より銀青光禄大夫に封じられ、通玄先生の号を賜う。『陰符経注』などを残したとされるが、後世伝説化されて謎が多い。

呉筠（?～七七八）　字は貞節、諡号は宗玄先生。華州華陰（陝西省華陰市）の人。詩文に優れ、『玄綱論』『神仙可学論』などの思想的な著作を残した。

李筌（生没年不詳、玄宗～粛宗時）　号は達観。隴西（甘粛省隴西市）の人。兵法や道家の学に通じ、『陰符経』を嵩山の石室で発見したとされるが、その実質的な作者とみなす人もいる。『黄帝陰符経注』がある。

唐末五代には、唐の道教を継承しつつ宋以降の道教の基礎を築く多才な道士たちがあらわれた。なかでも次の人々が重要である。

杜光庭（八五〇?～九三三）　字は賓聖あるいは賓至、号は東瀛、諡号は広成先生。処州縉雲（浙江省縉雲県）あるいは京兆杜陵（陝西省長安県）の人。哲学的思想から斎醮儀礼まで唐代の道教文化を集大成した。『道徳真経広聖義』『道門科範大全集』『道教霊験記』『墉城集仙録』『洞天福地岳瀆名山記』『太上老君説常清静経注』『歴代崇道記』など膨大な著作を残した。

閭丘方遠（?～九三七）　字は大方、舒州宿松（安徽省宿松県）の人。『太平経』の残巻を収集整理し『太平経鈔』を編んだ。晩年は浙江余杭の大滌山（天柱山）を興隆させた。

彭暁（?～九五五）　五代後蜀の永康（現在の重慶）の人。本姓は程、字は秀川、号は真一。はじめ後蜀の孟昶に仕えるが、のちに道士となり華山に隠居す。『周易参同契分章通真義』『還丹内象金鑰匙』など初期内丹術を代表する著述を残す。

譚峭（生没年不詳、南唐）　字は景昇、泉州（福建省泉州市）の人。各地を遍歴して道術や道書を研究し、晩年は青城山に住す。道と人間や万物との関係を虚―神―気―形の連動理論で説く『化書』は後世の道教思想に大きな影響を与えた。

4　思想と道術の発展

「道性」思想と「重玄」思想

「道性」の説は、世界の根本をなす「道」と同じ本性を「道性」として人はだれもがもっていると説くものである。これは仏教の「仏性」思想に大きな影響を受けたものと考えてよい。「仏性」とは、仏になれる素質、仏となる土台、仏と同じ本性などを意味するサンスクリット語の訳語であり、これを説く代表的な経典が『涅槃経』である。『涅槃経』は「一切の衆生には、悉く仏性有り」と説き、あらゆる衆生（心をもつと考えられた生き物を指す）に仏性があるとする。中国の仏教思想はこの経典を根拠として、あらゆる人には仏性があり、ゆえにあらゆる人が成仏可能であることを前提とする。

中国では六朝時代からこの「仏性」とは何かということについて考察が深められ、隋唐時代には分析的な学説がさまざまに提出された。例えば隋の天台宗の智顗は、仏性に「正因仏性」「了因仏性」「縁因仏性」の三種あるという「三因仏性」を説いた。また三論宗を確立した吉蔵は、「因仏性」（十二因縁）、「因因仏性」（観智）、「果仏性」（三菩提）、「果果仏性」（大涅槃）、「正因仏性」（非因非果性）の五種仏性（『大乗玄論』の場合）などを説いた。さらにインドの無性説（仏性のない者が存在すること）を持ち帰った法相宗の玄奘は、「声聞定性」「独覚定性」「菩薩定性」「不定性」「無性」の「五性各別」を説いた。

道教では、字面のうえでは「道性」は南北朝以前の文献にもみえるが（例えば『老子河上公注』『老子想爾注』）、仏性思想とは無関係であった。しかし、隋から唐にかけて仏教との論争が高まってくると、本格的に「道性」を論じる文献があらわれるようになる。仏道論争の文献にも論者として登場する道士方恵長および黎元興の作で、唐代成立の道典の代表的といえる『太上一乗海空智蔵経（海空経）』一〇巻である。この書は「一切の衆生には、悉く道性有り」（巻七）と述べ、あらゆる生き物が「道性」をもっていることを唱える。『海空経』は『涅槃経』とほぼ同じフレーズが多く、『涅槃経』を下敷にして作成したことは明らかである。このほかにも、やはり仏道論争で法琳らと論争した道士の劉進喜と李仲卿の手になる『太玄真一本際経（本際経）』一〇巻で「道性」説がさかんに説かれている。また、初唐の孟安排『道教義枢』一〇巻は道教教理を総合的に解説するもので、隋に成立した『玄門大義』の節略とされ

嵩山逍遥谷
潘師正が住んだとされる渓谷。

るが、その巻八「道性義」では五種の道性として、「正中(性)」「因縁性」「観照性」「智慧性」「無為性」をあげている。「智慧」は「菩提」、「無為」は「涅槃」と同じであり、これは前述した吉蔵の五種仏性を取り込んだものである。これらをはじめ、玄宗や杜光庭の『老子注』などにもみられるように、「道性」説は唐から五代にかけて道教思想の中軸部分に組み込まれていくことになる。

なお、道性説は仏性説の模倣に留まらず、従来の道教経典の思想を基に仏性説を踏み越えた展開を示す。もともと『涅槃経』の仏性説は、あくまで「一切の衆生(有情)」が対象であり、「無情」(非生物)には関係ないとした(「迦葉菩薩品」)。一方、「道」が生物に限らずあらゆるものに遍在することは、『荘子』知北遊篇で「螻蟻(バッタ・アリ)や稊稗(イヌビエ・クサビエ)や瓦甓(カワラ)のなかにある」などとしていることをはじめ、『老子西昇経』でも「道」の「万物皆有」を述べる。これらを承け、道教の道性は牆壁瓦石にまで存在すると説かれた。『道教義枢』巻八「道性義」においても道性を有する範囲を「一切の含識（衆生）から畜生果木石に至るまで」とし、また高宗から師とあおがれた道士潘師正は、「一切の有形は、皆道性を含む」と述べている（『道門教法相承次序』）。そして、このような道性説は、逆に仏性説に影響を与えたという指摘もある。天台宗中興の祖とされる湛然（七一一～七八二）は従来の仏性説を越えて草木や瓦石にも仏性を認める「草木成仏説」あるいは「無情有性説」を説いたことで知られる。これは仏教思想に潜在していた説を顕在化させたと説明する人もいるが、同時代に流行した道性説の影響とみる人もいる。このほか、禅宗のいわゆる「無情説法」説（草木瓦礫も仏法を説くとする説）などにも道性説の影響を考える人がいる。

「重玄」とは、字面のうえでは「玄が重なる」ことを表現する。これは、『老子』第一章で「道」のあり方の説明として「玄の又た玄」、すなわち「玄妙であるうえにさらに玄妙」と述べる句に由来する表現であるが、隋唐の時代には、この言葉に仏教の中道思想に似た意味を込めた「重玄思想」とでも呼ぶべき思潮が高まった。

中道思想とは、簡略にいえば、相反する一対のものごと（二辺）の中間・中庸が理想であり、最上とする思想である。世界万物の捉え方については、「有」すなわち実在性を否定して「無」もしくは「空」を説くが、「無」や「空」への執着も否定し、「有」でもなく「無」でもない「中」（「非有非無の中道」）により理解すべきことを説くものである。インドでは中観派、中国ではその継承を自任する三論宗が中心的役割を担って理論を複雑化させつつ展開した。

道教の重玄思想とは、要するに「玄の又た玄」の句について、「有」そして「無」への執着を超えた二重に「玄」すなわち玄妙といえる「非有非無」を示す、あるいは前の「玄」は「非有非無」、後の「玄」はさらにその「非有非無」をも超えたところを示す、と説明するものである。そしてそのような「玄の又た玄」が「重玄」であり、それが道教の「道」であり、その領域・境地への到達を究極の目的とするのである。

唐末五代の杜光庭はその『老子』注釈である『道徳真経広聖義』巻五において、彼以前に存在した主要な『老子』注釈の学風を分類し、「理国の道」「理身の道」などとともに、「重玄の道」を明らかにするものとして、梁の孟智周・臧玄静、陳の諸糅、隋の劉進喜、唐の成玄英・蔡子晃・黄玄賾（黄賾）・李栄・車玄弼・張恵超・黎元興をあげている。これらの人々を老子解重玄派と呼ぶ人があり、また隋唐時代に『老子』注釈に限らない広がりをもつことを重視して隋以降を道教重玄派と呼ぶ人がある。

この重玄思想の代表者といえるのが、初唐の太宗から高宗期に活躍した成玄英（生没年不詳）である。彼は『荘子疏』で歴史的に著名であるが、前述したように『老子』の梵語訳事業に道教側を代表して参加した人物であり、『老子』研究でも当時は第一人者であった。彼は、玄とは「不滞」すなわち滞らないこと、すなわち捉われないことだとし、「有」にも「無」にも滞らず、さらにまた滞らないことにも滞らず、あらゆる言語表現や論理に捉われなくなったことを「重玄」というとしている（「老子道徳経義疏開疏」）。また高宗時に仏道論争でしばしば道教側代表として立った李栄（生没年不詳）の『道徳経注』も成玄英とほぼ同様のことを述べている。

このほか、重玄思想は『老子注』に留まらず、『本際経』や『海空経』『道教義枢』など隋から唐初期

コラム　道教的世界像の形成

道教の世界像（天地の構造に対する理解）を示す資料は六朝末の『無上秘要』にもかなり集められているが、唐代を経てほぼ完成した。その形成過程の概要をまとめておく。

まず天上の天界説についてであるが、南北朝初期頃より、三天・九天系と五天・三十二天系の二種類の説があらわれたようである。前者は、世界の根源の一気が始気・元気・玄気の三気に分かれて三天を形成し、さらに三気が九気に分裂して九天ができたと説く。この九天は重層的か平面的かは明確ではなく、天師道、霊宝経、上清経のそれぞれにみられるようである。後者は、天上に五天（『霊宝五符序』）ないしは三十二天（『度人経』）が平面的に配置されているといい、『霊宝経』の中心的な天界説となる。六朝後半頃になると、教理の複雑化とともに三十六天説が多くなる。これは九天それぞれが三天を派生して二十七天となり、元の九天と合わせて三十六天とするもの、仏教の三界二十八天説の型を土台とし、上に四種民天・三清天・大羅天の八天を重ねて三十六天とするものがあった。唐初頃までは平面説と重層説の折衷として諸天が螺旋状に重なるとする説もみられたが、最終的には仏教の二十八天を凌ぐ重層的三界三十六天説が一般的となった。

一方地上世界についてであるが、道教では中国の外の世界として、神仙思想以来の伝統をもつ蓬萊・方丈・瀛洲の東海三山（三島）と西の崑崙山がつねに念頭におかれていた。またほぼ戦国時代末までにできたとされ、巨視的に中国と周囲の世界を解説した『山海経』があった。緯書にも海外の地理の説があった。前漢の東方朔作とされるが、魏晋以降の成立と思われる『十洲記』はこれらを取捨して十洲三島説を示した。すなわち東西南北の四海に十の洲（大陸）と東海三島（および崑崙など三島に準ずる陸地）があり、そこに不死の薬や長命の人々が存在するというものである。これが後世の道教的地上世界観の基礎となる。また一方で、高さ八万由旬の須弥山を中心として四方に南贍部洲などの四大陸があるとする地上観が仏教によりもたらされた。この影響下に、中国の中心に高さ三万六千里の崑崙山があるとし、東南西北の四海に呵羅提国などの四大陸があり、これに加えて十洲があるとする『洞真外国放品経』の説があらわれ、一定の影響をもった。

また中国の内部についても、各地の名山の地下に「洞天」と呼ばれる神仙の住む別天地の存在が説かれた。初期のまとまった記述は最初期の上清派の経典にみえ、茅山下の華陽洞天をはじめ全国に合わせて三十六あり、それぞれが地下で通じ合っているとする。しかし『無上秘要』など洞天の数を十とするものもあった。唐の司馬承禎は『天地宮府図』を著し、洞天に十大洞天と三十六小洞天の大小二系統ありとして二説を統合した説を示し、さらにその下位に七十二福地があるとした。

唐末五代の杜光庭は『洞天福地岳瀆名山記』を著し、海中五岳として中岳崑崙山（中国）を中心としつつ四海に東岳広桑山などがあり、加えて十洲三島があるとした。広桑山以下は道典『清虚真人王君内伝』にでるが、呵羅提国などの仏教臭を避け道典から四大陸を採ったものであろう。これに中国五岳、十大洞天、五鎮海瀆（五鎮＝五岳と別の五つの重要な山、海＝四海、瀆＝四瀆）、三十六洞天、七十二福地などが列べられている。

その後の道教的世界像はほぼ以上から取捨選択したものとなる。例えば『雲笈七籤』は基本として天は三界三十六天、地は『洞真外国放品経』＋十洲三島、洞天は十大洞天＋三十六小洞天を示すが、わずかに遅れる李思聡『洞淵集』は『洞真外国放品経』の四大陸ではなく海中五岳説を採り、また四海四瀆などを加えるなど杜光庭系の説の影響がみられる。

にあらわれた唐代を代表する道典類にもみられる。これらにおいては、道性を中道で説明するなどで重玄思想と道性思想を一体にして説く場合が少なからずみられる。また重玄思想は、唐以降の道士たちが身近におく『太上老君説常清静経』(『常清静経』『清静経』)、『太上昇玄消災護命経』、『老子説五厨経』などの重要経典や、あるいは『太上老君内観経』『洞玄霊宝定観経』『太上老君了心経』などの内観や観心を説く諸経典の成立の基盤になったと指摘する人もある。

なお、「重玄」を説く『老子注』とされるものは成玄英と李栄のもの以外はほとんど残っていないので、南北朝から隋初に至るまでの実情は不明である。杜光庭は『道徳真経広聖義』巻五で「重玄」を宗旨とする者としてもう一人、魏(じつは東晋)の孫登をあげている。東晋の支遁(三一四〜三六六)は仏教のみならず清談にも通じ、「重玄」の語を使って老荘を論じたが、彼の交遊圏にあった孫登に影響を与えた可能性は大きい。また東晋以来、『老子』の注釈に仏教の教理を持ち込む流儀があり、梁の武帝は非有非無の中道を老子の道であるとした。これらが合流し、隋に至って吉蔵の三論学の隆盛の影響を受けつつ唐初に完成したのが重玄思想であったというのが大筋の流れではないかと思われる。前掲の成玄英「老子道徳経義疏開疏」には「道徳」の解釈に吉蔵『三論玄義』の影響がみられるほか、『本際経』の経名の「本際」の語は、『中論』巻二「観本際品」からの影響ではないかという指摘もある。また魏晋玄学における貴無と崇有の対立の止揚を源流にあげる捉え方もある。

諸道術の展開

道術とは不老長生の神仙へ至ることを主要な目的とした道教の修行法をいい、古代の方術を継承する。唐末五代までにあらわれた道術のおもなものは、ひとまず北宋にまとめられた『雲笈七籤』の分類と表記に基づけば、導引・存思・気法(服気・行気・胎息)・金丹・内丹・方薬・符図・庚申・尸解などがあげられる。このうち隋唐から五代にかけて道教史上重要な展開をみせたのが、金丹・気法・内丹である。

金丹の術は前述のように東晋の葛洪『抱朴子』において宣揚され、唐代には金丹の錬成がさかんにおこなわれた。葛洪は種々の材料のなかでもとくに黄金と丹砂を重視したが、この流れに位置づけられる方法がやはり唐代にも少なからずあらわれた。例えば『抱朴子』の金丹思想を継承する『黄帝九鼎神丹経訣』、黄金至上主義の蒙山張隠居『張真人金石霊砂論』、丹砂至上主義の張果『玉洞大神丹砂真要訣』、同じく張果の弟子とされる陳少微『大洞錬真宝経修伏霊砂妙訣』などである。これらの金丹術を「金砂派」と呼ぶ場合がある(任継愈主編『中国道教史』など)。

一方、金丹術には『抱朴子』と別系統の文献に『周易参同契』があった。この『周易参同契』の特徴は、易の理論(漢代に流行した象数易)や陰陽五行説を用いて煉丹術の方法(薬物を調合する火加減や薬物の状態の変化など)を説明すること、そして鉛と汞(水銀)およびそのメタファーとされる龍と虎・日と月・烏と兎・坎と離などの一対の対偶の交合をさかんに説くことである。隋唐期の金丹術はこの系統のほうが主流となったようであり、隋の青霞子蘇元朗『龍虎金液還丹通玄論』『太清石壁記』、金竹坡『大丹鉛汞論』、金陵子『龍虎還丹訣』などがあらわれたほか、『周易参同契』の注釈書も数多く著された。この

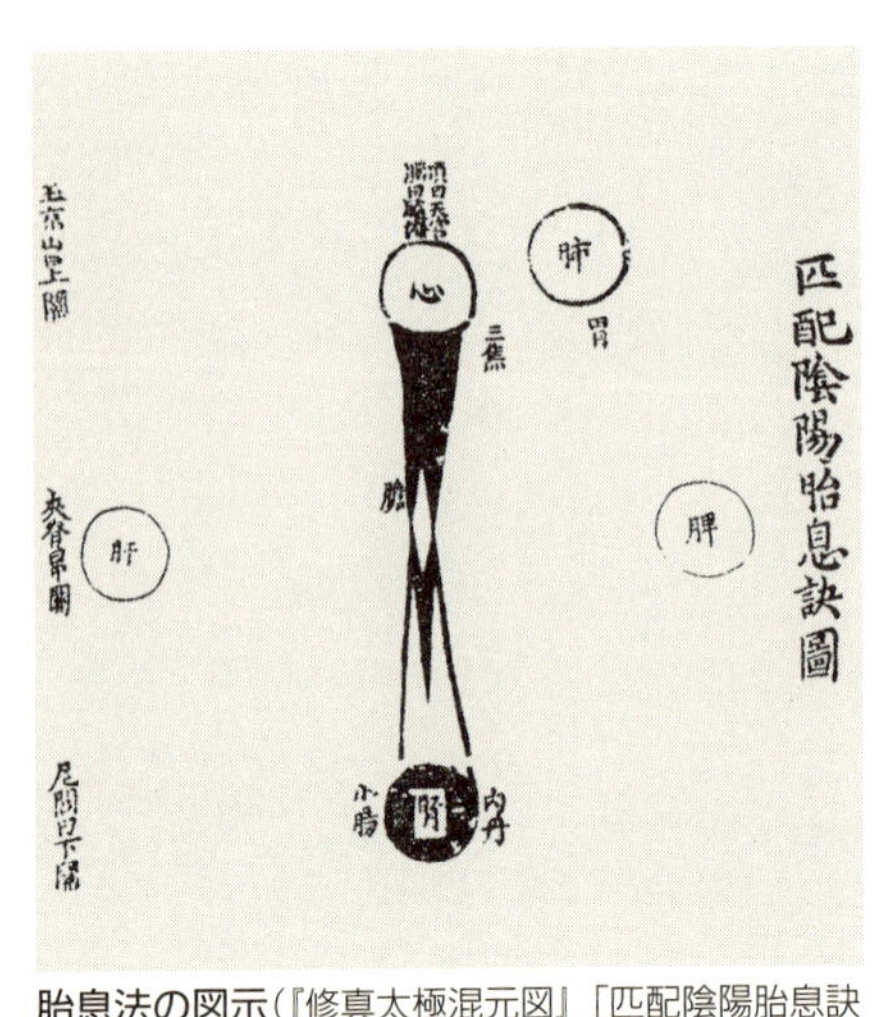

胎息法の図示（『修真太極混元図』「匹配陰陽胎息訣図」より）

種の金丹術を「鉛汞派」と呼ぶ場合がある（任継愈主編『中国道教史』など）。

気法とは気を使って身体の不老長生と昇仙をはかる技法であり、細かく分ければ行気・服気・胎息などがある。行気とは体内に「気を行らす」技法であり、戦国韓の墓から出土した「行気玉珮銘」（前三八〇年頃と推定）にみえるように古くからおこなわれていた方法であった。服気とは気を体内に取り込むことであり、食気から発展して五方の気を所定の季節や時間に取り込む方法などかなり複雑化した技法があった（司馬承禎『服気精義論』など）。胎息とは文字通り胎児が母胎のなかにいるときのように微かな呼吸をする道術であり、後漢頃にはおこなわれていた（『後漢書』王真伝など）。なお、服気は気を体内に取り入れたら体内にめぐらすことが前提になっており、一方の行気もまず体外から気を採り入れることが前提であり、両者は実質的にはほとんど同じ場合が多かった。そして行気も服気も「その大要は胎息にある」（『抱朴子』釈滞篇、『上洞心丹経訣』）、すなわち肝心かなめの方法は胎息であるとされるようになる。行気・服気・胎息の三者は、遅くとも唐代にはこのように一体化した関係にあった。さて、体内をめぐる気には外気と内気があり、胎息は外気をほとんど用いないことになるが、唐代中頃にはこの外気ではなく内気をめぐらす方法を重視し、それが服気(服内気)であり胎息であるとする内容もみられるようになる(『幼〈幻とも〉真先生服内元気訣』など)。

内丹とは、体内の気を修錬することにより自らの内に不老不死の金丹をつくりあげる技法である。「内丹」という言葉を使用する最初の資料として隋代の文献があげられる場合があるが、宋以降本格的に流行するそれに連なる意味で定着の途を歩み始めるのは唐の後半である。その代表は幼真先生の『胎息経注』である。この文献は「胎息とはじつは内丹である」と述べ、また「神と気が合わさり玄胎が生ずればおのずとそこから新しい身体が生まれる、これが内丹不死の道だ」とも述べる。つまり(幼真先生のいう)胎息が内丹とされ、そしてそれは神と気の交合によってもたらされるものであるという。一方、古くより房中術の還精補脳を「陰丹」と呼ぶことがおこなわれていたが、これに対して体外の金丹を「陽丹」と呼ぶことも生じ、さらに体内の「陰丹」を内丹とすることもみられた。そしてこれと同じ頃かそれ以降に、内丹の錬成を金丹術の表現を用い、鉛汞や龍虎の交合としてメタファーで表現する風潮が起こり、その種の文献が少なからずあらわれた。また、司馬承禎『坐忘論』(「坐忘枢翼」)などに、形を気へと錬成し、気を神へと錬成し、神を錬成して道と合一するとして、形→気→神→道という神仙修行のプロセスが示されるが、これの理論も内丹術に採り入れられる(例えば『雲笈七籤』巻七二内丹「真元妙道修丹歴験抄」)。

以上を要するに、気法の展開の結果重視されたのが胎息法であり、これも外気の摂取から内気の修錬の技法へと進み、胎息が内丹と呼ばれる場合があらわれた。金丹術は鉛汞理論が流行し、転じて鉛汞を神気の意とするなど金丹術の用語が内丹術の表現に転用されることも起こる。房中術系の「陰丹」に関係する用語も内丹術に影響したようである。さらに司馬承禎らにより説かれた形↓気↓神↓道の理論が内丹修行の進行プロセスに重ねられた。金丹術にしろ気法にしろ、その後もそれ自体として途絶えることなく伝えられるが、結果としてこれらの流れが宋代以降に内丹術という新しい方法が神仙修行の中心となって展開していく基盤を形成することになった。

道教と社会・文化

義邑などによる造像碑は唐代中頃には下火になるようであるが、一方で隋代頃から石窟の造像がみられるようになる。現在確認されている隋唐時代の道教石窟造像は、いずれも巴蜀(四川)地域に残っている。紀年のある最古のものは、潼南大仏寺の隋開皇十一(五九一)年の天尊像である。同寺にはまた大業六(六一〇)年の天尊像もある。このほか、綿陽西山観玉女泉にも大業六年の天尊像などが残されていた。

唐代には石窟にさまざまな種類の道教像があらわれる。四川の安岳玄妙観には老君説法図像(七三〇年)、救苦天尊像(同)、三清像(開元年間)などがあり、仁寿県牛角寨には完存する三宝(三清)説法図像(七四九年)、元始天尊・太上老君・釈迦仏像(天宝年間)などが残る。また剣閣鶴鳴山にはやはり完存の状態で長生司命天尊像(八五八年)、天尊説法図像(大中年間)、十二時神像(同?)が残されている。このほか五代のものとしては、安岳円覚洞に前蜀(九〇七~九二五年)の元始天尊・太上老君・釈迦仏像がほぼ完存している。

城隍神は城の守護神であり、六朝時代末より文献上の記載がみられるが、唐代になると広く信仰が定着した。官吏が地方の長官として任官する際、まず「城隍文」を奉じて城隍神の祭祀をおこない、地域の人々が平穏に暮らせるようにともに尽力するよう願う儀式が多くおこなわれた。また城隍神の効験があったと判断される場合には、感謝の意を記した「賽文」をつくり庶民とともに祭祀をおこなう「報賽」の活動などもおこなわれた。

鍾馗は邪鬼払いの代表的な神とされる。その信仰が本格化するのは唐代からである。病中の玄宗が夢のなかで悪鬼を食い殺す大男としてあらわれた鍾馗を見て病が快癒し、のちに呉道子にその姿を描かせた伝説が有名であるが、当時の宮臣張説の文章などより、鍾馗の画が邪鬼払いに使われていたことは確かである。このような鍾馗信仰は宮中だけではなく民間にも広まっていたことは、敦煌出土の文献などから知られている。唐から五代には画家たちにより鬼を捕らえる鍾馗図が多く描かれた。

このほか、唐五代の文人たちの詩文より玉皇や玄天上帝などに対する信仰もすでにおこなわれていたことがうかがえる。

隋唐時代も『提謂経』など道教の影響を受けた偽経が通行した。唐代には『(仏説)三厨経』があらわれ、体内の気をめぐらし唾液を呑むなどして、飢えることなく長生不死が得られると説いたが、道教経典の『(老子)五厨経』の改作といわれる。ただ、現存の『老子五厨経』は『三厨経』の影響を受けてそのあとにできたという指摘もある。

崇道の風潮の唐代にあっては、音楽も道教式のものが流行した。道教では斎醮儀礼のなかで「歩虚」

詩を吟詠する「歩虚声」などの楽舞をおこなう伝統があったが、唐代ではこの種の道楽が宮廷でも演奏された。清の彭定求らが編んだ『全唐詩』には「歩虚詞」あるいは「歩虚引」と題する作品が六〇種以上収録されており、なかでも韋渠牟が一九首、呉筠が一〇首などと多くのものを残している。玄宗のときには宮中で「歩虚声」が演じられたほか、司馬承禎に「玄真道曲」、賀知章に「紫清上聖曲」をつくらせ、自らも「紫微八卦舞」などの道楽をつくり、宮中や太清宮、各地の玄元皇帝廟で演奏させたという。また高宗も潘師正のために「祈仙」「翹仙」という道楽をつくらせていたようである。さらに西域の仏教系音楽についても、当時もっとも流行した「亀茲仏曲」を「金華洞真」、「婆羅門」を「霓裳羽衣」と改めて道曲にされたといわれる。「霓裳羽衣」は玄宗が非常に好んだこともあって流行し、一般にも広く演奏された。唐代の道楽については、玄宗時の張万福や唐末五代の杜光庭の残した資料からある程度うかがうことができる。

そしてやはりこの崇道の時代のなか、唐代の詩人・文人は道士との交流を活発におこない、神仙や隠逸などの道教的世界を憧憬の対象とし、それらを詠った詩を多く残した。また自ら金丹術を実践する者も少なくなかった。その代表的な詩人は、自ら道士の高如貴より道籙を授かり道士となったという李白（七〇一～七六二）であるが、ほかにも孟浩然（六八九～七四〇）、王維（七〇一?～七六一）、岑参（七一五～七七〇）、白居易（七七二～八四六）、元稹（七七九～八三一）などがあげられる。また道士の詩人も多くあらわれた。『全唐詩』の巻八五二から八六二には道士の詩、巻七九七から八〇五には女冠の詩が集められているが、道士が三六人で詩は五七四首、女冠が七人で詩は一六四首があげられている。詩作で有名な道士は呉筠であり、道士になる以前より詩文の才で名をあげた。

　また小説では六朝の「志怪」のあとを承け、「伝奇」と呼ばれる新しい形式があらわれて流行した。これは志怪よりも創作性の強い内容に特徴があり、神仙などの道教的題材も多い。張鷟（生没年不詳）の『遊仙窟』、沈既済（七五〇？〜八〇〇？）の『枕中記』、李朝威（生没年不詳）の『柳毅伝』などが著名である。

　なお、唐代の通俗説法のテキストであった「変文」が二十世紀に敦煌から発見されたが、大部分が仏教的内容のものであるなかで、道教系のものとして玄宗時の道士葉浄能の事跡をテーマとした「葉浄能詩」がある。

　六朝時代から絵画の世界では道教と仏教の人物像を中心に描く「道釈画」のジャンルが成立していたが、仏教道教が隆盛となった唐代には、長安の仏寺・道観を中心にこの道釈画がさかんに制作された。道教関係の絵画で著名な人物と作品は、初唐の閻立本（？〜六七三）の「三清像」「五星像」など、玄宗時の呉道子（呉道玄、生没年不詳）の「明皇受籙図」「十指鍾馗図」「火星像」など、中唐の周昉（生没年不詳）の「仲尼問礼図」「降真図」「五星図」「撲蝶図」などがあげられる。なかでも呉道子の活躍は道教美術史上特筆すべきものであった。これらの絵画はいずれも現存しないが、現在の蘇州玄妙観にある老子図（石碑）やボストン美術館蔵「三官図」などは呉道子の筆に由来するとされている。このほかにも、玄宗時の李思訓（六五三〜七一八）・李昭道の親子、同じく韋無忝（生没年不詳）、陳閎（生没年不詳）などが道教画の名手として知られた。

第4章 変容と新たな歩み 宋遼金元

1 宋遼金元王朝と道教

宋王朝と道教

宋王朝は、唐王朝のように初代皇帝から道教と朝廷との深い結びつきが説かれたわけではないが、王朝成立後ほどなくして唐王朝に類似するともいえる密接な関係が築かれ、道教もあらためて隆盛する。

宋の太祖・趙匡胤は即位前から仏僧と交わりが多かったといわれ、即位後は仏僧たちの期待通り、後周世宗の廃仏令の緩和策を次々と打ち出し、また史上初となる木版大蔵経（いわゆる開宝蔵）の開雕を命じた。朝堂の班位も「仏先道後」とされた（『僧史略』巻中「僧道班位」、『仏祖統紀』巻四三）。

太祖の急死を承けて第二代皇帝に即位したのが弟の太宗（在位九七六〜九九七）であるが、この即位劇の背後には道教が深くかかわっている。病床に就いた太祖が道士張守真を召して降神させ神意を問うたところ、玉帝の輔臣である黒殺将軍により、帝位継承を太宗とすべき言葉を得たという。太宗は晋王であった時代から道士と交流が深かったとみられ、この事件が大きく貢献して太宗が帝位継承を勝ち取ったようである。そのため、太宗の時代には数々の道教優遇策がとられた。多くの道観が造営され、黒殺将軍も「翊聖将軍」に封じられて上清太平宮に祀られた。またさまざまな道士が徴召されたが、なかでも後周より著名であった陳摶は真っ先に招かれ、希夷先生の号を賜うなどで寵遇された。さらに道教典籍の収集にもとりかかり、各地から七千余巻を得、それを徐鉉らに命じて重複を取り除かせ三七三七巻を得たという（『文献通考』巻二二四）。これが次の真宗朝の道蔵編纂の先駆となったほか、太宗の諸々の施策はその後の道教隆盛を準備することとなった（孫克寛『宋元道教之発展』上編「太宗朝之崇道」）。

そして第三代の真宗（在位九九七〜一〇二二）の時代に宋王朝と道教の結びつきは決定的なものとなった。かつて五代のとき、後晋が遼にいわゆる燕雲十六州を割譲し、のちに後周が遼から三州を奪還した。このため、遼にしても、また五代の諸王朝の継承を自任する宋にしても、それぞれこの十六州を完全に手中に収めることが宿願であった。景徳元（一〇〇四）年、遼の聖宗が軍を率いて南下すると、宋では真宗の親征を主張する寇準と、金陵（現在の南京）への避難を主張する王欽若の二つの意見に分かれた。結局真宗は寇準の主張に従い自ら兵を率いて戦場に赴くが、結果として、真宗を遼の聖宗の兄とはするものの、宋が遼へ莫大な歳幣を送るという「澶淵の盟」を結んだ。王欽若はこれを「城下の盟」（敵に城下まで攻め込まれてやむをえず結ぶ屈辱的な講和）として寇準を激しく批難し、真宗もこれを聞いて塞ぎ込んだ。もともと道教通であった王欽若は、この状況をみて真宗に封禅の儀式を執りおこなうことを勧めた。封禅は天命を受け天下を所有する資格をもつ帝王にのみ許されるとされ、その成功は受命の帝王であることを示すことになる。すなわち燕雲十六州を含む中国世界の支配者として面子が立ち、その所有を主張できる。しかし封禅をおこなうにはまず「天瑞」すなわち天からのシグナルが必要とされた。そこから、謎の多いいわゆる「天書」事件が始まる。

景徳五（一〇〇八）年正月、真宗が宰相の王旦と王欽若らに対して自ら語った話によれば、前年の十一月二十七日の夜半に神人があらわれて、一カ月のあいだ黄籙道場（道教の祖先供養儀礼）をおこなえば、「大中祥符」という天書三篇がくだると言った。そこで実際に十二月朔日より黄籙道場をおこなった。するとはたして一カ月後、王城の左承天門の南角に帛の巻物が見つかり、その上に「趙受命、興於宋、付於恒、居其器、守於正、世七百、九九定」（趙ハ命ヲ受ケ、宋ニ興リ、恒〈＝真宗の名〉ニ付シ、其ノ器ニ居ラシメ、正ヲ守リ、世ハ七百、九九ニ定マラン）と記されていたという。そこでこの巻物を「天書」（天からの文書）とし、三清の神に礼を述べる式典や「大中祥符」への改元をおこなうなどしつつ、この天瑞を機に同年十月に泰山に赴き封禅の儀式を執りおこなった。

しかし事態はこれで終息しなかった。翌年、三清・玉皇を祀る天慶観を天下の諸路の府・州・軍・県に建立させた（『宋朝事実』巻七）。三年後の大中祥符五（一〇一二）年の十月、真宗は王旦ら側近に向かって次のように告げた。夢のなかで、玉皇の命を受けた神人より、天書を授けたのは宋王朝の趙氏一族の始祖である「聖祖」趙玄朗であることを知らされ、さらに趙玄朗に親しく面会した、と。『宋史』巻一〇四に拠れば、加えて唐王朝が玄元皇帝を祀ったように「聖祖」趙玄朗を祀るように命じられたともいう。王旦ら群臣はこれを祝福し、大赦がおこなわれた。翌月には聖祖に「聖祖上霊高道九天司命保生天尊大帝」の尊号を奉り、さらに天下の天慶観に聖祖殿をつくっておおいに祀った。また玉皇の祭祀もおこなわれた。さらに翌年には老子を「太上老君混元上徳皇帝」と加号した。都の開封には「天書」を納め、かつ巨大な玉皇像と宋の歴代皇帝・祖先を祀る壮麗な玉清昭応宮が建立された。つまり、そもそも澶淵の盟により傷ついた国家の威信回復をめざして始まったらしい「天書」事件が、宋王朝の祖先崇拝、道教信仰へと展開していったのであった。

そして、この流れのなかで道蔵の編纂もおこなわれた。大中祥符二（一〇〇九）年に道教経典の校定が命じられ、翌年に王欽若を総裁としていっそう詳しく校定を施し、最終的に四三五九巻の道教経典を得た。そこで九年に王欽若はその目録を献上し、真宗よりこの目録に「宝文統録」の名を賜った。さらにこれを疎漏として張君房に委嘱して再校させ、あらためて四五六五巻を得た。これを大宋天宮宝蔵と名づけ、天禧三（一〇一九）年に七部の書写が完成した。なおそのすぐあと、張君房はこの道蔵の精要を採ってダイジェスト版『雲笈七籤』一二〇巻をつくった。これは小道蔵と呼ばれて道教の概要を知るための書として後世珍重された。

その後の皇帝と道教の関係については、しばらく大きな事件や変化が起こることはなかった。第六代の神宗（在位一〇六七～八五）のとき、文治主義の弊害などから財政難が生じ、いわゆる王安石の改革などがおこなわれるが、財政補助の一環として度牒や紫衣、大師号が売られるようになった。このため道教界は混乱するが、一方で後述するような伝統に拘束されない新しい道派の道士を発生させる一因になったと考えられる。

林霊素（『列仙全伝』）

宋代史上、真宗と並ぶ崇道皇帝として知られるのが第八代の徽宗（在位一一〇〇〜二五）である。徽宗は治世の前半期から龍虎山の張継先、茅山の劉混康をはじめ、王老志、王仔昔、徐知常といった道士たちを招くなどして道教と積極的にかかわり、また「道階」などの道士を任官する役職の大増補をおこなう。しかしその崇道が頂点に達するのは、治世の後半期に林霊素が登場してからである。政和五（一一一五）年、道録の徐知常により徽宗に紹介された林霊素は、次のような神霄の説をおおいに語った。「天上に九霄（九つの天界）があり、その最高の所を神霄といい、その主を神霄玉清王・長生大帝君といいます。徽宗陛下はもともとはこの神なのですが、現在下界にくだって皇家に生まれて地上を治めているのです。神霄は今ひとまず弟の青華帝君が代行して治めています。自分ももとは神霄の仙卿の褚慧といいましたが、やはり地上にくだって徽宗陛下の治世をお助けするのです。重臣の蔡京たちももとは神霄の仙官、寵姫の劉貴妃ももとは天上の神女だったのです」。これを聞いた徽宗はおおいに喜んで林霊素を寵信し、彼の言葉に従って天下の各州に神霄玉清宮を建立して長生大帝君と青華帝君を祀った。また国立道教大学とでもいうべき「道学」の設置をおこない、太学にも『道徳経』『荘子』『列子』の博士をおいたほか、『史記』を改編して「老子伝」を最初におかせ、さらに『御注道徳経』をつくって天下に配布するなどを順次実施した。宣和元（一一一九）年には廃仏を目論んだ林霊素の意見に従い、仏教の中国化に着手し、仏を大覚金仙、菩薩を大士・仙人、寺院を道観と改称した。さらに僧を徳士と呼び、俗名に戻して道学へ入れた。しかし翌二年に徽宗は林霊素の横暴ぶりを厭うようになり、ついに皇太子に対する不遜を怒って林を故郷の温州へ放逐した。同時に道学も廃止した。このような徽宗の崇道による混乱も一因となり、宋はまもなく南下した金軍により滅ぼされ、徽宗は北地へ拉致されてそのまま没する。

江南に逃れて再建された南宋の時代になると、北宋のように際立った崇道皇帝はあらわれなくなる。宋王朝第十代、南宋初代の高宗は建炎元（一一二七）年、さっそく天下の神霄宮の廃止を指令する。ただし高宗も道教を否定したわけではなく、旧来の天慶観と聖祖殿の制度を回復させる。また例えば天蓬・天猷・翊聖・真武のいわゆる北極四聖を信奉して臨安にこれを祀る大規模な四聖延祥観を造営するなどした。このほか、第十四代の理宗はその廟号通りに理学すなわち朱子学を重視したが、一方で民衆の倫理観向上のため道教系勧善書の『太上感応篇』の普及をはかった。

遼金元王朝と道教

遼は、古くより東北地方のシラムレン川流域の遊牧民であった契丹（キタイ）の国家である。遼は唐末より勢力を強めて自立を始め、十世紀初めに耶律阿保機（太祖、八七二〜九二六）が諸部族を統合し、九一六年に大契丹国を建国した。そして次の太宗は五代の後晋の建国を援助し、九三六年その見返りに長城以南の土地であった燕雲十六州を割譲された。さらに九四七年、国号を中国風に大遼国と改めた。

遼にも道教が存在したことは、断片的な記述から知られる。例えば太祖は神冊三（九一八）年に詔勅で孔子廟・仏寺・道観を建てたという（『遼史』巻一）。この道観は建道観という名であったらしい（『続文献通考』巻二四〇）。また自ら孔子廟に参詣しつつ、皇后と皇太子にはそれぞれ仏寺と道観に赴かせたという（『遼史』巻二）。これらは契丹内地に移住させた漢人向けの対策であったと考えられよう。その後も世宗・穆宗の頃には上京臨潢府に山西・河北出身の僧尼や道士が多く居住していたこと（『五代史記』巻七三所引の胡嶠「陥虜記」）、聖宗が道・釈二教に通達していたこと（『契丹国志』巻七）などが述べられ、道教がたしかにあったことを示している。また例えば清末民国初の繆荃孫がまとめた『遼芸文志』「釈道類」では張文宝『内丹書』、『海蟾子詩』一巻、清の黄任恒『補遼史芸文志』「道家類」では『耶律倍陰符経訳』、『内丹書』があげられていることも参考になろう。しかし具体的な状況はほとんどわかっていないといってよく、今後の研究が待たれる。

　金は、遼の一部であった渤海地方で半農半牧のツングース系民族である女真（女直）が建国した。十二世紀初め頃に完顔部が諸部族を統合し、一一一五年に完顔の阿骨打（太祖、一〇六八～一一二三）が遼より独立を宣言して金と号した。宋はこの金と同盟して遼を挟み打ちにし、燕雲十六州の奪還を期した。宋が国内の反乱などに悩まされるなか、金の強力な軍事力により一一二五年に遼は滅ぶ。さらに同盟に対する宋の背信に怒った金は大軍を南下させて都の開封を攻め落とし、華北一帯を版図に加える。金はさらに軍を南下させたので、高宗は各地を逃げまわり、杭州（臨安）に至ってそこを行在としてひとまず落ち着いた（一一三二年）。一方金は漢民族に対する直接支配にとまどい、漢地においてはじめに「楚」、ついで「斉」という漢人の傀儡政権を立てて緩衝地帯をつくる試みを講じたりもしたが、それぞれすぐに廃された。

このような金国侵出前後の混乱した華北地域には、のちに詳述するように十二世紀の半ばに蕭抱珍による太一教、劉徳仁による大道教、王嚞による全真教の三つの新しい教派があいついで興った。金朝ではまずはじめに熙宗が皇統八(一一四八)年、太一教の蕭抱珍の名声を聞いて宮中に召し出した。その後世宗は大定元(一一六一)年に大道教の劉徳仁を燕京の中心的道観である天長観に住まわせ、次いで一〇年程のちには太一教二祖の蕭道熙を天長観においた。さらに全真教に目を向け、まず大定二十七(一一八七)年に王嚞の高弟の王処一を召して天長観に住まわせ、翌年には丘処機を同じく天長観に住まわせた。このような過程を経て金朝と新興三派との関係が築かれた。なかでも太一教との結びつきがもっとも強かったようであり、金朝では五岳や四瀆などの国家による祭祀は太一教の道士に任せられていたようである。なお章宗の明昌年間(一一九〇~九五年)、天長観の提点観事であった孫明道に命じ、宋の道蔵を増補して新たな道蔵「大金玄都宝蔵」(あるいは「金万寿道蔵」)六四五五巻が作成された(「十方大天長観玄都宝蔵碑銘」)。

中国本土において宋と金が対立を繰り広げていた頃、モンゴル高原は遊牧民であるモンゴル系諸部族の群雄割拠する状態にあった。そのなかからモンゴル部のテムジンがあらわれ、諸部族を統合してモンゴル部族連合の領袖となった。次いでモンゴル系・トルコ系の諸遊牧民族を統一し、モンゴル(蒙古)帝国を成立させ、チンギス・ハン(太祖)と称した(一二〇六年)。次の太宗オゴタイ・ハンのときには民族の宿敵であった金を滅亡させ(一二三四年)、さらに憲宗モンケ・ハンは南宋覆滅をめざして自ら兵を率いて南下するが、途上で病死する。するとフビライは強引に第五代の大ハン位に就き（在位一二六〇〜九四、元の世祖）、一二七一年には国号を「大元」と中国風に改め、翌年には首都を燕京に遷して大都と称した。自らの支配体制を築いた世祖フビライは南宋への攻撃を再開し、一二七六年には首都臨安を陥落させて恭帝を連れ去り、七九年に恭帝の庶兄を奉じて逃れた南宋軍を広東の厓山に全滅させた。すでに旧金領の華北を支配する過程で統治機構を整備しつつあった元朝は、南宋を滅ぼし中国全土を手にするにあたってもそのかたちを押し広げて統治にあたった。

元朝は世祖フビライ・ハン以降、ラマ教（チベット仏教）を国教に定めて厚く保護した。世祖はパスパ（パクパ、八思巴）を国師として全仏教を統轄させた。のちにパスパが帝師とされてハンに次ぐ権力を得てより、代々帝師にはチベット僧が就いた。しかしモンゴル朝は当初、全真教を中心とする道教と密接な関係をもった。

全真教の第五代掌教となる丘処機は声望が高く、モンゴル・金・南宋それぞれの君主から招きがあったというが、モンゴルの太祖チンギス・ハンのみの招聘に応じ、西征途上でペルワン（中国語表記は「八魯湾」、現在のアフガニスタン北部）の幕営にあったチンギスを燕京よりはるばる訪ねる足かけ五年間の西遊をおこない、その意にかなって「丘神仙」と呼ばれた（『長春真人西遊記』『玄風慶会録』）。一二二四年燕京に戻ると天長観を長春宮と改称して住まわされ、その後のモンゴルの朝廷との緊密な関係が築かれた。五岳四瀆の代祀もこの時代は全真教の道士に任せられた。全真教徒の宋徳方は丞相らの援助を受けて道蔵「玄都宝蔵」を編集し、一二四四年に全蔵七千八百余巻が完成した。憲宗モンケ・ハン治世の末頃より、全真教は組織の拡大により内部がしだいに腐敗し、一方これと並行して太一教や真大道教の地位が向上したので、全真教の地位は相対的に低下した。またラマ教以前に仏教の中心であった禅宗との確執も生じ、憲宗八（一二五八）年には全真教徒と仏僧により、開平府（上都）にて憲宗の面前で道教仏教間の論争が催された。その後も対立がくすぶった結果、至元十八（一二八一）年に世祖の命により『道徳経』以外は焚経とされるなど、道教側が敗北して厳しい弾圧が加えられた。しかしその影響は長続きせず、ほどなく全真教の勢力は回復する。

元の世祖フビライ・ハンは南宋の領域を支配下に収めるにおよび、南方道教の領袖的地位にあった龍虎山正一天師の第三十六代とされる張宗演を大都に召し、江南道教を支配するように命じて官印を与え、その後の天師も代々江南道教の支配を任ぜられた。世祖はさらに大都における正一教の本拠地として崇真万寿宮を建立し、張宗演に随行して上京した弟子の張留孫に住持を任じた。張留孫は都で政治的手腕をふるい、中央の道教管轄官署である集賢院を翰林院から分離させてその長官にまで至った。さらに玄教大宗師の称号などを賜り、五岳四瀆の代祀も任ぜられた。同様の地位と玄教大宗師の称号は彼の弟子の呉全節と夏文泳の正一教系一派に引き継がれた（『元史』釈老伝）。ただし元末には全真教の道士も集賢院の長官に任ぜられている。

宋代の道教制度

宋代の道官制度は、大枠として唐代の道官制度を継承して始まった。

政府による道教の管理制度としては、はじめ三省のうちの中書門下省、神宗以後は尚書省に属する礼部の祠部が管轄した。その下に、細かい事務を扱う道釈案（道仏二教の度牒・紫衣・師号の授与など）、詳定祭祠案（神祠の加封・賜額など）、制造窠（度牒の書写など）、知雑開折司（地方の仏僧・道士の業務の管理など）、度牒庫（度牒・紫衣・師号の保管）の「五案」がおかれた。これらが、各州・府・軍などの地方の行政単位に所属する宮観を上から管理した。各行政単位には管内道正司がおかれて地域の道観道士の統括にあたり、各地の天慶観に配属された。都市から離れた山域にある道観の管理には、山門道正司がおかれた。

これらのほかに、中央の道官として太宗頃より唐代の左右街功徳使を継承する左右街道録院がおかれていたことが断片的資料から知られる。真宗時にはそこに、左街道録・右街道録、左街副道録・右街副道録、左街都監・右街都監、左街首座・右街首座、左街鑑義・右街鑑義の一〇の役職がおかれていた。神宗時には左右街道録院は左右街道録司と名を変え、英宗時には左街道録の上に左右街道録・左右街副道録が設けられ、これはのちに都道録・都副道録と名を変えた。神宗の元豊改革以後、これらは鴻臚寺の下に入った。

徽宗の治世になって道録司は再び道録院とされる。政和六（一一一六）年にはその役職名が大きく変更され、知左右街道録院事・同知左右道録院事、知左街道録院事・同知左街道録院事、知右街道録院事・同知右街道録院事、簽書左街道録院事・同簽書左街道録院事、簽書右街道録院事・同簽書右街道録院事の一〇職となった。また、宣和元（一一一九）年に道録院は道徳院と名を改めた。しかしその後は再び元豊の制度に戻して以降は大きな変更はなかった。

宋代では正式な官職としての道官以外に、定員のない名誉職的称号の「道階」や「道職」があった。道階は仁宗の天聖年間頃より道官の名称に「額外」を冠して「額外左街副道録」などとしてやはり一〇階として始められたようであり、神宗のときに制度化された。徽宗のときには、最高位の知左右街道録院事を「六字先生（任意の六字の先生号）太虚大夫」とし、以下「四字先生清虚大夫」「二字先生紫虚大夫」など合わせて二六階が制定された。道職は徽宗のときに学問に優れた道士に与えられる称号として、文階官に倣って制定された。正三品の文階官の中大夫に相当する「沖和殿侍晨」から始まり、以下「葆光殿侍晨」「燕頤殿侍晨」など合わせて一一階が制定された。例をあげれば、宋代道士として位を極めた林霊素は「沖和殿侍晨・通真達霊元妙先生」とされた。

蘇州玄妙観の天慶観碑　この道観がかつて天慶観であったことを示す。

ちなみに道士の任官とは別に、宋代では「提挙（または提点、主管）某某観」などとして著名な宮観の管理を名目として俸給を与える「祠禄官」の制度があり、国家に功労のあった老臣など多くの士大夫がこれに与った（『宋史』巻一七〇「宮観」）。ただし当事者が実際に当該の道観に赴くことはほとんどなかったようである。

宋代の道観は勅令により全国規模で数量を規定することはなかったようであるが、新たな建立は制限するなどで、やはり国家によりかなり厳しく管理がおこなわれた。なお、宋代には道観の名称として「観」の上位に「宮」を位置づけ、重要な道観や大規模な道観は勅令によって「宮」に昇格させるというパターンが定着し、元代にも継承されていく。

次に、道士の世界における位階制度についてみておく。宋初の道士制度を考えるうえで一つの基準となる劉若拙・孫夷中『三洞修道儀』(一〇〇三年)は、その序文で道士に正一から大洞まで七等ありとして、初入道儀(正一)、洞神部道士、高玄部道士、昇玄部道士、中盟洞玄部道士、三洞部道士、大洞部道士を順にあげている。したがって、基本線としてはおおむね唐代に形成された三洞四輔の階層化による位階制度を継承しているといってよい。その後、北宋時代中頃より道士の位階を示す符籙の授与は、後述する龍虎山・茅山・閤皁山がおのおの独自におこなう体制となっていく。

なお、度牒制度の乱れなどのさまざまな要因から、やはり後述するように宋代になると天心法・神霄(五雷)法・清微法などの新しくあらわれた「道法」(符呪法)に基づき成立した多くの道教系新興宗派があらわれ、それぞれが異なる位階設定の説を形成することになる。例えば天心法系の位階システムを示すものの一つに「北極駆邪院九品遷転品秩」(『道法会元』巻二四九「太上天壇玉格」)があり、従九品の「北極駆邪院右判官兼南昌上宮受錬典者同管幹駆邪院事」から正一品の「至真無上輔天元尊平章代判神霄上宮事」まで位階順に称号が逐一示されている。神霄法などでも同様の状況がある。宋代の道士の位階は伝統的な位階制に加え、自らのかかわった道法の位階も交えた複雑なものになっていく。この状況は南宋になると広汎にみられた。例えば南宋の著名な道士、白玉蟾のある時期の肩書は「上清大洞法籙弟子・五雷三司判官・知北極駆邪院事」(「法曹陳過謝恩奏事朱章」など)であるが、これは最初に伝統的な位階制度上の位階、次に神霄五雷法系の位階、最後に天心法系の位階を連ねたものとなっている。

遼金元の道教制度

遼王朝の道教制度についてはは現在ほとんどわかっていない。遼は政治体制として契丹族ら遊牧民向けの北面官と、燕雲十六州の漢族など農耕民向けの南面官の二元体制をとったが、南面官は基本的に唐制を模したものであったので、道教に関する制度も唐制を継承したものであったと推測される。例えば仏教制度も多くは唐王朝のそれを踏襲していたようである。僧官制度を整理して述べる文献などは残されていないが、断片的な資料からわかることは、唐の左右街僧録司のような一国全体を統轄する僧官は存在せず、五京(上京臨潢府・東京遼陽府・燕京〈南京〉析津府・中京大定府・西京大同府)それぞれに僧録司があり、そこに都僧録・僧録判官・僧録などがおかれた。そのうち燕京のみで左右街僧録司を称したが、全国を統轄するものではなかった。なお燕京には懺悔主・三学論主・三学律法師などがおかれたようであるが、これらは遼に独自のものである。地方の州郡には僧正・都綱などがおかれたが、これはおおむね唐末のあり方に因っている(謝重光・白文固『中国僧官制度』)。したがって、道官制度も仏教と同じように唐代のあり方を多く継承して設定していたと推測されるが、詳細は今後の研究に待たなければならない。

金王朝の道教制度についても不明な点が多い。南宋の宇文懋昭の撰とされる『大金国志』(一二三四年)

の巻三六「道教」に拠れば、金国は仏教と同じように道教を崇重し、燕南燕北いずれにもあった。各地の帥府（元帥府、後世の「省」にあたる行政単位のさらに下位の地方行政単位）にはそれぞれの地の道教を統轄する道官として「道録」がおかれ、また道録の補佐として「道正」がおかれた。これらは法籙に精通している者を選んで任官し、三年を任期とした。任期がきたらあらためて別人を選任した。熙宗（在位一一三五〜四九）以後はこれに加えて「道階」をおいた。これには侍宸・授教などの六ランクがあった。以上が概要であるが、ここにいう「道階」は宋の徽宗期の「道職」と酷似しており、またこの「道教」の前に「浮図（仏教）」について記されているが、その披髪威儀は南宋と同じであると述べられる。これらを考え合わせると、金朝の道官制度はかなり宋代の制度を継承していたのではないかと思われる。

元王朝の道官制度についてもまた多分に未解明であり、総合的な構造を記すことは難しいが、断片的な記述などからある程度知ることができる。

まず、元の世祖は南宋を滅ぼすと、龍虎山第三十六代天師張宗演を召して「主江南道教事」に任じ、度牒の発給を自らおこなわせた。さらに各地の道官を彼に隷属させた。各地の道官としては、各路に道録司、各州に道正司、各県に威儀司を設けて、それぞれの行政区域内の道教を管理させた（『漢天師世家』巻三）。なおほどなくして江南各地の天慶観は名を改めて「玄妙観」とされ、祀られていた宋太祖の位牌などは廃棄された（『元史』巻一八）。

一方、中央の道教統領機関として集賢院があったことが知られている。集賢院は、もと翰林国史院に包含されていたものが、張留孫の発議により至元二十二（一二八五）年（一説に至元十八年）に道教専門の官署として独立したものである。この集賢院の長官が「知集賢院道教事」(「総摂江淮荊襄等処道教」もあわせて担う)であり、前述のように張留孫、呉全節、夏文泳があいついで就任した。この下に「江淮荊襄等処道教都提点」、次に「崇真万寿宮提点」が位置したようである。崇真万寿宮は世祖フビライが張留孫のために大都における正一教の拠点として築いた道観である。これをはじめ重要な道観には「提点」がおかれたが、「提点」の下に「提挙」、「提挙」の下に「祠事」がおかれたらしい。この頃の「提挙」「提点」はもはや宋代とは事情が異なってきていた。さらに、「領杭州諸宮観」など一地方の諸宮観を統べる道官も存在したようである。

張留孫　北京東岳廟。

これらの制度設定は張留孫らの正一教が主導で築いた格好にもみえるが、ほぼ同様の提点、提挙の制度はすでにモンゴル朝時期の北方の全真教にも存在していたようである。また、全真教第十三代掌教の孫徳彧は「管領諸路道教所・知集賢院道教事」、真大道教第八祖の岳徳文は「統轄諸路真大道教事」、太一教の張居祐は「衛輝路道教都提点」の役職に任じられたなど、道官は各派に開かれていた。各郡に正一教、全真教とともに真大道教も道官を一人おいていた時期もあった(虞集「真大道教第八代崇玄広化真人岳公之碑」)。

なお、集賢院の機能の詳細は必ずしも明確にはわからない。ひとまずは位や号の下賜の申請、斎醮の主催、宮観の建立や修復の推進といった程度ではなかったかと推測されている。正一教主導で構築されたものであり、王朝が道教を強く統制するための機構としての機能はあまりなかったと考えられている。
いずれにせよ、遼、金、元の道教制度は今後の研究が待たれる。

2 江南の経籙三山と華北の新興三派

龍虎山正一教

宋代になると、おのおのが独自に符籙を発給できる総本山として、天師道を継承するという龍虎山、上清派を継承するという茅山、そして霊宝派を継承するという閤皂山が鼎立する状態があらわれた。これらは「経籙三山」あるいは「三山符籙」と呼ばれて江南道教の世界で権威を誇ることとなった。これらのうちでしだいに中心となっていくのが龍虎山の正一天師、すなわち張天師の一派であった。

龍虎山は現在の江西省貴溪市にある。伝説では、五斗米道の天師張道陵の孫である張魯が曹操に敗れて中原へと連行されてのち、張魯の第三子の張盛があるときに南遊に出て、その途上かつて張道陵が錬丹をおこなったと伝えられるこの地に至り、庵を結んで居したという。その子孫が代々この地で教法を受け継ぎ、宋初には第二十四代の張正随が天師の嫡系であることを崇ばれて朝廷より「真静先生」の号を与えられ、以後代々「先生」の賜号を得たとされる。元末明初に編纂された『龍虎山志』や『漢天師世家』といった正一教の歴史書には、歴代の天師として張道陵・衡・魯・盛以下、二十四代の張正随を経つつ第四十数代まで逐一伝を立てている。しかし張魯に盛という名の子があったことは唐以前の文献にみられないことをはじめ、この系譜はほぼ宋代以降の創作とみてよい。張道陵の子孫が南朝の宋頃の天師道のなかでは首領とみなされていたことは陸修静の言葉などからうかがえるが(『正一法文伝都功版儀』など)、龍虎山との関係はまったくわからない。また、『茅山志』巻一五には、斉梁の頃の人と思われる天師九世張玄真、十世張景邈、あるいは天師十世孫女張子台等々の名が記されているが、やはり龍虎山とは必ずしも関係はないようである。晩唐には龍虎山に張道陵の子孫がいたようであり、応韋節という道士は龍虎山の係天師十八代の子孫の張少任を詣でたという(『洞玄霊宝三師記』)。さらに、南唐の後主李璟が龍虎山に天師廟を建てたことを記す「新建信州龍虎山張天師廟碑」(『全唐文』巻八七六)には、第二十二代として張秉一の名が記されている。元の『龍虎山志』などに張少任の名はみえないが、張秉一は第二十二代とされているので、同書の張天師の系譜は唐末五代頃からの事情をある程度反映しているらしい。『三洞修道儀』(一〇〇三年)の序文で孫夷中が「天師の裔は、世々一人に伝う、即ち信州龍虎山の張家なり」と述べる状況がしだいに整ってきたようである。

北宋の大中祥符八(一〇一五)年に崇道皇帝の真宗により、はじめて宋王朝から招かれて第二十四代の張正随が宮中に赴き、その後はほぼ代々天子より召されているとは『龍虎山志』などの記すところであるが、研究者からは疑問がもたれている。徽宗の崇寧年間に帝より招かれ、同四(一一〇五)年に虚靖先生の号を賜った第三十代天師とされる張継先(一〇九二〜一一二六)は呪術師として当時さまざまな神異を示して活躍したとされ、後世『水滸伝』にも取り入れられるなどで何かと伝説化された。この頃から龍

張継先　江西省龍虎山天師府。

虎山の張天師へ一般の関心が集まり始めたのは確かのようである。これ以前の時代には曖昧な面があり、天師の名も少し混乱があるようであるが、この張継先の頃以降はほぼ『龍虎山志』などの史書のいう継承があったようである（明・王世貞「書張道陵伝後」）。

南宋の時代、張道陵の権威に加え張継先の人気の影響で龍虎山の正一天師は江南で呪術法に従事する道士たちから領袖的存在とあおがれるようになり、三十一代を張時修（生没年不詳）、三十二代を張守真（?～一一七六）、三十三代を張景淵（生没年不詳）、三十四代を張慶先（?～一二〇九）、三十五代を張可大（一二一八～六二）、三十六代を張宗演（一二四五～九二）として継承したという。モンゴル朝の世祖フビライは帝位に就く前に一時湖北の武昌に駐屯したが、このときに使者を送って張可大を訪問させたところ、「今後二〇年で天下は必ず一体となりましょう」と世祖の天下統一を予言する返答をした。そのために江南統一後、世祖は早速張可大の息子の宗演を大都の宮廷に招き、賓客の礼をもって遇し、江南道教の主領を命じて銀印を賜った（『元史』釈老伝）。以後、三十七代の張与棣（?～一二九四）、三十八代の張与材（?～一三一六）、三十九代の張嗣成（?～一三四四）が代々江南道教の統領を任ぜられた。

なお、張宗演に同行して門徒の張留孫（一二四八～一三二一）が大都に至り、世祖より寵遇されて政治的な場で活躍し、玄教大宗師の号をはじめ第一級の官位を賜った。彼と呉全節（一二六九～一三四六）らの一派の活躍が正一教の地位固めに貢献したことは前述のとおりである。

このほか、南宋時代の龍虎山道士留用光は儀礼書『無上黄籙大斎立成儀』をまとめ、後世に大きな影響を与えた。彼を継承する人々は後世「紫微派」とされた（清『龍虎山志』巻七）。

茅山上清派・閤皂山霊宝派・南昌西山浄明道

茅山上清派を再興した陶弘景は多方面に活動したことも手伝って広く後世に知られ、南北朝期でもっとも有名な道士の一人となった。そのため唐代には彼に結びつけられた系譜があれこれと説かれたようである。そのようななかで、唐も終りに向かおうかという頃、李渤の『真系』という文章があらわれた。これは楊羲から始まり、陸修静をも含みつつ陶弘景、潘師正、司馬承禎らの著名人を列べた系譜であるが、一定の権威をもったようであり、『雲笈七籤』にも取り入れられた。そして結局これが後世、茅山道教を伝える「宗師」の正系として説かれるようになったらしい。元の劉大彬『茅山志』では魏華存を第一代とし、第二代に楊羲、そのあとに許謐、陸修静、陶弘景、潘師正、司馬承禎らを経て宋代に茅山を本拠地とした著名な道士らへと繋げられ、最後に元代後期の第四十五代劉大彬まで記されている。宋代で活躍した茅山道士としては、まず第二十三代宗師とされる朱自英（九七六〜一〇二九）があり、真宗の依頼により祈禱をおこない、仁宗の出生に効験があったとして国師号を賜った。さらに第二十五代とされる劉混康（一〇三五〜一一〇八）は哲宗の妃であった孟氏の生命の危機を符により救ったことなどから朝廷より尊崇され、徽宗の時代には林霊素と並ぶ六字の先生号（葆真観妙沖和先生）を賜るなどの特別

閤皂山崇真宮

の寵遇を得た。両者とも勅命によって茅山に道観の建立や増修がなされ、朱自英のときには乾元観、劉混康のときには元符万寧宮と、その後の茅山道教の中軸となる道観が築かれた。その後も第二十六代笪浄之、第二十七代徐希和以下、代々宗師を立て継承された。茅山は道教の世界でやはり第一級の権威として存在し、南宋頃の中央の道官は多く茅山の宗師やこの地の有力道士が選ばれて任ぜられた。

閤皂山は、現在の江西省樟樹市に位置する。唐代以前に道教に絡んで有名になったことはないようであるが、いつしか葛玄の昇仙の地とされ、宋代には葛玄の霊宝の伝統を継承する一本拠地とみなされていた。南宋の周必大が古碑に拠るとして記すところによれば、この地にははじめ霊山館がおかれたが隋のときに焼失し、唐に道士程信然がここで地中より鉄鐘と玉石の尊像を得たので草堂を建てた。先天元（七一二）年に孫道沖がそこに殿宇を建立すると、山名に因って閤皂観の名を賜ったという。五代の後唐のときには玄都観と改名され、宋の真宗のときには避諱により景徳観に改められた。政和八（一一一八）年には観から宮へと昇格して崇真宮の名を賜り、法籙を伝授する際に用いる元始万神の銅印を賜与されたという（「記閤皂登覧」「臨江軍閤皂山崇真宮記」）。周必大の訪れた南宋の頃から元にかけては江南で随一ともいわれるほどの大規模な道観となっており、十三世紀初めには葛玄から数えて第四十代とされる朱季愈という人物がいたとされ（白玉蟾「心遠道記」）、また元には第四十六代宗師とされる楊伯晋が住持であったとされる（袁桷『清容居士集』巻三七）。つまり茅山と同様に「宗師」も代々立てられていたようである。しかしこの地の歴史を記すまとまった文献がないので、詳しい状況は必ずしもつまびらかでない。

なお以上の「経籙三山」のほか、南昌西山（逍遥山）も独自の信仰を基に隆盛をみた。南昌西山は現在の江西省南昌市に隣接する新建県に位置する。許遜（許真君）を主神とし、あわせて十二真君と呼ばれる彼にゆかりの深い神々を信仰する。この一派は今日では一般に浄明道と呼ばれることが多い。忠孝という元来は儒家の徳目を教理の中心にすえている点に特色がある。伝承によれば、東晋の頃、鹿の母子愛を見て感悟したという許遜が南昌西山で仙道を成就して昇天すると、その故宅に彼を祀る祠が築かれた。これがのちに遊帷観という道観に改められ、その血族が世々道士として祭祀をおこないつつ孝道を伝えたという。唐代の初めには荒廃したが、高宗の永淳年間（六八二〜六八三年）頃に天師の胡慧超がでて再興し、宋代に入って大中祥符三（一〇一〇）年に観を宮に昇格され、玉隆宮と賜額された。さらに政和六（一一一六）年には大規模に諸殿を増築し、玉隆万寿宮とされた。

南宋となった紹興元（一一三一）年、当時の兵火に苦しむ人々の救済を祈禱した何真公という道士らに対し、許遜らが降臨して霊宝浄明秘法（あるいは浄明忠孝大法）と忠孝廉慎の教えを伝授した。そこで彼は玉隆宮において五百余人の弟子を育てたとされる。その内容は浄明法という符呪法を主としたもので、忠孝廉慎などの倫理実践も重視された。

その後、元初に劉玉（りゅうぎょく）（一二五七〜一三〇八）が西山で再び許遜らの降臨を得、新たに浄明大教を開き、八〇〇人の弟子を従えるに至った。劉玉の教説は忠孝を中心とすることに変わりはないが、宋学の所説や内丹法などを積極的に取り入れ、符呪法の行使よりは自己の内的な修練に力点がおかれており、また思想性にも富んでいる。劉玉のあとも黄元吉（こうげんきつ）、徐異（じょい）がでて教法を受け継ぎ隆盛を誇った。明以降は、盛衰の波や諸派との混合はあるものの、玉隆万寿宮を中心にひとまず一派としての存在は保ちつづけた。

なお一般に浄明（忠孝）道という場合、劉玉の開創としてそれ以降を指すとする場合が多いが、その形成を何真公まで遡らせる捉え方もある。

太一教と大道教

女真族の金は宋の徽宗のときに首都開封を攻め落とし、淮水（わいすい）以北の中国を占領した。ここで華北地域の住人たちは必然的に不安定な社会に身をおくことになった。またおそらくは金朝政権も漢人地域の信仰や結社の管理に未熟であったため、この金の統治下で従来にはなかった新しい道教系信仰組織があらわれ、人々の支持を集めて金元時代をとおして栄えた。それが、太一教（たいいつきょう）・大道教（だいどうきょう）（真大道教）・全真教（ぜんしんきょう）の三派であり、三者三様の道教的性格を基に発展した。河北ではこのほかにも「混元（こんげん）」という一派の名があげられる場合があるが（例えば耶律楚材（やりつそざい）「西遊録序」など）、関係資料が残らず実態は未詳である。

太一教の開祖は蕭抱珍（一悟真人、?～一一六六）である。蕭元昇とする資料もある。彼が太一教を立教するまで何をしていたかなどその生涯の初期についてはわからないが、あるときふと「仙聖」から「秘籙」を授かり、金の天眷年間（一一三八～四〇年）に汲県（現在の河南省衛輝市）において太一教を創立したという。この秘籙を用いた法術を駆使して困窮する人々をおおいに救ったため門徒は雲集し、ついにはその声望が時の皇帝熙宗の耳に入り、皇統二（一一四二）年に金の宮廷に招かれた。皇后は彼を篤く信奉し、彼のために奏上して勅により「太一万寿」の観額を賜った。その後海陵王が即位すると汲県に帰り、太一万寿観（のちに太一広福万寿宮）を建立して本拠地を整え、大定六（一一六六）年死去した。

二祖蕭道熙（重明真人、一一五七?～?）は幼くして太一教の道士となり、わずか十歳にして第二代に立った。その子どもとは思えぬ才識には信徒たちも敬服し、朝廷の外護も得て教声はおおいにふるい、山東方面一帯に門徒が広まった。金の世祖の招きに応じて中都の天長観の観主となってからはいっそう朝廷に民間にと活躍し、門徒は万をもって数えるまでになるが、大定二十六（一一八六）年ふと隠逸の思いに駆られ、三祖蕭志沖（虚寂真人）に秘籙や法具を与えてどこかへ去ったという。四祖蕭輔道（?～一二五二）は早々とモンゴル（のちの元朝）の王族から信奉され、一二四七年に睿宗トゥルイの妃（世祖フビライの母）より中和仁靖真人を賜号され、さらにその後即位前のフビライに召され、治世の道を説くなどして信頼を獲得している。金朝が滅んだのちも、彼によって元の帝室との良好な関係が築かれた。五祖蕭居寿（一二二〇～八〇）は世祖フビライ・ハンの信任が厚く、至元十一（一二七四）年には特旨により大都と上都に太一宮が建ち、十三年には太一掌教宗師の印を賜り、十六年には歴代の祖師に真人号の追封がおこなわれるなど外護を得、十七年に没した。六祖蕭全祐、七祖蕭天祐についてはまとまった資料がなく、詳しいことはわからない。七祖は当時ときめいていた玄教大宗師の張留孫や呉全節、全真掌教の孫徳彧らと並んで国家の大醮や投龍簡儀礼（一三一五年および二四年）に参加していたようなので、まだまだ太一教の勢力は健在だったらしい。しかし八祖以降は資料が確認できず、同じ符籙派の正一教に吸収されるなどで元末に消散したらしい。

太一教の内容は、蕭抱珍が「仙聖」から授かった「秘籙」とされる「太一三元の法籙」が根本となる。この「太一」「三元」はいろいろな意味が考えられるが、太一教徒がこれを明確に説明する資料はない。ただある文章に、初祖の最初期の弟子である侯澄は、孫が物心ついてすぐ三官（天官・水官・地官）を識別し、またほかの子どもたちに北斗を礼するよう教えたので、太一教の後継となろうと喜んだとの旨を記してある。そこでおそらく太一とは北極の天神としての太一（五祖立石・単公履撰の二祖墓碑銘も同旨）、三元は三官で、それらの神の力に与り符呪を行使できるとされた符籙が「太一三元の法籙」であったと考えられる。これを教祖が代々伝えたとされるが、ある資料には初祖から「経籙」が三百余種伝わっているとあることから（三祖の語）、かなり膨大なものだったらしい。また教団を担う祖師になると、姓を初祖と同じ蕭に改める慣習であった。各祖師がみな蕭姓なのはそのためである。この符籙をもとに不思議な能力を発揮し、あるときは雨を降らせ、あるときは病気をなおすなどしたとして、苦難を救われた民衆におおいに人気が高まった。そしてのちに朝廷に招かれ、同様の神異を示してその信奉を得、代々その状態が続いていったということのようである。一方で、二祖の墓碑銘には、祖師の教えは湛寂を本とし、符籙はその助けであり、沖漠玄虚（虚心で静かなあり方）と祈禱祭祀はともにおこなっても背き合うものではないと記されている。符籙による法力の発揮もいわば二次的なことであり、根本は老荘的な虚無自然の道に従うものであることを述べている。また六祖は、太一の教法はもっぱら人倫を篤くし、世教（ほぼ儒教にあたる）を助けることを本とすると述べているのもみられる（三祖の墓表）。

大道教は劉徳仁（一一二二～八〇）に始まる。ただし五祖の酈希成が元朝から「真大道」の名を賜ったことにより、「真大道教」と呼ぶ人もいる。劉徳仁は、名を善仁もしくは得仁とする資料もある。北宋末に滄州（現在の山東省楽陵県）に生まれた。靖康の変（一一二六～二七年）に遭い塩山に移り、金の皇統二（一一四二）年十一月十六日、老子を思わせる白髪の老人があらわれ、『道徳経』の要言を選び採って授け、「これを十分に理解すれば、自分の身を修めることもでき、人々を教化することもできる」と言い、どことも知れず立ち去った。その後はにわかに玄妙の学に通達し、またよく人々の病気をなおすなどして多くの信徒をもつようになった。大定元（一一六一）年頃には詔勅により中都の天長観に住まわされ、東岳真人の号を授かり、門徒は国中に広まった。大定二十（一一八〇）年二月十六日に虚空をあおぎ礼拝して逝ったという。

その後二祖陳師正（?～一一九四）、三祖張信真（一一六四～一二二八）が教法を伝え、四祖毛希琮（一一八六～一二二三）は金末の騒乱に遭うが柔軟な対応で教団を維持したという。五祖酈希成（一一八一～一二五九）は、黄河以南の地から北は燕・斉にわたる広い範囲で道観を建て多くの人々を入門させる活躍をみせ、のちの主要な拠点となる大都の天宝宮に入り、モンゴルの憲宗モンケ・ハンから篤く敬われた。憲宗は彼に太玄真人と賜号し、その教団に「真大道」の名を与え、勅命で外護を与えた。ここで元朝との関係は堅固なものとなり、教団はおおいに隆盛した。六祖孫徳福（一二一八～七三）は世祖フビライの勅令で諸路の真大道教を統轄するよう命じられ、銅章や銀印を賜った。七祖李徳和（？～一二八四）は至元十八（一二八一）年道蔵中の偽経の審定に、当時の全真教掌教の祁志誠、正一教天師の張宗演とともに参加した。この頃までには郡ごとに道官を一人おいて門徒を管轄するようになるなどで、まさしく全真・正一の二教と鼎立する勢力であったという。八祖岳徳文（一二三五～九九）の頃には門徒は、西は四川から東は山東の海辺、南は長江以南まで広がった。さらに江南に積極的に進出してすでに南方の門徒は三〇〇〇、庵や道観は四〇〇を数えたという。八祖ののちは、五年のうちに二趙一鄭といわれる三人の人々があいついで祖師に立つ混乱があったが、十二祖に張清志（？～一三二五）が立った。そもそももとは彼が九祖に立つべきであったらしく、『元史』釈老伝などは彼を九祖としている。彼は高徳の誉れ高く、貴人や高官たちも彼との交際を望み、二〇年近い掌教の時期は教風も日に日に盛んとなったという。しかし、このあとの真大道教の足跡は資料の欠乏から不明となってしまう。

　大道教の内容的な特色は治病であり、民衆から朝廷まで病気治療に著しい力を発揮したことが人々の支持を得た大きな原因であった。また、雨を降らせたり（五祖、「重修隆陽宮碑」）、狐の祟りを除く（初祖、宋濂「書劉真人事」）などの霊異譚も知られていたようであるが、むしろ諸資料は劉徳仁らが、符・薬・針灸を使わずにひたすら「虚空に黙禱する」という方法によって病気をなおしたことに重点をおいて伝えている。従来の道教を特徴づけていた諸技法を否定したあり方は異色といえよう。また、劉徳仁は老人から授かった教えを九項目に敷衍して人々に教示したという。要約すれば、⑴他人を自分と同様に考えて大事にする、⑵君には忠、親には孝、人には誠実にし、言葉に虚飾や悪口をなくす、⑶邪淫を避け、清静を守る、⑷権勢から離れ、貧賤に甘んじ、自耕自足でやりくりする、⑸賭博や窃盗をしない、⑹酒やなまぐさ物を口にせず、衣食は必要以上を求めない、⑺心を虚しく穏やかにし、才智を顕さず世間に交わる、⑻力を頼みにおごらず、へりくだる、⑼足るを知れば恥もなく、とまることを心得ていれば危険はない――という内容である。『道徳経』の表現と内容を基に世俗倫理を加味した処世訓であり、「祖師の教えは無為清静を大本とし、真常慈倹を宝とする」（「大道延祥観碑」）という言葉に要約される内容といえよう。劉徳仁は「飛昇化錬の術」や「長生久視の事」は知らず、自分は朝夕天地に礼拝するだけだと述べたというが（同上）、根本として『道徳経』に基づくことが道教とみなされていった大きな原因であった。

なお、大道教の伝承は四祖毛希琮ののち、燕京天宝宮を拠点とする酈希成・孫徳福の系譜とは別に、燕京玉虚宮を拠点として五祖を李希安（？～一二六六）、六祖を劉有明とする一派があり、天宝宮派と玉虚宮派に分裂したという指摘がある。ただし玉虚宮派は七祖以降は消息不明となる。

全真教

全真教の開祖は王嚞（号は重陽）である。彼は北宋末、徽宗の政和二（一一一二）年十二月二十二日に咸陽の大魏村で生まれた。はじめ名を中孚、字を允卿といい、生家は相当裕福であった。若い頃は科挙（文

王嘉　陝西省戸県成道宮。

官)をめざして勉学に励むがうまくいかず、また二十代末にいちおう武官に就いたが、三十代半ばに世の中に失望して終南県の劉蔣村に引き籠もり、家庭を顧みず放蕩生活を送るようになる。そして正隆四(一一五九)年四十八歳のとき、甘河鎮で二人の仙者に遇い(一人は呂洞賓とされる)、口訣を授かった。これが「甘河の遇仙」といわれる彼の重要な転機であり、翌年にも同様の体験を得ることなどを経て、活死人墓という自らの墓を掘ってそこに籠もり切りになるなど狂気じみた修行生活に入った。二年ののち、墓を出て劉蔣村の庵で修行と教化の生活を送り、数人の弟子もしくは支持者を得、そして大定七(一一六七)年に山東への旅へと出立した。数カ月ののちに山東半島北部の寧海州の牟平(現在の山東省煙台市)に着き、その地きっての富豪であった馬鈺(当時は馬従義、一一二三~八三)に会って夫人の孫不二(一一一九~八二)ともども弟子とした。そして馬鈺およびその後相前後して入信し、のちに七人の高弟「七真」となる譚処端(一一二三~八五)、王処一(一一四二~一二一七)、丘処機(一一四八~一二二七)らに対して崑嵛山の山洞で厳しい教化をおこなった。また信徒の組織をつくり、文登で三教七宝会、寧海で三教金蓮会、福山県で三教三光会、登州で三教玉花会、莱州で三教平等会の五会を組織した。その後、馬鈺、譚処端、丘処機に劉処玄(一一四七~一二〇三)を加えたいわゆる四哲を引き連れて山東をあとにし、故郷の陝西をめざして帰路に就いた。途上の開封において四哲に二カ月間厳しい教化鍛錬を加えるが、大定十（一一七〇）年陝西地方の布教などを馬鈺に託し、その地において没した。

一般に王嚞の七人の高弟、すなわち馬鈺（号は丹陽）、譚処端（長真）、劉処玄（長生）、丘処機（長春）、王処一（玉陽）、郝大通（広寧、一一四〇〜一二一二）、孫不二（清静）のことを七真、あるいは七真人という。王嚞のあとはこれらの人々が中心となって各地の教化に活躍し、全真教を発展させていく。王嚞の死後、四哲は劉蔣村の庵に柩を納め、服喪ののち各地に四散し修行と布教に努めた。馬鈺は陝西・甘粛地方に教えを広めたのち、山東に戻って五会を再興するなどして教団の基盤を築き固めた。大定二十七（一一八七）年王処一が金の世宗に召されて養生・治世を問われたのをはじめとして、翌年には丘処機も招かれ厚遇されるなど、教団と金朝の結びつきが始まり、次の章宗の頃はいっそう関係が深まった。おそらく金朝の信頼およびそれにともなう教団勢力の高まりもあいまって、当時掌教であった長春真人丘処機の名声は広まり、中国制覇を目論んでいたモンゴルのチンギス・ハンから招かれる。彼は七十三歳の高齢を押して、当時ホラズムの攻撃などで西征にあったチンギスをはるばるヒンズークシュ山脈の北麓地方にあるペルワンまで訪ねて問答をおこない、その意にかなっておおいに喜ばれた（一二二二〜二三年）。このちモンゴルから元朝において全真教はさまざまな優遇や特権を得ることになる。次代の尹志平や李志常の掌教時代にはほかの教団を凌ぐますますの隆盛を誇り、やはり七真門下の宋徳方によって道教石窟の再発見とその修復や、新しい道蔵の編纂などの大事業もおこなわれた。

このような急速な勢力拡大にともなって仏教との利害対立が高まり、曹洞宗の雪庭（小林）福裕（一二〇三〜七五）の訴えで憲宗八（一二五八）年、開平府（上都、現在のドロンノール付近）にて憲宗モンケ・ハンの立会いのもとで討論会が開催された。仏教側は福裕が主役となり、一方の全真教側は第八代掌教の張志敬（一二二〇〜七〇）が中心であったらしい。この結果全真教側は敗北し、全真教の傘下となっていた寺院の仏教側への回復や一部の道教経典の焚経がおこなわれたとされる。その後も仏教側には世祖フビライ政権下で権威が高まったチベット僧も加勢し、正一教や真大道教を含めて道教は弾圧され、『道徳経』を除くほとんどの道教経典の焚経が命じられるなどした（一二八一年、相哥ほか「焚毀偽道蔵経碑」）。しかし十三世紀の末までには弾圧は解除され、全真教の道観も旧に復したほか、一方で旧南宋領方面にも多くの全真教徒があらわれるなどしつつ着実に定着化の道を進み、元の末には正一教と二大勢力として存在した。

王嚞は前述のように呂洞賓から内丹術の秘訣を伝授され、自らそれを修行して弟子たちにも指導したとされる。この内丹術に関して彼がよく口にする教義的スローガンは「養気全神（気を養い神を全くする）」であり、基本として気と神の修行をあわせておこなうことを求めた。しかし神はすなわち性であり、性は物質的な生滅を超えた本性としてだれにも具わっているとして、最終的には普段自覚できなくなっているその性を顕し出すことを目標とする。この性はとくに「（本来の）真性」と呼ばれ、これこそが不死の金丹なのだとし、それを回復し顕現させられたならばそれが長生不死なのだと説く。そもそもがやはり生滅を超えた自らの性（仏性）を自覚し回復することをめざす禅宗に似た内容であるが、教団の拡大とともに整えられていく道士の生活様式も、清規（元来は禅宗寺院の生活規定をいう）を設けるなどで禅宗を模倣する面が大きい。

3　内丹と道法

宋元時代の金丹術

　本来の金丹術すなわち外丹術は唐代以前に比べて下火にはなったが、宋代以降もなお根強くおこなわれた。例えば南宋の白玉蟾が弟子の彭耜に伝授したという『金華沖碧丹経秘旨』には、使用する器具を図示しつつ外丹の作成法から服用法まで大変具体的な記述がなされている。ほかにも、『修煉大丹要旨』『上清経真丹秘要』『丹房鏡源』『丹陽術』など宋元時代にあらわれた外丹文献がある（陳国符「中国外丹黄白法経訣出世朝代考」）。

　しかしながら、唐末以来の状況を承け、大勢としては宋代からは内丹法が神仙術の主流となる。初期の著名な人物としては、五代から宋初にかけて生きたとされる陳摶（字は図南、生没年不詳）があり、内丹術を図式化したもので周敦頤「太極図」にも影響を与えた「無極図」を著したとか、寝ながら修錬をおこなう「睡功」を伝えたといわれるが、伝説中の話である。なお、陳摶の弟子には真宗より尊ばれた張無夢（号は鴻蒙）があり、さらに張無夢の弟子に、神宗より召されて左右街副道録となった陳景元（号は碧虚、一〇二五～九四）がある。陳景元は『道徳経』や『西昇経』をはじめ道教経典の研究で著名である。

　また宋以降の内丹家にとって有名な『入薬鏡』は、一般に唐末五代の人という崔希範の作とされる。

鍾呂伝道図　官途を棄てて道を修めるように鍾離権が呂洞賓を誘う。山西省芮県永楽宮。

宋初でこのほかに重要な存在としては、もと唐の通玄観の観主であり、宋の端拱年間（九八八〜九九〇年）に白日昇天したという劉希岳（朗然子）があり、『太玄朗然子進道詩』（九八八年自序）を著した。また少し遅れて高先（高象先）に『真人高象先金丹歌』（一〇一四年頃）がある。これらはその後の内丹術の著作に少なからぬ影響を与えた。

その後、重要な文献群があらわれる。神仙の鍾離権から呂洞賓に伝授され、あるいはさらにそれを唐代後期もしくは宋初の施肩吾が伝えたともされる『鍾呂伝道集』『霊宝畢法』『西山群仙会真記』という著作群である。これらの文献はおおむね内容の基本線を同じくしており、同類の著作とみなされている。概要としては、仏教的禅定に否定的であり、道教の内丹修行に十二の段階があるとして、匹配陰陽・聚散水火・交媾龍虎・焼錬丹薬・肘後飛金精（晶）・玉液還丹・玉液錬形・金液還丹・金液錬形・朝元錬気・内観交換・超脱分形の「十二科」をあげる。また修行法に三ランクありとして小成・中成・大成の「三成」をあげ、それぞれ人仙・地仙・神仙になるための方法とする。また仙には「五仙」があり、地獄や輪廻に入らないが陽気はなく陰気だけの「鬼仙」（仏教の禅の成就者はこれにあたるとする）、安楽延年が得られた「人仙」、長生不死となった「地仙」、東海三神山へと至る「神仙」、そして三神山に厭きて人間界へ戻り、道を伝え功徳を積んで天上の仙官の位へとあがる「天仙」の五種があるとする。要するに、最終的には陰気がなくなって純粋な陽気からなる純陽の神を錬成し、肉体を抜け出して蓬萊三島（三山）などを自由に往来するなどしつつ、天上の三清天へ昇ることをめざすというものである。

これらの唐末五代から南宋初期にかけて数多くあらわれた内丹関係の著作は後世の内丹術の語彙や方法論に多大な影響を与えた。

ここにあげたもの以外のものも含め、それらの多くは南宋の曽慥（生没年不詳）の『道枢』に抄録され今日に面影を留めている。しかし、さらに内丹術のスタイルを決定づけたのは、のちの時代に南宗と北宗と呼ばれるようになる人々の著作であった。

南宗と北宗

張伯端　四川省青城山円明宮。

南宗の初祖とされるのは、北宋の張伯端（九八七～一〇八二）である。張伯端は、のちの名を用成、字を平叔、号を紫陽といい、浙江天台の人という。その著『悟真篇』の自序によれば、熙寧己酉の歳（一〇六九年）に龍図公陸詵（一〇一二～七〇）に付き従って成都へ入り、その地でついにある真人から金丹薬物火候の訣を授かったという。この『悟真篇』（一〇七五年自序）は、龍虎や鉛汞などの対偶表現を多用して抽象的に内丹術を述べるものであるが、宋代以降『周易参同契』と並んで内丹術の

コラム　内丹の技法

内丹法とはどのようなものか、体系的かつ図を用いたわかりやすい説明のある具体例を二つ紹介しておく。

一つは、元の李道純の例。唐代以来の道教の修錬法は、人間を構成する根本要素を神・気・精の三つとし、その人間が生まれてくる過程を宇宙の根源状態で「道」にほぼ同じとする「虚」からの虚↓神↓気↓精という展開であると述べる。そこでこれを精↓気↓神↓虚（道）と逆行して虚（道）に復帰することをめざした。『坐忘論』や『鍾呂伝道集』などとおおむね同じように、李道純もこの逆行を「錬精化気（精を錬り気に化す）」「錬気化神（気を錬り神に化す）」「錬神還虚（神を錬り虚に還る）」の三過程に分ける。「錬精化気」とは、身体内に「鉛」（「身中の元精」、「一陽」「元陽」などともいう）を自然に発生させること、「錬気化神」は「鉛」に「汞」（「心中の元気」）を合わせて上半身の中軸線の内側にある督脈・任脈をめぐらすこと（図1の波状線のルート参照）、「錬神還虚」は精・気の操作が完了して心のうえでの修錬で虚無に還る過程とされる。これが完成できれば、すなわち「道」への復帰・合一が成就したとする。

もう一つは明の伍守陽と清の柳華陽の例。彼らの方法は伍柳派と呼ばれ、その明快な体系性により清代後期以降にとくに歓迎された。伍柳派も李道純と同様に内丹法を精↓気↓神↓虚（道）の復帰のプロセスとするが、筆者なりにもう少し細かく彼らの体系を示せば以下のようになる。

(1)煉己（調薬）　心を外界の事象から断つ。／(2)採薬　意念と呼吸を下丹田に集中させ、薬物が発生する。／(3)小周天　薬物を督脈・任脈にめぐらす（図2参照）。／(4)止火　「陽光三現」（三度光が見える）を合図に小周天を止める。／(5)採大薬　七日間薬物に意念を集中して「大薬」ができる。／(6)過関服食　「大薬」を督脈から昇らせ（背中にある三つの関を通過させる→「過関」）、任脈からおろす（口と咽喉を通過させる→「服食」）。／(7)大周天　さらに十カ月のあいだ、中・下二丹田で薬物を養い、「道胎」をつくる（図3参照）。／(8)出神　「道胎（陽神）」を上丹田から出し入れして強く養育する（図4参照）。／(9)還虚　陽神が百千億の化身をも生み出し、そのあとに陽神を体内に納めて九年兀坐（ごつざ）して本源なる「虚」へと還る（図5参照）。

なお伍柳派においては「錬精化気」は右記の小周天、「錬気化神」は大周天、「錬神還虚」は還虚にあたるとされる。

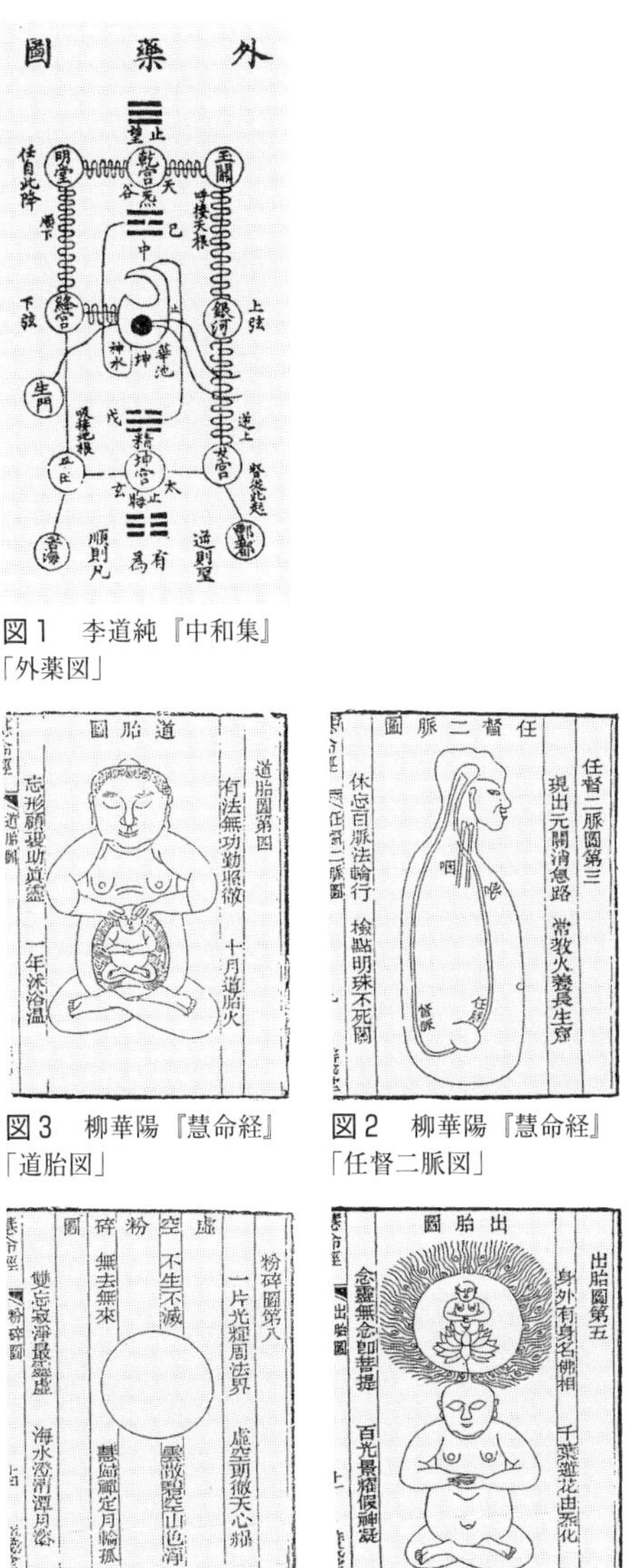

図1　李道純『中和集』「外薬図」

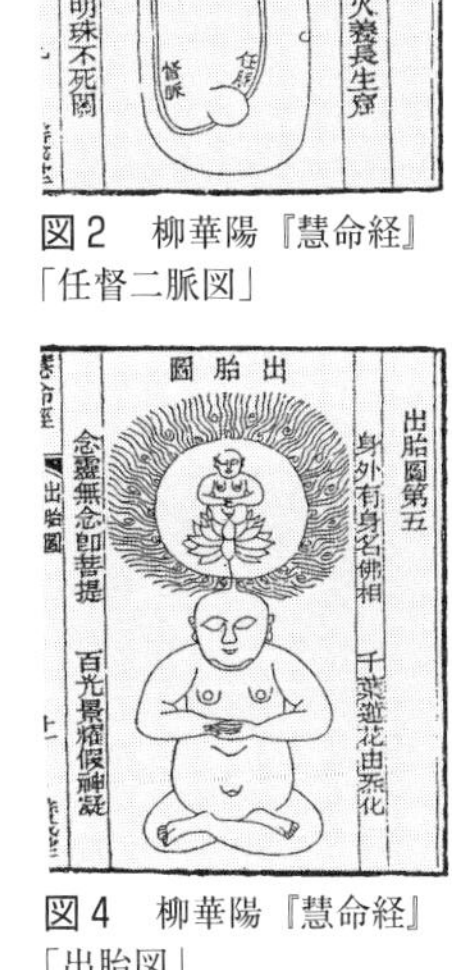

図2　柳華陽『慧命経』「任督二脈図」

図3　柳華陽『慧命経』「道胎図」

図4　柳華陽『慧命経』「出胎図」

図5　柳華陽『慧命経』「虚空粉砕図」

二大根本経典となり、後世の内丹術に大きな影響を与えた。またもともとの本篇で述べたのがもっぱら「命」の術（金丹術）だけであることに不足を覚え、「性」の道について詩歌などを追加して「性」「命」をそろえるかたちでまとめあげてあるが、このことも後世の内丹術のあり方に大きな影響や波紋をもたらした。

張伯端を継承する系譜は石泰（得之、杏林）、そのあとに薛式（道光、紫賢）へ続いたとされる。石は『還源篇』、薛は『還丹復命篇』（一一二六年自序）を著したとされる。しかし彼らに言及する確かな同時期の資料がほとんどないほか、石は世寿百三十七歳、薛は百十四歳とされるなど、事跡について不審な点が多い。陳楠（泥丸、翠虚、?～一二一三?）は恵州博羅（広東）の人で、桶屋であったとも、道官であったともされる。薛式から『帰根復命篇』（右の『還丹復命篇』にあたる）を授かったといい、また神将の辛天君（辛漢臣）から雷法を伝授されたともいい、内丹と雷法を兼習した。著作にはやはり内丹を説いた『翠虚篇』がある。弟子には白玉蟾、沙道昭、鞠九思らがいたとされる。

白玉蟾（一一九四～一二二九?）は原名を葛長庚、号を海瓊、または紫清といい、瓊州（海南島）の生まれという。幼い頃から陳楠に師事し、彼も内丹と雷法を兼習した。博学で文才も優れ、数多くのユニークな著作を残し、後世の道教に多大な影響を与えた。のちに南宗と呼ばれるこの張伯端からの系譜をはっきり唱えたのは彼である。彭耜、留元長をはじめ、数多くの弟子を有していた。この張伯端から白玉蟾までの五人は後世「南宗五祖」と呼ばれる。彭耜（鶴林）は白玉蟾門下随一の高弟であり、師の文集の編纂に力をつくした。ただ彼に内丹関係の専著はない。彼の弟子に、『金丹大成集』の著が有名な蕭廷芝

（元瑞、了真）がいる。蕭にはまた南宗北宗説の濫觴の一つと思われる「大道正統」という一文があり、南宗の系譜を自分まで繋げつつ、浮黎元始天尊に始まり綿々と続く道教の道統を図示している。

以上がもっともスタンダードな意味でのいわゆる南宗である。むろん彼ら以外にも宋代の南方には内丹道に携わる道士は多くあったが、張伯端や白玉蟾の名声によってしだいに彼らの系統が中心的存在と目されるようになる。なお、その傍系（あるいは別派）も少なからず存在した。例えば張伯端―劉永年―翁葆光……という系譜はかなり有名であり、後世では北の全真教の七真に対して前記の五祖と彭耜に劉永年を加えて「南の七真」ということもある。また翁葆光の再伝という龍眉子に『金液還丹印証図』があり、明代にその注釈も複数つくられている。さらに王啓道や方碧虚をはじめ、白玉蟾の伝授を得たと称する者も少なからずあり、さらにそのまたの伝承者を称する者もあらわれる。ただ北宗と対置されて南宗の系譜を掲げる場合、それらはたいてい切り捨てられている。いずれにしても、後世これらの人々は全真教の祖師に祭り上げられ、広い意味での全真教に含められることになる。

金元に北方で広まった全真教は、南宋の終り頃になると江南でも知られるようになっていた。元になると、李道純『中和集』（一三〇六年序刊）をはじめとして陳致虚『金丹大要』（一三三五年）など南方にあらわれた全真教徒を中心に、南北の内丹説の混淆する教説が広まっていった。これと並行して、内丹の道は劉海蟾もしくは呂洞賓から南の張伯端と北の王嚞に分かれて伝承されたとして、南北の内丹術の伝授系譜を結合する説がみられるようになり、前述の蕭廷芝「大道正統」（一三二〇年）、柯道沖の『玄教大公案』序（一三二四年？）、苗善時『純陽帝君神化妙通記』（十四世紀初め）などにその観点が明示され、陳致虚の『金丹大要』にて定番を獲得する。

これらが明初頃より道教（道家）の「南宗／北宗」（宋濂「跋長春子手帖」、都印「道家南北二宗」）、あるいは「南派／北派」（張宇初「丹纂要序」、朱権『天皇至道太清玉冊』道教源流章）などと呼ばれるようになって定着していくことになる。

「道法」の諸派

宋代に入る頃より、あるときふと神仙がくだって、新しい符籙をある人に授けるなどで、それに基づく新しい符呪法が伝わる、という現象がおもに江南で起こり始める。そしてそれぞれの符呪法が一派として伝承されていった。

早い時期にあらわれたものの代表といえるのが「天心法（天心正法）」である。その中心的な著作の一つが『上清天心正法』であるが、これによれば、天心法は宋の淳化五（九九四）年八月十五日、饒洞天が華蓋山（現在の江西省崇仁県）の山頂を掘って金の函のなかから得たという。それは玉帝の心術、太清の真文、太上の妙法、三洞の霊書で、あわせて四階の経籙をなしたという。饒洞天は「天心初祖」とされ、以下、朱仲素、游道首、鄒貢、符天信、鄧有功と伝えられたという（同書鄧有功序）。この所説がいつ頃記されたものかは不明であるが、おそらくは北宋末から南宋初め頃ではないかと推測される。宋代には天心法を操る道士の話がさまざまに語られることになる。

宋代以降にあらわれた新しい道教系の符呪法は当時一般に「道法」と呼ばれたが、明初に道教界を統率した張宇初は、宋元時代の「道法」を概説するにあたって、神霄と清微を二大派としてあげている（『道門十規』）。

神霄派は、伝説によれば王文卿（一〇九三～一一五三）が唐代の人である火師汪君（汪子華）より教示を得て伝わったなどとされるが、史書の記述を基に考えれば、王文卿に先んじて林霊素（一〇七五？～一一一九）があった。前述のように、林は徽宗に対してほとんど彼の独創と思われる神霄の説をおおいに語って寵遇を得、徽宗の崇道政策と一体になって一世を風靡した。張宇初は、「神霄は汪（子華）・王（文卿）の二師より始まり、張・李・白・薩・潘・楊・唐・莫の諸師が続き、広まりながら今日に至っている」と述べるように、その後、王文卿や張継先、李伏魔、白玉蟾、薩守堅らによって教法が拡充されつつ一般化する。

林霊素の教法を反映すると思われる『高上神霄玉清真王紫書大法』や、白玉蟾の作とされる『九天応元雷声普化天尊説玉枢宝経（玉枢経）注』などによれば、神霄派の教説は次のようなことになる。まず天には九霄と呼ばれる九つの世界があり、神霄はそのなかの最上位にある。神霄玉清真王がそこに君臨し、雷の強烈な力を正義の力として用い、生きとし生けるものの生殺賞罰を司りつつ全宇宙ににらみをきかせて統括している。天上には九霄とは別にまた三十六天があり、神霄はその上にある。この神霄派の三十六天は、東西南北に各八天、東北・東南・西南・西北に各一天の合わせて三十六天を平面的に配置する。これは道教では主流であった重層的三十六天説と、霊宝経系の三十二天を平面的に配する説を折衷したものであろう。神霄玉清府にはもろもろの役所がおかれ、仙官・雷神などがいて三十六天を統べて

雷法の神々　雲南省巍宝山(ぎほうざん)主君殿。

いる。

なお、このような雷の力を中心にすえた呪法を雷法(らいほう)という。雷法自体の由来はもう少し古いようであるが、神霄派の神霄法と雷法は多分にオーバーラップし、あるいは同一視されることも少なくない。

清微派は、元始天尊に発する「清微」の伝承が「上清」「霊宝」「道徳」「正一」の四派を傍出しつつ、最終的に唐の昭宗(しょうそう)時の祖舒(そじょ)が、護明元妃(ごめいげんぴ)（王説(おうえつ)）の化身である霊光聖母から「清微」を、太清泰玄文元君(たいげんぶんげんくん)（文慵(ぶんよう)）からほかの四派を伝授されて五派を統べ、かつ雷霆(らいてい)を統轄したとし、祖舒から（休端(きゅうたん)と姿を変えたのち）郭玉隆(かくぎょくりゅう)、傅央焴(ふおういく)、姚荘(ようそう)、高奭(こうせき)、華英(かえい)、朱洞元(しゅどうげん)、李少微(りしょうび)、南畢道(なんひつどう)、黄舜申(こうしゅんしん)と伝えられたと説く（『清微仙譜』）。人間世界における伝承は祖舒より始まるとされるが、唐から北宋にかけての授受にはほとんど傍証がなくどこまで本当かはわからない。南宋の南畢道もしくは李少微あたりからはいちおうその人へ言及する資料が複数みられるが、黄舜申（黄雷囦(らいえん)、一二二四～?）に至ってにわかに整備されて世におこなわれるようになったのは確かである。黄舜申の弟子より南北に広がり、南は福建から江西で熊道輝(ゆうどうき)、彭汝励(ほうじょれい)、曽貴寛(そうきかん)、そして趙宜真(ちょうぎしん)（?～一三八二）と伝わった。北は黄の弟子の張道貴(ちょうどうき)、葉希真(ようきしん)（葉莱雲(らいうん)）、劉道明(りゅうどうめい)が武当山(ぶとうざん)へ入り、張守清(ちょうしゅせい)（一

コラム　雷法の技法

雷法の方法は極めて多様なバリエーションがあるが、一例として雷法を内容の中心とする神霄派の祖師王文卿が著し、白玉蟾が注釈をつけたとされる『玄珠歌』（『道法会元』巻七〇）の内容を紹介する。

まず、雷法を行使するにあたってもっとも基本となる大切なものは自らの神・気・精であるとする。これらは内に錬れば金丹となり、外に用いれば道法（雷法）となる。この三者は、精を積めば気が生まれ、気を積めば神が生まれるが、神が弱まれば気も衰えるなど相補関係にある。これらを身中につねに充実させ、また心により操作する。北斗七星はわが身の七竅、五星（五惑星）はわが身の五臓、天地はわが身の泥丸（脳）と尾閭（尾骶骨）などわが身と世界は対応する。そして肝・心・脾・肺・腎の五臓おのおののもつ木・火・土・金・水の気の相生・相克の作用を使い、水・火のぶつかり合いにより雷電（あるいは雷雨）を起こし、金・木の相克により雷鳴（あるいは雷電）を起こし、金・水の相生により雨を降らせ、木・火の相得（あるいは相克）により風を起こす。またあるいは一なる「元陽の真気」を身中に随意に運行させることにより、身外に風・雲・雷・雨・電を発生させることもできる。また雷法で中心的に働く神将は鄧帥（鄧天君）・辛帥（辛天君）・張帥（張使者）であるが、鄧帥は五臓の心の神であってその火が奮発すれば降臨し、辛帥は肝の神であって肝が怒れば降臨し、張帥は脾の神であって脾から発するとされる「意」が誠であればやってくる。五臓の五気は中宮（脾臓）から泥丸にあがれば嬰児の姿の「浮黎始祖（道教の最高神の元始天尊）」となるが、これは「自己の元神」であり、かつ神として気と精とも連動する存在としてはたらく。

実際には、さまざまな符や呪文を用いつつ、各流派ごとの複雑な手順に従って行使することになる。

二五四〜?)へと伝わった。当時武当山は全真教が伝来しており、これらの人々は全真教も兼修した。元末明初に清微派は張守清、趙宜真らの活躍と整備拡張を経て明初までには道法諸派のなかでもっとも有力な一派となった。

「清微法は神霄の異名だ」(『清微神烈秘法』巻上)といわれるように、清微法の中心となるのは、神霄派に由来する雷法である。神霄派同様、内丹法によって自己の気を修錬して高め、それによって呪符を用いてあまたの神将を役使する能力が得られることを説く。その方法は雑多であるが、清微法の特色は、道法の根源を神霄真王ではなく元始天尊とし、さらに魏華存や張道陵ら上清、霊宝、道徳、正一の伝統的道教の四派に関連する祖師たちを旗印に掲げている点にあるといえよう。

霊宝斎法およびその他の「道法」

霊宝法は『度人経』を中心とする霊宝経を基にしつつ、死者の魂の供養あるいは救済をおこなう斎法儀礼をいう。唐末五代に杜光庭は道教儀礼を整理して多くの儀礼書群を作成したが、宋代になるとそれを承けつつ『無上黄籙大斎立成儀』五七巻(留用光伝授、蔣叔輿編次)、『道門定制』一〇巻(呂元素集成、胡湘龍編校)、『霊宝領教済度金書』三二〇巻(甯全真授、林霊真編)、『上清霊宝大法』六六巻(甯全真授、王契真纂)、『上清霊宝大法』四四巻(金允中編)、『霊宝玉鑑』四三巻など諸儀礼を集成する巨著がいくつも編纂された。その主流とみなされるのが、甯全真(一一〇一〜八一)を中心とする東華派であった。東華派によれば、霊宝法は元始天尊から霊宝天尊、東華上相青童道君、玄一・玄二・玄三の三真人、徐来勒、葛玄、鄭思遠、陸修静、上清東華太皇道君らを経て伝来したとされる。そして北宋になり、東華嫡伝を嗣ぐ王古、および廬山で陸修静に遇ったという田思真(田紫極)より甯全真に伝授され、東華派が成立した。これは浙江天台地域を中心に広まり、のちに林霊真(一二三九〜一三〇二)、林天任、董処謙らにより継承され、最後に第三十九代天師張嗣成に伝えられて正一教と合流したとされる(『道法会元』巻二四四「霊宝源流」)。

この東華派とはやや違った霊宝法を主張する者として、南宋の金允中がいる。金は安徽を中心に活動し、東華派の天台法を陸修静や杜光庭を継承する正統な中原の霊宝法から逸脱したものと批判した。金は北宋末頃以来の高景修、唐克寿、劉根朴と伝わる霊宝法を継承したという。劉根朴はまた龍虎山の留用光—蔣叔輿の系譜にも連なるという。

亡魂救済の方法を錬度というが、錬度のなかでも冥界で飢餓に苦しむ亡魂に飲食を施し救う「施食錬度」の方法が北宋末から南宋初めより独立しておこなわれるようになった。これを「祭錬法」といい、丹陽派、洞陽派、通明派、玉陽派などがあった。このうち丹陽派がもっとも主流であったようであり、鄭思肖(一二四一〜一三一八)による『太極祭錬内法』、王玄真「丹陽祭錬内」(『道法会元』巻二一〇)にその内容がうかがえる。

以上のような霊宝法も、道士自身の内丹式修錬が要求される場合が多い。

ほかに主要な道法としては酆都法がある。酆都は死者の魂が赴く地獄のことであるが、この酆都法は八将と呼ばれる地獄の神将たちを使って邪悪な鬼神を考召する(取り押さえて連行する)方法であり、唐末の大円呉先生なる人物によって世に伝えられたとされ（『海瓊白真人語録』巻一）、朱熙明、鄭知微、盧埜らにより伝承された。この酆都法は、それに携わると死後に地獄へ行き、仙官よりはるかに低級な鬼官になるともいわれ、敬遠する人も多かったようである。これを伝える一派は酆岳派と呼ばれたようである（『道門十規』）。

これら以外にも宋元時代にはおびただしい数の道法があらわれ、江南を中心に各地に氾濫した。明初に成立し、道蔵のなかでもっとも大部な『道法会元』全二六八巻や、あるいは『法海遺珠』四六巻は、それらの数々の道法を集成して収録している。例えば、酆都法に類似し、「小酆都」とも呼ばれた地祇法というものもあった。これにはさまざまな分派があり、『道法会元』巻二五三・地祇法「地祇緒余論」は、地祇法の諸派のなかで温将軍（温瓊）の一神将を用いる「地祇一司の法」の由来について語り、それは虚靖天師（張継先）より起こったものだが、江浙・閩蜀・湖広に嗣法者が広まり、蘇道済派・温州正派・李蓬頭派・過曜卿派・玄霊続派など数々の派に分かれ、初学者はどうアプローチしてよいかわからなくなっていると訴え、たとえ嗣法した「派」といっても、適切に伝度されたのでなければ、呪法で一時的に神将が呼応して効果を示してもあとで収拾がつかなくなるなどの警告を述べている。

このような道法の氾濫は、当時の当事者たちにもすでに問題視されていたが、明初の張宇初は『道門十規』で道法を紹介したあと、氾濫する邪法を退け正法に従うべきことを長々と力説している。

4 道教と宋元社会・文化

善書の刊行

善書は勧善書ともいい、通俗的な倫理感覚に基づきつつ広く民衆一般に悪行を戒め善行を勧める書物をいう。その代表が『太上感応篇』である。またこの通俗的な善と悪を具体的に点数化した書物が「功過格」である。これらは宋代以降に一般に流布して民衆の倫理生活に多大な影響を与えた。

『太上感応篇』は太上老君が世の人々に対して善行を勧め悪行を控えるよう説く書で、南宋の高宗から孝宗期の人、李石(字は昌齢)によって詳しい伝(解説)を付けられて世に広まった。ただ、李石自身がそれ以前に周篪なる人が『感応篇』を使って勧化をおこなっていたことを述べていることから(『楽善録』巻四)、成立はさらに遡るようである。そもそもこの『太上感応篇』本文の基本部分は晋の葛洪『抱朴子』にあげられた善行悪行に関する文章を抄録したものといってよい。例えば、はじめから三句目「天地には過を司る神有り、人の犯す所の軽重に依りて以て人の算(命数)を奪う」、四句目「算減ずれば則ち貧耗し、多く憂患に逢う」、九句目「算尽きれば則ち死す」、一一句目「又た三尸の神有りて人身中に在り、庚申の日に到るごとに輒ち上りて天曹(天の役所)に詣り人の罪過を言う」とあるのをはじめ、半数以上の語は『抱朴子』(とくに巻六「微旨篇」で『易内解』『赤松子経』『河図記命符』の言葉として、巻三「対俗篇」に『玉鈐経中篇』の言葉として引かれる部分)にみえるものである。これを老子を神格化した太上老君の言葉とし、いつしか民衆向けの勧善懲悪の教化用にまとめられたものであろう。

南宋の理宗は紹定六（一二三三）年、太一宮道士の胡瑩微がこの書を刊行するにあたり、「諸悪莫作、諸善奉行（諸悪は作す莫れ、諸善は奉行すべし）」の八字の御書を与え、刊行事業を褒め称えた。さらに真徳秀（一一七八〜一二三五）をはじめとする大儒たちも次々に序跋を寄せて推奨し、天下に広められた。その結果、嘉熙二（一二三八）年に題跋を記した鄭大恵という人の住む町では、すでにだれもが一冊を手にできるほどであったという。

「功過格」は、善行を「功」、悪行を「過」として点数化し、人の行為の道徳的価値を数値で示してわかるようにされた一種の勧善書である。このような功過の説や善悪を数値化する考え方は『太上感応篇』にもみえるが、もとをたどればやはり『抱朴子』に遡るとされる。例えば、『太上感応篇』の「天仙を求めんと欲する者は千二百善を立つべし。地仙を求めんと欲する者は、当に三百善を立つべし」などとある部分は『抱朴子』にそのまままみえる。功過格はこれを行為ごとに功・過のポイントを明示してわかりやすくしたものである。

現存する最古の功過格は『太微仙君功過格』で、江西南昌の玉隆万寿宮の道士、又玄子により金の大定十一（一一七一）年に撰述されたものとされる。善行を「功格三十六条」として救済門十二条、教典門七条、焚修門五条、用事門十二条、悪行を「過律三十九条」として不仁門十五条、不善門八条、不義門十条、不軌門六条にまとめて示している。具体的には、符や針薬で重疾の人を一人救ったら十功、死刑の人を救ったら百功、人に役立つ動物の命を救ったら十功、毒薬を調合して人を殺そうとしたら十過、殺してしまったら百過、窮民を救わなかったら一過、人を陵辱したら一人につき三過、等々とされている。ただしこれは道士向けのやや特殊なものである。

このような功過格は明以降に一般民衆向けにさまざまなバージョンがつくられていっそう普及し、人々の生活倫理に大きな影響を与えていくことになる。

新たな神々の信仰の普及

「玉皇」の名は、梁の陶弘景『真霊位業図』にもみられるが、神々のヒエラルヒーのなかでもそれほど高い地位におかれてはいない。唐代には天帝の名称としてかなり広まり、李白や白居易の詩にも読まれている。宋になり、真宗が各州に天慶観を建てて三清、「聖祖」趙玄朗と玉皇を祀り、かつ都の開封に玉清昭応宮を建て巨大な玉皇像を祀るにおよんで国家祭祀の対象となった。さらに宋代に『玉皇経』(『高上玉皇本行集経』)も成立し(趙希弁『読書附志』)、道教の最高神の一つとして信仰が広く一般化していく。

関帝(関聖帝君)は、『三国志』に登場する英雄、関羽のことである。劉備配下の将軍として奮戦したが、孫権軍の策により湖北当陽玉泉山に殺された。当初はこの土地の人が祠を築いて祀っただけであり、唐代まではとくに一般の信仰対象だったわけではないが、宋代以降にはにわかに関羽廟が全国的に建てられるようになる。宋の哲宗は関羽を「顕烈王」に封じ、徽宗は「義勇武安王」に封じた。元代にはさらに「顕霊義勇武安英済王」へと加封された。とくに元末に『三国演義』があらわれてからはその人気は絶大なものとなった。武勇と忠義の人として尊崇されるが、その人気の高まりから万能神とみなされるようになる。また明代頃より今日まで財神として祀られるようになる。これは私心なき忠義心に基づき公正に商売を見守ると考えられたためともいわれるが、彼の出身地とされる山西の商人が信仰しつつ広めたためという指摘もある。

真武（玄天上帝）はもと東・南・西・北に配当される四獣（青龍・朱雀・白虎・玄武）の一つの玄武であり、唐以前から北方の神とされていたが、宋の真宗時に「聖祖」趙玄朗の諱の「玄」を避けて「真武」と改称され、徽宗の頃までに湖北の武当山における修行説話が形成された。これと並行して、「四聖」（天蓬・天猷・佑聖・翊聖）の一つの佑聖将軍として亀蛇の甲羅と鱗のごとき甲冑を身につけて、戦いの神、妖邪を征伐する神として一般化する。元代には「玄天上帝」の封号が与えられて武神としてますます信仰が盛んになっていく。

文昌帝君はもともと蜀の梓潼の地の張亜子という地方神であった。しかし唐の玄宗と僖宗が蜀に避難する際に蜀を代表して出迎えたという伝説などが生じ、中央政府に関係する神としてしだいに科挙や出世の神となる。また南宋期にモンゴル軍が蜀へ侵入したことによって東に逃げた人々により、臨安や各地に広まり、朝廷から「恵文忠武孝徳仁聖王」に封ぜられた。元朝で廃止された科挙が延祐元（一三一四）年に再開されると再び人気が高まり、朝廷からも「輔元開化文昌司禄宏仁帝君」と加封され、公式に「文昌帝君」とされた。以後、科挙の神、学問の神として一般に定着する。

媽祖はもと福建・莆田に実在した女性、林黙（九六〇～九八八）が神格化された呼称である。林は生前に予言などの霊能を示したというが、二十八歳で死去する。その後、海難を救う霊験を示したなどとされて地元で信仰が広まる。宣和五（一一二三）年に高麗冊封使の海難を救ったとされ、宋王朝から霊恵夫人、霊恵妃などと賜号され、航海の神として国家的祭祀の対象となっていく。元の至元十八（一二八一）年には護国明著天妃、清代には護国庇民妙霊昭応弘仁普済天后とされた。民衆には天后娘々と呼ばれる。

東岳大帝は、五岳のうちの東岳すなわち泰山の神をいう。泰山神は古くから祭祀の対象とされていたが、一方で漢代頃より人は死後に泰山のもとへ赴き泰山の神に隷属すると考えられ、さらに進んで泰山神は人の死や寿命を司るとされた。唐代より朝廷から封号が与えられるようになり、唐の玄宗より「天斉王」とされ、さらに宋の真宗より「仁聖天斉王」と加号され、またすぐに「天斉仁聖帝」と「帝」に昇格された。元でも世祖より「天斉大生仁聖帝」と加号され、ますます権威が高まっていく。宋元の地方志に拠れば、ほとんどの州県に東岳大帝を祀る東岳廟が存在したようであり、いかに民衆に信仰されていたかがわかる。

呂洞賓は、唐代後期から五代に生きた呂嵒（呂巖）とされるが、宋代になってから伝説化され、さまざまな姿をとりつつ庶民が暮らす場にあらわれるとされた。あるときは弱者を助け善良な者を救い、あるときはそれとなく道教的教化をおこなう存在と考えられ、民間で広くその種の逸話が語られるようになる。そして徐々に彼を軸としつつ、やはり唐宋のあいだにあらわれたとされる人々を中心に「八仙」という仙人グループが説かれるようになり、今日まで中国では仙人の代表的なイメージとなっている。八仙は元曲の題材にしばしば用いられ、その影響で一般化したようである。ただ、当初のメンバーは李鉄拐(かい)・鍾離権(しょうりけん)・呂洞賓・韓湘子(かんしょうし)・藍采和(らんさいわ)・張果老(ちょうかろう)を基礎メンバーとしつつも、そこに徐神翁(じょしんおう)や張四郎(ちょうしろう)を加えることが多く、現在の編成と一致するものではなかった。

道教と文学・美術・科学

一般に「漢賦(あるいは漢文)、唐詩、宋詞、元曲」といわれるように、宋代には詞(宋詞)、元代には曲(元曲)と呼ばれる文芸が流行するが、これらの歴史と道教の関係は相当に深い。

「詞」は歌詞とメロディーが一体になったもので、メロディーごとに「西江月」「望江南」「浣渓沙(かんけいさ)」などの「詞牌(しはい)」と呼ばれる題名が決まっており、同時に六・六・七・六……などのメロディーに乗せる字数も決まっている。親しみやすいこともあって宋代以降広く流行するが、道士たちが道教の教理や自らの境地などを詞のかたちで表現することも多かった。とりわけ内丹関係の道士にその傾向が顕著であった。例えば張伯端『悟真篇』では七言律詩、七言絶句とともに詞の「西江月」が重要な構成要素となっていた。また初期全真教では詞を詠(うた)って人々を教化した。その際に通常の詞牌名を道教的な名前に改称することもあった。例えば丘処機の文集『磻渓集(はんけいしゅう)』では、「酹江月(らいこうげつ)」を「無俗念」、「望江南」を「望蓬莱」、「黄鶯児(こうおうじ)」を「水雲遊」、「声声慢」を「神光燦(しんこうさん)」などの題名に改めている。

「元曲」は「元雑劇」とも呼ばれる一定の形式をもった戯曲のことで、元代に流行した。元朝はいわゆるモンゴル人第一主義を原則としたため、漢族知識人には政治的栄達の道が閉ざされており、才能をもつ多くの人が流行の元曲作家の道を選んだ。現実社会の不遇を反映してとくに出世間的、隠逸的な道教・仏教的題材が好まれ、「神仙道化」劇と呼ばれる道教系の名作が数多くつくられた。なかでも「黄粱夢」「岳陽楼」「馬丹陽」「任風子」「荘周夢」「誤入桃源」「藍采和」「鉄拐李」などが著名である。最初の四つは元曲四大家の一人の馬致遠（生没年不詳）によるものだが、彼はその作風から「馬神仙」と称された（明・賈仲明「凌波仙」弔辞）。これら「神仙道化」劇の題材は全真教の祖師たちの故事を基にしたものが多いほか、八仙が登場するものもかなりみられ、八仙信仰の普及にも繋がったと考えられる。

宋王朝では真宗や徽宗を中心に崇道政策がとられたため、数多くの画工が道観の壁画や彫塑の作製に動員された。真宗が「天書」を安置する玉清昭応宮を建立した際には武宗元（?～一〇五〇）、王拙（生没年不詳）を中心に道釈画に秀でた著名な画家が数多く参加した。武宗元はほかにも中岳天封観、洛陽上清宮など各地の著名道観に赴き壁画などの制作にあたった。『朝元僊仗図』（アメリカ個人蔵）は彼の手になるものとされる。宋代の道教像としては、山西晋城の玉皇廟、重慶大足の舒成岩および南山、山西太原の晋祠、福建泉州の清源山などに玉皇像や老子像が現存し、それぞれ著名な作品として知られている。全真教は王朝の支援のもと巨大な道観を造営したが、そのうちの一つが呂洞賓の生誕地とされる山西芮城に建てられた永楽宮であり、「朝元図」などの壮麗な壁画がほぼ完全に残る。このほか、陝西耀県の南庵にも元末の「朝元図」が残る。なお、全真教は

元曲「馬丹陽三度任風子」（略称「任風子」）の挿図（『元曲選』）

独自に石窟で道教系の神像を祀った。山西太原の龍山石窟と山東萊州の寒同山石窟があり、戦前までは多くの神像が残っていたが、文化大革命の際にほとんどが破壊された。

　このほか、著名な美術家の趙孟頫（一二五四〜一三二二）は「玄元十子図」など道教関係の書画を数多く手がけたことで知られる。また画家の元末四大家に数えられる黄公望（一二六九〜一三五五）、倪瓚（一三〇一〜七四）は全真教の道士であった。

　医学方面では、いわゆる金元四大家の筆頭にあげられる劉完素（一一二〇〜一二〇〇）が道士から医学を学んだ「道医」として知られる。劉完素は、やはり道士といわれる唐の王冰が『黄帝内経素問』のなかに復元と称して補った「運気七篇」に着目し、その「五運六気」説を宣揚したほか、医学理論では心火をおろして腎水を益すことを強調するなど内丹法にも通じる道教的色彩が濃厚な方法を説いた。金から元にかけて新しい医学理論が次々に考え出されていくなかで、羅知悌（太無、一二三八〜一三二七）、朱震亨（丹渓、一二八一〜一三五八）をはじめとする後続の医家たちにも一定の影響を与えた。

第5章 伝統の継承と多様化 明〜清

1 明清王朝と道教

明王朝と道教

明の太祖洪武帝となる朱元璋(一三二八〜九八)は貧農の子として生まれ、幼くして孤児となり、托鉢僧として暮らした。そして白蓮教系の紅巾軍に入って頭角をあらわし、ついには南京を占領して明朝を建てた。「明」という国号も、白蓮教徒の読誦する『大阿弥陀経』に由来するといわれるが、そのため仏教とは強い因縁をもっていた。一方、彼は母が夢で道士からもらった薬を呑んで生まれたという出生譚をはじめ、道教とのゆかりを示す逸話も少なくない。また自ら「三教論」を著し、治世には儒教とともに道教・仏教の陰の助力が必要なことも説いている。龍虎山の第四十二代天師張正常(一三三五〜七七)は太祖の即位前から二度使者を送り、即位時には入賀して関係を深めた。太祖は「天師」の称号を「天の師」としてきらい、改称して彼に「(正一嗣教)真人」を授け、また銀印と視二品の官品を賜っ

武当山紫霄宮全景　武当山の中心的道観。

た(『明史』巻二九九)。太祖はこのほかにも周顛、張中、劉淵然ら多くの道士と交流をもった(同)。なかでも全真教を中心にしつつ諸派の教法を兼修する劉淵然(一三五一～一四三二)およびその弟子の邵以正(?～一四六二)は、二品という高い品秩(官位と俸給)を授けられ、その後の皇帝からも厚遇された。なお、太祖は『道徳経』の注も著している。

成祖永楽帝は恵帝に対して兵をあげて政権を奪ったいわゆる「靖難の変」の際に玄武(真武)神の加護があったとし、真武信仰の本山である武当山の諸道観をおおいに修復・増築した。これはまた太祖も探し求めた謎の道士張三丰がかつて武当山に住したので、彼が戻ってきて面会できるように願ったためであったともいわれる。成祖が財力を傾けて増築した武当山中の諸道観は今日まで多くが残っているが、道教史上でもまれにみる壮大な規模のものであり、その熱意のほどがうかがえる。成祖はまた永楽四(一四〇六)年、道蔵の編纂を龍虎山の張正常を嗣いだ第四十三代の張宇初に命じた。ただし完成したのは英宗の正統九(一四四四)年であり、全蔵四八

○函五三○五巻がなった。これは儒教の『四書大全』『五経大全』や仏教の大蔵経『永楽北蔵』などとほぼ同時であり、三教調和策の一環であろう。なお、成祖は道士の仙方を服用して体を損ねたというが（『明史』巻二九九）、次の仁宗洪熙帝は金丹の類を服用して死に至ったようである（『明史』巻一三七）。

憲宗、孝宗の時期には道士の任官が増加して崇道の傾向が強まったが、それが最高潮に達したのが世宗嘉靖帝の時代であった。彼は明朝の歴代皇帝のうちでもっとも道教を重んじた崇道皇帝であった。世宗は即位の当初から、内侍で宦官の崔文にそそのかされて鬼神のことを好み、日々斎醮を事とし諫官の言葉に耳を貸さなかったという。龍虎山道士すなわち正一教の邵元節（一四五九～一五三九）や陶仲文（?～一五六〇）を招いて祈禱を司らせ、効験があると真人号や礼部尚書の位を授けた。とりわけ陶仲文は少傅・少保・少師という三つの最高の官職を与えられ、道士でありながら位人臣を極めた。このほか、錬丹術を得意とした段朝用、神仙の故事に通じていた龔中佩、扶乩の術を操った藍道行など数多くの道士が一時の寵遇を得た（『明史』巻三〇七）。また斎醮儀礼に用いる祭文を青詞というが、青詞を得意とする人々を積極的に官吏に登用した。その一人で内閣大学士に就いた厳嵩は「青詞宰相」と呼ばれた。世宗は年を重ねるほど道教への心酔は深まり、嘉靖三十五（一五五六）年には父母に道教の尊号を奉り、自ら「霊霄上清統雷元陽妙一飛玄真君」と号し、のちに「九天弘教普済生霊掌陰陽功過大道思仁紫極仙翁一陽真人元虚円応開化伏魔忠孝帝君」、さらに「太上大羅天仙紫極長生聖智昭霊統元証応玉虚総掌五雷大真人玄都境万寿帝君」と号し、道教神の化身を自任しつつ国家に君臨した。多くの道士に囲まれて彼らの薦める丹薬を服用し、晩年には髭と眉が脱落し、多くの丹毒が併発したがやめず、最後にはやは

コラム　道蔵の編纂

「道蔵」は道教典籍を集大成したもので、仏教の「大蔵経」(「一切経」「仏蔵」)に相当する。

道教系文献の目録としては、漢王室の蔵書目録に由来する『漢書』芸文志の関係部分がもっとも早い。このうち、「諸子略」中の「道」三七家九九三篇、および「方技略」中の「房中」八家一八六巻、「神僊」一〇家二〇五巻などということになろう。考え方によっては、「方技略」の「医経」「経方」なども含む。

その後、東晋の葛洪は『抱朴子』遐覧篇において師の鄭隠の所蔵する道書を書き留め、道経六七九巻、符五百数十巻、合計で約一二〇〇巻について目録がつくられている。劉宋の陸修静は道教系経典の収集に尽力し、それを三洞説によって分類整理して「三洞経書目録」(四七一年)をつくった(甄鸞「笑道論」ほか)。現存はしないがここに道家経書と薬方符図あわせて一二二八巻が記録されていたという。このほか、北周の玄都観に集積した道書の目録「玄都観経目」(五七〇年)には伝記・符・図・論あわせて六三六三巻(「笑道論」)、また北周・王延の「珠囊経目」には蔵経八〇三〇巻(元「道蔵尊経歴代綱目」)などを記していたとされる。

『隋書』経籍志「道経」の部には経戒・服餌・房中・符籙三七七部一二一六巻を載せる。なお『抱朴子』などは「道」、『列仙伝』などは「雑伝」に別置されている。

「道蔵」という呼び方がみられるようになるのは、唐の高宗の頃からのようである(「道蔵経序碑」、『金石録』巻四など)。この頃の道蔵目録として尹文操の「玉緯経目」があり、蔵経七三〇〇巻をあげてあったという(「道蔵尊経歴代綱目」)。唐の玄宗の開元年間にも大規模な道教経典の集成がおこなわれ、天宝七(七四八)年に頒布された。これが「三洞瓊綱」で、三七四四巻(「宋三朝国史志」)とも、七三〇〇巻(杜光庭「太上黄籙齋儀」

五二）とも、あるいは五七〇〇巻（元「道蔵尊経歴代綱目」）であったともいわれる。

宋朝になると第二代皇帝の太宗は道教経典の収集に着手し、七千余巻を得て重複を除き三七三七巻とし、写しをいくつかの宮観に贈ったという。次の真宗は道蔵の編纂に本格的に取り組んだ。まずは王欽若に命じて「宝文統録」四三五九巻がなり、また張君房に命じて「大宋天宮宝蔵」四五六五巻が完成し（天禧三〈一〇一九〉年）、写しも含めて七蔵がつくられた。その後、徽宗は道書を捜索し、政和年間（一一一一〜一八年）に福州にて「（政和）万寿道蔵」五四八一巻を印刷した。道蔵の版木をつくり印刷したのはこれが最初である。これはのちに孝宗により数蔵複製された（一一七七〜七九年）。

金朝では章宗の明昌年間（一一九〇〜九五年）初めに「大金玄都宝蔵」六四五五巻がつくられた（「十方大天長観玄都宝蔵碑銘」）。またモンゴル朝では全真教の宋徳方により一二四四年、「玄都宝蔵」七千八百余帙（巻の誤り？）が完成した（「道蔵尊経歴代綱目」）。

明朝では成祖の永楽四（一四〇六）年に敕により張宇初に道蔵の編集が命ぜられ、英宗時の正統十（一四四五）年に五三〇五巻が完成した（道蔵の龍牌刊記）。その後神宗は張国祥に続蔵経作成の勅をくだし、万暦三十五（一六〇七）年に一八〇巻を加え、明の道蔵は五四八五巻となった。前者は「正統道蔵」、後者の増補分は「万暦続道蔵」と呼ばれる。その後の清朝では新たに道蔵を編纂することはなく、明の版木を使って適宜作成された。

明版正統道蔵

り方士王金らの献じた丹薬の服用がもとで命を落としている。

その後は崇道皇帝といえるケースはないが、神宗万暦帝は万暦三十五（一六〇七）年、第五十代正一真人の張国祥に道蔵の続編として続道蔵を編纂するように命じ、三二函一八〇巻を完成させた。なお、神宗は先に道蔵と同様に編纂された仏蔵の『永楽北蔵』についても続蔵四一函四一〇巻を編纂させており、道仏二教に対して公平な姿勢を示したものであった。

清王朝と道教

女真族（満州族）の清王朝は元来漢民族の文化として展開してきた道教を重んずる感情はなかった。すでに勢いのなかった道教に対して政治的関心ももたず、従来の王朝に比して宮廷で斎醮を催すことも多くはなかった。

世祖順治帝は明末以来兵火で混乱した世の中を立て直すために、文教を興して儒教によって太平を開こうとする姿勢を鮮明にした（順治十二年三月諭）。しかし三教重視の姿勢もみせるほか、漢人の地域に進入してまもない時期には漢人文化を継承する道教にも相応の配慮を示し、順治八（一六五一）年に龍虎山第五十二代の張応京を召し、正一嗣教大真人に封じて一品の印を与えた。全真教に対しても一定の理解をみせ、例えば清初の全真教中興の祖といわれる王常月にも紫衣を与えている。王常月の北京白雲観における活発な復興活動は、世祖の支持があってのことである。このほか、世祖は自ら『御註道徳経』二巻を著している（順治十三年）。

聖祖康熙帝も、第五十四代正一真人張継宗に一品の印を授けて光禄大夫に封じ、北京に住居を与えた。また龍虎山の諸道観修復に資金提供をおこない、次の五十五代正一真人も光禄大夫とした。しかし聖祖はもともと道教も仏教ともども世の中に無益な邪教として批判的な態度をもっていた。彼は、釈老二氏は頽廃してもはや絵画や詩歌の題材になるくらいしか意義がないと述べた詩をつくるなどもしているが（『御製詩集』初集巻三一）、道教・仏教には一定の歴史的文化的意味を認めて排除することまではしなかった。

世宗雍正帝は禅仏教を好んだことで知られるが、これと並行して三教合一も唱え、道教についても治世に有益であると肯定的な言葉が少なくない。あるとき病を得て白雲観道士、すなわち全真教道士の賈士芳を呼んで治病を試みさせたが、意にそぐわず邪妄として即刻誅殺した。次いで正一教の婁近垣に祈禱をさせたら病は好転したとのことで、龍虎山の諸道観をおおいに修復するなどし、正一教にすこぶる好意的な態度を示した。世宗は自ら『御撰語録』という禅語録集を編纂したが、ここに婁近垣の語録も収録した（同書巻一九「当今法令」）。なお、同書には全真教の祖師に位置づけられている張伯端の語録も収録するなど、全真教にもひとまず悪くない対応をしている。

これらは従来の王朝のように皇帝の好みや信仰とは必ずしも関係はなく、基本的には入関してまもない異民族王朝が漢土の支配を固めるために従来の勢力や文化を掌中に取り込むための政治的目的があったと考えてよいようである。

しかし、高宗乾隆帝の時代になると、仏教・道教に対する管理が非常に強化され、寺観の財産の没収や、仏僧・道士の還俗などがはかられた。また龍虎山の正一真人は門徒を各地へ派遣して弟子を増やすことが禁じられた。そして乾隆十二（一七四七）年には左都史梅瑴成の劾奏により、第五十六代正一真人張遇隆を正五品へと大きく格下げした。高宗は、道教は巫であり、巫と医は本来同類同等だとし、当時太医院使が正五品であるから正一真人もこれに同じであるべきだと述べている（『清朝続文献通考』巻八九・選挙六）。これと同時に宮中へ入り天子に謁見することも禁じられた。しかし、一品では高すぎるにしても、長い伝統と歴史的役割に鑑みると五品では低すぎるとし、品秩については後年の三十一（一七六六）年に三品にまで戻している。

清朝の正一真人に対する扱いはその後も好転することはなく、厳しさを増すばかりであった。次代の仁宗嘉慶帝以降も入覲の禁止は続き、正一真人の品秩は再度五品に落とされる。そして宣宗道光帝の時代になると正一真人の称号が取り消されるまでに至った。さらに以前からおこなわれていた龍虎山と各地の道教との連携を断つ施策だけではなく、龍虎山のあり方にも厳格な管理と制限を加え、中心となる上清宮を護る道官も欠員がでたらすべて現地の者から補充し、決して外部の者を入れることを許さなかった。

龍虎山の張氏嫡系以外の道士にはさらに厳しく、乾隆元（一七三六）年には火居道士（妻帯している道士）に対して還俗の詔がでている。

このように清王朝の道教に対する態度は乾隆以降厳しさを増していき、伝統的形式の道教の勢いは否応もなく衰退していくこととなった。

明清時代の道教制度

明朝は創建してすぐに国家体制を構築したが、道教の管理体制についても同様であった。『明史』巻七四・職官三・僧道録司、『欽定続文献通考』巻六一・僧道官などをもとに明の道教制度の基本構造を描くと次のようになる。

まず洪武元（一三六八）年に仏教を管轄する善世院とともに道教を管轄する玄教院がおかれ、五年には仏僧・道士に度牒が発給された。そして十五年になると善世院と玄教院ともども刷新され、僧録司と道録司とされた。これがその後の基本体制となる。

僧録司は、左・右の善世が合わせて二人（正六品）、左・右の闡教が二人（従六品）、左・右の講経が二人（正八品）、左・右の覚義が二人（従八品）おかれた。

道録司は、左・右の正一が合わせて二人（正六品）、左・右の演法が二人（従六品）、左・右の至霊が二人（正八品）、左・右の玄義が二人（従八品）、神楽観提点が一人（正六品）、同知観が一人（従八品）、龍虎山正一真人が一人（正二品）、同法官・賛教・掌書のそれぞれ各二人がおかれた。また閤皂山・三茅山（茅山）にそれぞれ霊官一人（正八品）、さらに太和山提点一人がおかれた。

なお、「龍虎山正一真人」は洪武元年に張正常が入朝した際に、「天師」の号を除いて「真人」に封じたもので、以後その子孫が世襲した。穆宗の隆慶年間（一五六七〜七二年）に「真人」を改めてただ「提点」と称することとしたが、その後の万暦年間（一五七三〜一六一九年）の初めにまたもとに戻した。神楽観は洪武十一年に郊祀壇すなわち天壇の西に建てられ、郊祀壇でおこなわれる儀式の楽舞をおこなう人の養成所とされた道観であり、永楽帝の真武信仰とも関係があった。ここに提点と知観が設けられた。

これらの僧・道録司は天下の仏僧・道士を司った。道録司ははじめ南京の朝天宮におかれ、次いで遷都とともに北京の霊済宮、朝天宮と移され、さらに天啓六(一六二六)年に東岳廟へ移り、以後清朝までここが道教の中央官署の役割をもった。中央以外については、仏教では全国各地の府に僧綱司都綱、副都綱が各一人、州に僧正司僧正が一人、県に僧会司僧会が一人おかれたが、道教では各地の府に道紀司都紀、副都紀が各一人、州に道正司道正が一人、県に道会司道会が一人おかれ、それぞれ分担して道教の管理にあたった。これらはみな経典に精通し戒律の遵守にすぐれた者が選任された。ちなみに神楽観は楽舞を司り、天地の神祇と宗廟社稷の大祭にあたるもので、太常寺に属し、道録司には属さなかった。

なお、仏僧は禅・講・教の三種類とされ、道士は全真・正一の二種類とされた。これらの僧官・道官は礼部に属するとされた。

洪武二十四(一三九一)年には仏道二教を整備し、度牒は三年に一度発給することとした。各府州県の仏寺・道観は、規模の大きな一カ所のみを残すこととし、ほかの小規模な寺観にいた仏僧・道士はそこに移して一緒に住まわせた。さらに仏僧・道士の数は、それぞれ一つの府に四〇人、州に三〇人、県に二〇人が限度とされた。また男は四十歳以上、女は五十歳以上の者でなければ出家してはいけないとされた。洪武二十八(一三九五)年、天下の仏僧・道士は都に赴いて経典の試験を受け、合格したら度牒を

天壇神楽署　明代の神楽観を受け継ぐ清代の施設。

発給するとされ、経典に通じていない者は排除された。

このほか、仏僧には法王、仏子、大国師などの封号、道士には大真人、高士などの封号が与えられたり、あるいは銀印が賜与されたり、太常卿、礼部尚書、宮保銜が加えられたり、伯爵に封ぜられる場合などもあったが、これらは一時の寵遇であって正式な制度ではなかった。

このように、明代になると仏僧とともども道士や道観には多くの規制が加えられるようになり、厳しい管理体制のもとにおかれることとなった。

清代も仏教道教の管理制度は基本的には明朝のそれを踏襲した。ひとまず『清史稿』巻一一五・僧道録司に基づけば、次のようになる。

まず太宗の天聡六（一六三二）年には各廟の仏僧・道士は僧録司・道録司に統轄されることが定められ、経義をそらんじ清規を守る者に度牒を発給するとされた。

僧録司は、正印・副印が各一人（品秩不明）、左・右の善世が二人（正六品）、左・右の闡教が二人（従六品）、左・右の講経が二人

（正八品）、左・右の覚義が二人（従八品）おかれた。

道録司は一人（品秩不明）、左・右の正一が二人（正六品）、左・右の演法が二人（従六品）、左・右の至霊が二人（正八品）、左・右の至義が二人（従八品）おかれた。

これらのほか、各城には僧協理・道協理がそれぞれ一人おかれた。

さらに道教では、龍虎山正一真人（正三品）、同提点・提挙・法籙局提挙がそれぞれ一人、副理一人、賛教四人、知事一八人がおかれた。

なお、台湾国史館編『清史稿校注』に拠れば、以上に加えて清代も明代同様、地方に僧道官がおかれた。すなわち僧官として府に僧綱司都綱・副都綱、州に僧正司僧正、県に僧会司僧会が各一人ずつ、そして道官として府に道紀司都紀・副都紀、州に道正司道正、県に道会司道会が各一人ずつがおかれた。

明清時代の道士の世界における位階制度は、正一教と全真教では異なる形式で伝承された。正一教は従前の道士のように、符籙の授与に基づく「授籙」制度がおこなわれた。一方全真教では、清初の王常月の戒律整備を経て、初真戒・中極戒・天仙戒の三ランクの戒律授与に基づく「伝戒（授戒）」制度がおこなわれるようになったようである。すなわち清代には正一教とは別に戒律の授与に基づく位階制度が形成された。ただし清末民国初以前の具体的状況については、「授籙」「伝戒」とも資料がほとんどなく、不明な点が多い。

2 正一教系諸派

龍虎山正一教

元代に龍虎山を本拠地として江南道教の領袖(りょうしゅう)となっていた正一教の張天師は、続く明代でもほかの江南諸派を傘下に収めるかたちで同様の地位を保つことになる。

第四十二代正一天師の張正常(一三三五～七七)は、朱元璋がまだ呉国侯の頃より使者を送って拝謁したとも、朱元璋側から再三招聘(しょうへい)があったともされるが、明が建国された洪武元(一三六八)年には早速祝辞を述べに入朝した。このとき太祖は、「天師」の称号については「天に師があろうか?」ときらってこれを改めて「真人」の称号を授けたが、あわせて銀印と視二品の官品を賜った。また五(一三七二)年には勅により天下の道教を司るよう命じられた。その後、基本的に明代を通じてこの張氏の子孫が正二品の「龍虎山正一真人」を継承したが、これは常設の道士の官職としては最高の品秩であり、政治上道教界の領袖と目されることになる。

第四十三代は張正常の長子、張宇初(?～一四一〇)である。太祖は彼の奏上により龍虎山上清宮を重建するなどで父と同様に厚遇したが、次の恵帝のときには不法のことに坐して罪せられ、真人号と職掌を剝奪される。しかし成祖永楽帝が即位すると再びもとに戻された。成祖からはあらためて道教界の棟(とう)梁(りょう)として重視され、道蔵の編纂を委ねられたほか、成祖の尊崇する張三丰の捜索を命じられるなどした。

また、全真教をはじめ清微派や浄明道の教法にも通じた劉淵然に師事するなどしつつ、正一教のみならず道教のさまざまな教法に精通した。その学識は多くの著作に発揮され、『峴泉集』『道門十規』などを残した。

その後も正一真人は代々同様の地位を継承したが、同時にその地位を悪用した行為も顕著になっていく。第四十六代の張元吉は勝手に天子の車に乗り、勅書を書き換え、他人の子女や財物を奪い、はては自宅に牢獄をおいて四十余人を殺すなどの数々の横暴を働いた。これが奏聞され、朝廷で百官を集めてはかって死刑に処すことになったが、賄賂工作などで何とか死は免除されたという。しかしその地位は族人の張元慶に譲り、自身は二年の投獄と棒罰百杖のうえ、庶人とされた。第四十八代の張彦頨は世宗嘉靖二（一五二三）年に「大真人」の号を賜り、かつ世宗嘉靖帝が神仙を好んでいることを知り、さまざまに帝に迎合する振舞いをみせた。これらの正一真人のあり方に対して宮臣たちの不満はしだいに蓄積していき、世宗が没して穆宗になると、吏部主事の郭諫臣から代々「真人」に封ずる習慣を廃止すべきと上奏があった。その結果、第五十代張国祥のときに「真人」号を廃止して上清観提点とし、品秩を五品とした。ただしほどなくして神宗の万暦五（一五七七）年に「真人」号は復活させられた。五十一代は国祥の子、張顕庸（生没年不詳）で、読書を好み、『三教同途論』『金丹辯惑』などがあったというが、伝わらない。

なお、張氏以外の正一教道士としては、前述のように世宗朝の邵元節および陶仲文がとりわけの栄達を遂げた。

このような明代の正一教と龍虎山の張氏のあり方について、張正常らの伝を載せる『明史』巻二九九は、「張氏は正常以来、別にさまざまな神異があるというわけでもなく、符籙に頼るだけであり、雨を祈り鬼神を駆るとたまに効験があるというくらいであった。代々伝襲してすでに長い歴史を経ていることに鑑み、結局廃されることはなかった」とまとめている。

明清の交代期、第五十二代の張応京は明朝の思宗崇禎帝から召されて朝廷で祈禱などをおこない、それなりの礼遇を得たが、三官神に対する封号を求めて却下された(『明史』巻二九九)。一方、清朝が優勢になると入賀し、清朝側も長い伝統をもつ張氏の勢力を歓迎し、清の入関の当初は一品という破格の高位を与えられた。

こののち、張氏の家系は清朝の厳しい統制政策のなかで細々と伝承を続けていくが、正一教系道士でもっとも栄華をみたのは婁近垣(一六八九~一七七六)であった。彼は第五十五代の張錫麟に従って入朝し、雍正九(一七三一)年に帝の求めに応じて北斗を礼する祈禱をおこなった。これがおおいに効果があったとして褒賞され、四品の品秩と妙応真人の号などを授けられた。さらに彼の言行は、錬丹を好まず禅を好む世宗雍正帝の嗜好に合致したことも手伝い、道士としては別格の寵遇を得た。この勢いは次の高宗乾隆帝の時代まで続き、正一真人の張氏が五品に格下げされると婁の官位はそれを凌ぐこととなった。清代の正一教道士として唯一著作を残したが、そのなかでも『龍虎山志』は龍虎山と正一教の歴史を記した貴重な資料として知られる。なお、彼は龍虎山中に存在した紫微派(南宋の留用光を継承する)・霊陽派(不詳)・虚靖派(南宋の張継先を継承する)の三派を統一してあらためて派詩(各派の教義を要約した詩で、所属する道士の法名はこのなかの文字を使う）をつくって同一派とした（『龍虎山志』巻三）。これは正乙派と呼ばれたようである（「諸真宗派総簿」）。

このほか、各地の正一教は清朝の政策により総本山の龍虎山と切り離されたが、これにともないおのおのが分派となっていったようである。

茅山上清派・閣皂山霊宝派・武当山

宋元時代に龍虎山とともに権威をもった茅山・閣皂山は、明王朝になると特別に正八品の道官である「霊官」がおかれ、引き続き他の地域の道教とは一線を画す高い権威をもった。また、太和山すなわち武当山にも中央官署に属する提点がおかれたことは、この地にもやはり別格の地位が与えられていたことを示している。

明代以降の茅山の状況の詳細は現在必ずしもはっきりとはわからない。元の第四十五代宗師劉大彬より明の憲宗成化帝の頃まで、一四三年のあいだに「宗師」は一三人続いたというが（光緒丁丑重刊『茅山志』陳鑑序）、具体的状況はわかりにくい。明代の後半になると全真教が流入して正一教と混在する状況となり、茅山山中には正一教の三宮と全真教の五観が共存した。三宮とは茅山全域を管轄する元符万寧宮（陶弘景が茅山にきて最初に結んだ庵）、および崇禧万寿宮（陶弘景が建てた華陽下館）、九霄万福宮（大茅峰山頂）の大宮観であり、五観とは乾元観（宋の朱観妙創建）、玉晨観（東晋の許謐の山荘）、白雲観（宋紹興年間創建）、徳祐観（二茅峰山頂）、仁祐観（三茅峰山頂）をいう。明初より設定された正八品の茅山霊官は元符宮の道士から選任された。鄧自名をはじめに薛明道、陳徳星、任自垣（のち武当山へ移る）、王克玄より以下、清の康熙年間の丁昌胤まで三〇人程の名がわかっている。また従八品の副霊官もあったとされ、これは崇禧宮の道士から選任されたといい、王允恭以下一〇人程の名が知られる（清・笪蟾光『茅山志』道秩考）。正一教としての茅山道教の領袖はこれらの人々ということになるのであろう。

茅山の全真教は、嘉靖から万暦年間にかけて武当山の閻希言（?～一五八八）がやってきて乾元観に住してより伝わった。門下の舒本住、江本実より王合心、李教順と伝承された。この一派は閻祖派と呼ばれる。また明末に龍門派第七代の沈常敬が茅山へやってきて孫守一、黄守元を第八代、閻暁峰が第九代として続き、孫と閻は乾元観に住した。清の康熙二（一六六三）年には龍門派第七代の王常月が弟子を率いて茅山へきて戒律を伝授した。このとき、孫守一および笪蟾光（一六二三～九一）が授戒に与ったようである。笪蟾光は清初までの茅山の歴史を新たに『茅山志』にまとめた。

閤皂山は、元末の鄭克明の変によって建物のほとんどが破壊されたが、明の洪武初年に道士徐麟洲がやってきて再興した。洪武十七（一三八四）年には第五十代の李半仙が閤皂山霊官となり、王圭石が副霊官となった。洪武二十七（一三九四）年にはこれに代わって張尊礼が霊官となった。その後、宣徳年間（一四二六～三五年）の初めには黄谷虚が第五十二代宗師とされた。宣徳八（一四三三）年には火災で諸殿が焼けたが、まもなく黄谷虚が復興した。その後も代々一定の活動は継承されたが、嘉靖年間（一五二二～六六年）に税が厳しく課せられるようになると道士たちはほとんどが逃げ去り、一人二人が残るのみとなった。万暦十四（一五八六）年、閤皂山に遊んだ兪策は当地にいた道士より得た古い記録を増補して『閤皂山注』をつくったが、この頃にはただ仙公(葛玄)殿、東岳殿、丹井が残るのみであったという。その後、清の康熙五(一六六六)年に施閏章(一六一八〜八三)は兪策の『閣皂山注』を校訂して『閣皂山志』としたが、この頃になるともはや殿宇はなく丹井が残るのみであったという。しかし、嘉慶二十三(一八一八)年に道士周歩雲が寄付を募って崇真宮を再興した。さらに清末から民国初の頃、住持の欧陽明性がこれに修復を加えたとされる(以上、傅義校補『閣皂山志』による)。

武当山(太和山)は現在の湖北省十堰市に位置する。宋代より真武神信仰の総本山であり、のちに明朝第三代皇帝の成祖永楽帝となる燕王が第二代の恵帝に対して兵をあげた「靖難の変」の際に真武神の加護があったとして国家的信仰が高揚した。成祖は即位後に山中に数々の巨大な宮観を増築し、さらに江南三山にも準ずる地位に引き上げられ、中国屈指の道教の聖地となった。著名な道士の張三丰が一時居住したことも成祖が強い関心を向けた一因であったといわれる。この武当山は元代より清微派と全真教が入って両者は混在していたが、明初に正一真人張宇初は正一教の道士の孫碧雲(?〜一四一七)を派遣して武当山の南岩宮の住持とし、永楽十一(一四一三)年に彼は道録司右正一とされた。この孫碧雲の門下は一派を成し、「榔梅派」もしくは「本山派」と呼ばれた。また永楽十一年に太和山玉虚宮提点となった任自垣(?〜一四三〇)は武当山の歴史をまとめ、『太岳太和山志』を編纂した。明王朝を通じて武当山に対する信仰は非常に篤く、常時特別の宮臣を派遣して「提督」として武当山のいっさいの事務を取り仕切る制度を敷くなどした。清代には王朝のバックアップはなくなるが、真武神の信仰は一般に普及しており、清末には楊来旺(?〜一九〇九)、徐本善(一八五一〜一九三二)らが民間の援助で諸殿を修復しつつ継承された。清代には王概『大岳太和山紀略』(一七四四年)が編纂された。

南昌西山浄明道・清微派・神霄派

明清時代の浄明道の歴史を知るうえでまず第一に参考にされるのが、清の胡之玫ほか編『浄明宗教録』および金桂馨・漆逢源編『逍遥山万寿宮志』であるが、この書では許遜二伝とする劉玉、三伝の黄元吉、四伝の徐異に続いて元末明初の趙宜真、劉淵然を続けてあげている。

趙宜真(号は原陽、?〜一三八二)は大病の最中の夢に見た神人の言葉を機に曽真人(『浄明宗教録』の説)あるいは許真君(『万寿宮志』の説)に従って浄明忠孝道法を授かったという。『万寿宮志』の伝にも記されるように、清微派、全真教北派、同南派などの教法を広く兼修した人であった。劉淵然(一三五一〜一四三二)は趙宜真に直接師事し、趙と同様にさまざまな教法を兼修した。『浄明宗教録』『万寿宮志』はともに呂洞賓や白玉蟾も祖師に準ずる扱いをしているが、この頃には祖師や教法もやや雑然としたものになっていったようである。『浄明宗教録』巻七では、久しく落ちぶれておこなわれなくなっていた浄明の道が今おおいに世に顕れたのは趙宜真の振起の力によるものだと述べ、浄明を学ぶ者は一派を嗣ぐ祖師として彼を尊んでいるとしている。

その後も浄明道の教法は西山万寿宮や南昌鉄柱宮などを根拠地として継承された。明の万暦年間には彭又朔があらわれたが、この頃南昌にいわゆる「龍沙の讖」(贛江に大きな中洲があらわれると浄明道が興隆するという伝説の瑞祥)があらわれたとされ、「時来たり」として弟子が多く集まったという。このほか

南昌西山万寿宮高明殿　許遜を祀る主殿。

にも明末に浄明の旨を慕って西山にきて二九年暮らしたという不思議な道士、張逍遥（一五九五～一六六一）などがあった（『万寿宮志』巻五）。明末清初には全真教が入ってきて、西山の道教は従来の浄明道系の「演教」と「全真」との二系統ができた。「演教」はおもに万寿宮の住持の道官で、鄒通玄、陳啓忠、宋碧山、李啓玄らが綿々と続いた。これらの人々の多くは南昌府の道紀司に任ぜられた。「全真」は孔常桂、龍門派第八代の徐守誠、周徳鋒、岑守静らがでるなどで、やはり綿々と続いた。周徳鋒と同門に胡之玫（法名は胡徳周）があり、『（太上霊宝）浄明宗教録』一〇巻を編纂した。

明代の清微派について考える場合も、まずは趙宜真が重要である。彼は清微派関係の著作も数多く手がけ、『道法会元』のなかにかなりの数が残されている。『道法会元』は清微派主導で編纂されたものと考えられるが、その背景には趙宜真の強い影響が看取できる。例えば『道法会元』中の清微派の著作において、祖舒や黄舜申らを列べる祖師の系譜の末尾に趙宜真の名をあげている場合が数多くみられる。趙宜真の弟子の劉淵然も道録司左正一・領道教事として道官の位を極めつつ明初の政界で権勢を誇り、彼が深く関与した全真教や浄明道のみならず清微派の影響力も高めた功労者といえる存在である。あるいはまたその弟子の正一真人張宇初も道教界における清微派の地位向上に影響力をもったと考えてよい。さらに世宗朝で寵遇を得た邵元節は「清微妙済守静修真凝玄衍範志黙秉誠致一真人」、その弟子の陳善道は「清微闡教崇真衛道高士」の封号を賜っており（『明史』巻三〇七）、清微派として考えることもできよう。

北京東岳廟は前述のように道官を統轄する中央官署がおかれたが、ここは代々清微派の道士が方丈（住持）を勤めたようであり、それが清微派の一支をなしていた。東岳廟の由来する南京朝天宮の道録司の右玄義であった禹貴黌を「明朝清微派第一代」とし、第四代の劉守誼、第五代の都全祐・李全安・朱全祐より以下第二十一代の鄭吉年までほぼ歴代の位牌が近年まで残されており、そのなかには左至霊など道官としての官名が記されているものも少なからずみられる（小柳司気太『東岳廟志』第三・方丈「霊済先祠神牌表」）。清微派の個々の系譜をつまびらかにすることは困難であるが、民間でも雷法を操る道士の多くにその教法は伝承されたようである。民国十五（一九二六）年に北京白雲観で抄写された当時の道教の総合的な宗派録「諸真宗派総簿」には八四の宗派名が載せられるが、そのうちの八つが清微派である。これは正乙派と並んで最多である。

神霄派とその教法の雷法は、概して明確な伝承系譜を残さずに道教界に広く拡散した。明代に「神霄」の名とともに歴史の表舞台にあらわれたのは陶仲文であった。陶仲文は前述のように世宗嘉靖帝の時代に邵元節の推薦によって登場した。彼は世宗にまみえてすぐに意にかなない、「神霄保国宣教高士」、次いで「神霄保国弘烈宣教振法通真忠孝秉一真人」の封号を賜り栄華を極めた。これらの封号は彼の教法と無関係ではないであろう。さらに彼の師である万玉山には「清微神霄演法真人」の称号を賜った。

明清時代に神霄派を伝えた具体的な場としては、蘇州玄妙観が知られている。清・顧沅『玄妙観志』には、かつて王文卿や莫月鼎ら神霄派の著名な道士が去来したことをあげつつ、明代以降も周元真、胡道安、顧元本、張皮雀らがその地で代々教法を相承したことを述べている。清代になるとやや衰えた玄妙観に施道淵（?〜一六七八）がやってきて復興した。彼は全真教龍門派の王常月より戒律を授かったともいわれるが（『金蓋心灯』）、十九歳で龍虎山の徐演真に五雷法を授かり（『玄妙観志』）、穹窿山（現在の江蘇省呉県市）に住した。のち太傅の金之俊の招きで玄妙観に移り、殿宇の修復と拡張に尽力した。その後も胡徳果、潘元珪、恵遠謨、張資理、施神安らへと続く嘉慶年間までの系譜が残されている。施道淵以下の人々は神霄派の穹窿山派とも呼ばれる。また恵遠謨、張資理は正一教の婁近垣の派下にも属する。

このほかにも各地の地方誌などには五雷法を使う道士の伝が数多くみられ、明清の道士への浸透ぶりがうかがえる。また神霄派の経典『九天応元雷声普化天尊玉枢宝経』（略称は『玉枢経』）は雷法の経典の代表として明清時代に数多くの版本がつくられ、今日でも各地で伝承されている。

3　全真教系諸派

全真教と龍門派

正一教とともに道教界を二分することになったのが全真教であるが、「龍虎山正一真人」に対応するような常設の道官が設けられることもなく、政治的地位は相対的に低く、具体的な状況もわかりにくい。

明初に名を馳せた全真教系道士としては、張三丰が第一である。師承関係ははっきりしないが、彼を取り巻く諸条件から全真教に属するとみなすのが適当である（陳教友『長春道教源流』巻七）。あるいは華山の陳摶の教法を受け継ぐ火龍真人なる人物に師事したともいわれる。前述のように武当山の諸道観の復興を手がけるなどの活動をおこない、成祖より篤く尊崇されて後世に名をとどろかせた。清の李西月は張三丰を継承する一派を隠仙派もしくは猶龍派と呼ぶほか（『張三丰全集』）、彼に連なるとする三丰派や自然派、日新派などが形成された（「諸真宗派総簿」）。張三丰のほかにも初期全真教の禅宗的教法を発揚する何道全があり、『随機応化録』『道徳経註』などを残している。また『長春道教源流』は趙宜真―劉淵然―邵以正の系譜について、正一を兼ねるけれども本筋は全真教だとしている。前述のように劉淵然

張三丰　放浪の生涯を象徴する旅姿の像。

は正一真人と同じ正二品を授けられ、道官の最高位である道録司左正一に任ぜられ、領天下道教事とされた（「龍泉観長春真人祠記」『明史稿』など）。しかし、この全真教と劉淵然について明の王世貞は、「全真教は天下に広まって元朝と隆盛をともにしたが、明代になってからいささか衰えた。劉淵然は尊崇されたが、それでも完全には全真教の隆盛を回復することはできなかった」（「游白雲観記」）と評している。

北京には全真教三大祖庭の一つであり、丘処機の遺骸が眠る長春宮が存在したが、その東側に丘処機の弟子の尹志平が白雲観という小院をつくった。元末以来の戦乱などで長春宮は荒廃したが、明になって燕王（のちの成祖）が長春宮の復興の命をくだし、破壊の少なかった白雲観を中心にたびたび大規模な修復事業がおこなわれた。その後、この地はもはや長春宮ではなく白雲観と呼ぶのが通例となった。ここは歴代方丈が住して守ったはずであるが、明代の人的状況は不明である。

明代後半以降、全真教のなかの一派として丘処機を祖とする龍門派が世に知られるようになる。龍門派は第一代を丘処機の西遊にも同行した門人の趙道堅とし、以下第二代張徳純、第三代陳通微、第四代周玄朴と継承されたとするが、これら初期の伝承の真偽はつまびらかではない。第七代に王常月（？〜一六八〇）がでて北京白雲観に入り、かつて師の第六代趙真嵩から伝授された戒律を説き示し、門徒は千余人を数えたという（「崑陽王真人道行碑」）。『金蓋心灯』の趙道堅伝や王常月伝では、この戒律が丘処機以来ひそかに伝えられた初真戒・中極戒・天仙戒であり、王常月はこれを三度登壇して伝授したとされているようである。彼の活動は世祖順治帝の支持を得て一時の隆盛を誇り、全真教の中興と称される。白雲観の方丈は彼の門徒の譚守誠（？〜一六八九）に受け継がれたが、その後もこの系統が方丈を繫いだうえ、観内の祠堂には王常月の前に趙道堅以下の龍門派の祖師たちを列べ、歴代の方丈のような形式で位牌が奉られていた（『白雲観志』巻二「歴代方丈」）。王常月はその後も各地に赴いて戒律を伝授し、龍門派を広めた。その南京における説法が『碧苑壇経』（別名『龍門心法』）として残っている。清代以降の全真教はこの龍門派が中心となり展開していくことになる。

なお「龍門派」の呼称は隴州（現在の陝西省隴県）の龍門洞で丘処機が修行したことにちなむとされるが、ここを本拠地としているわけではない。龍門洞に道観が完成するのは元初であり、かつその後は長い沈黙があり、明末頃になってようやく活動を再開する。

この龍門派の歴史をまとめた著作として、同派第十一代の閔一得（一七五八～一八三六）による『金蓋心灯』があり、第一代の趙道堅から第十四代まで一〇〇名近い道士の伝記を載せている。ここには龍門派の初期の伝統が王常月に収斂し、かつそこからあとに広がっていく図式が示されている。各伝をまとめるにあたって数多くの書物が参照されているが、なかでも王常月が作成した史書『鉢鑑』と、これを承けた范太清『続鉢鑑』に多く負うていることが一因であろう。『金蓋心灯』によれば、王常月の門下から龍門派の支派が数多く発生した。例えば、黄守正は「蘇州滸墅関太微律院支派」を開いたとされ、また陶守貞（一六一二～七三）は「金蓋山雲巣支派」を、呂守璞は「蘇州冠山支派」を、金筑老人は「余杭金筑坪天柱観支派」を開いた等々とされる。同じく王の門下に黄守元があり、その弟子の周太朗が杭州金鼓洞支派を開くが、その門下の沈一炳の弟子が閔一得である。閔一得は編著書『古書隠楼蔵書』など数多くの作品を残した。なお、第四代の周元朴から王常月たちとは別の系統が分かれ、第五代に沈

コラム　全真教の道観内の組織

清の梁教無らの編集による『玄門必読』には、清代後期頃の全真教の叢林（大道観）に以下の執事（職事）がおかれていたことを記している。知観、当家、都管、巡照、知客、庫房、書記、経主、化主、総理、堂主、典座、賑房、殿主、副経、静主、夜巡、行堂、浄頭、都厨、巡寮、柴頭、菜頭、飯堂（頭？）、門頭、園頭、香灯、買弁、収供、値歳、水頭、碗頭、庄頭、茶頭、司鐘、伙（火）頭、貼庫、侍者、支随、司鼓。おのおのの具体的な仕事は字面から推測するしかないが、おもな執事には次のような説明がある。主経（もろもろの執事を監督する）、副経（厨事の鑑察）、侍香・殿主（殿内の香灯・供物担当）、典座・飯頭（食事係）、茶頭・水頭（茶湯係）、火頭・浄頭（竈の係と清掃係）、庫房（銭銀糧米の管理出納）、買弁（食糧・供物・什物などの購入）、化主（募金係）、知客（接客係）、書記（疏文などの書写）、都管（道観のいっさいの事務の監督）、当家（道観の棟梁）、静主（静坐の指導係）、巡照（規律違犯の取締り）、舂米（砂石を除き米穀を管理）、菜頭（野菜の栽培）、知山・巡山（道観の樹木の管理）、等々。

現代の全真教十方叢林（各地からきた出家道士が集団生活を送る大道観）の管理組織として、閔智亭『道教儀範』の「十方常住執事体制」を紹介しておく。八大執事として客（客堂）・寮（寮房）・庫（庫房）・賑（賑房）・経（経堂）・典（大厨房首領の典造）・堂（十方堂）・号（号房）があり、その大枠の中に三都（都管・都講・都厨）、五主（堂主・殿主・経主・化主・静主）、十八頭（庫頭・荘頭・堂頭・鐘頭・鼓頭・門頭・茶頭・水頭・火頭・飯頭・菜頭・倉頭・磨頭・碾頭・園頭・圊頭・槽頭・浄頭）などがあるとする。詳細を示すと以下のようになる。

主要な執事の組織図

（[ ]は八大執事の部署）

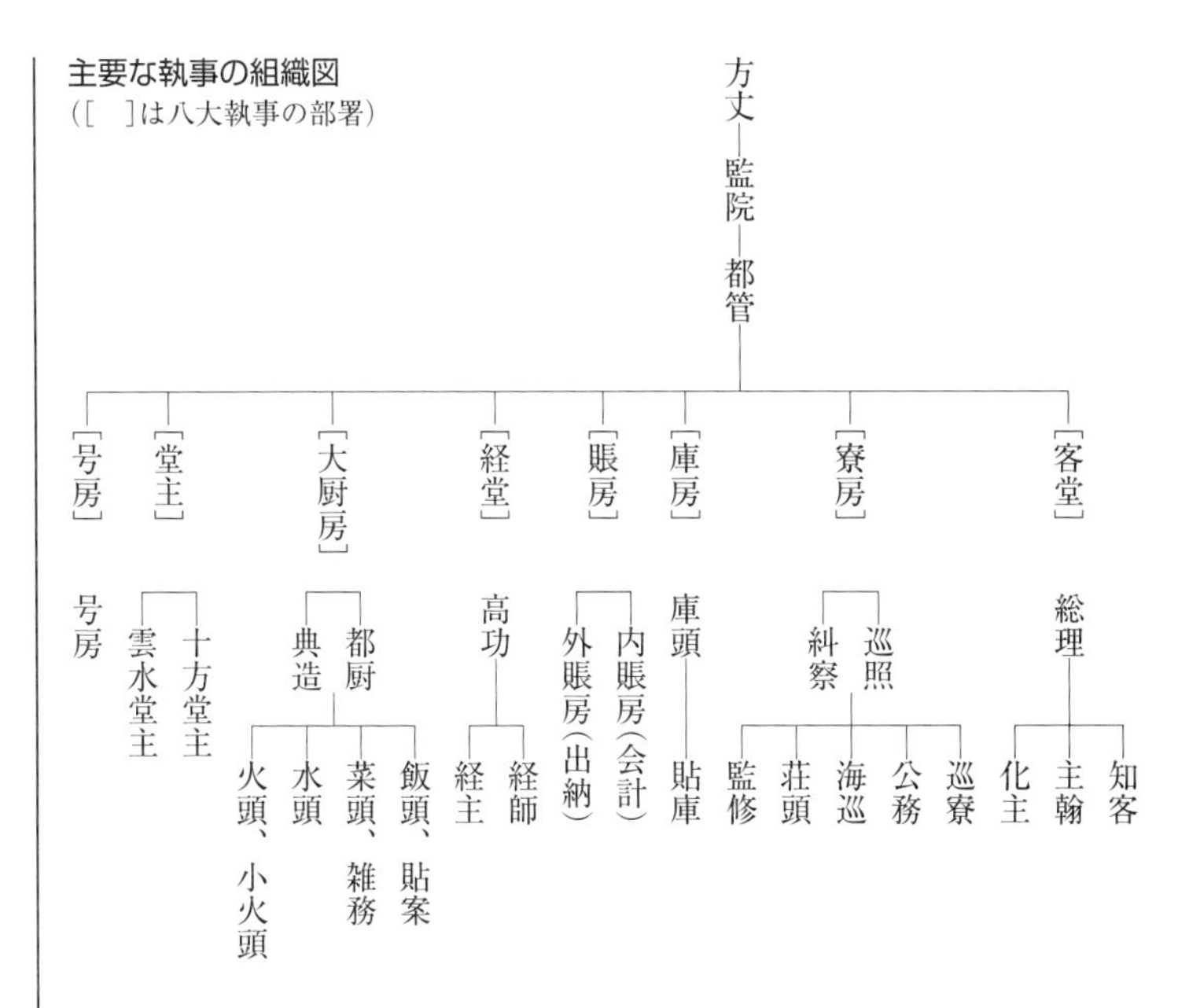

各執事とその役割

1 方丈(法統と戒律を継承し伝授する教主) 2 監院(道観の棟梁) 3 都管(道観道士の管理統率) 4 都講(諸殿諸堂の管理) 5 都厨(厨房の管理) 6 静主(静坐修行の管理) 7 殿主(諸殿の清掃整備) 8 経主(経典の管理) 9 化主(一般の募金・教化) 10 高功(大小の法事の主持) 11 経師(経典の読誦朗唱) 12 提科(朗詠と木魚) 13 表白(経典の読上げ) 14 総理(客堂の首領) 15 知客(客人の応対) 16 巡照・糾察(宿舎の首領) 17 巡寮(宿舎の事務) 18 海巡(諸殿諸堂の事務全般) 19 公務(田畑山林などの不動産管理) 20 荘頭(農具や雇い農夫の管理) 21 庫頭(儀式の供物や器物の管理) 22 賬頭(帳簿管理・財務) 23 典造(典座，食事係) 24 堂主(雲水の接待・管理) 25 号房(雲水の面接) 26 監修(建築や土木関係の補修) 27 主翰(書状の作成) 28 買弁(物品の購入) 29 貼庫(庫頭の助手) 30 坐圜堂(修行堂担当) 31 茶頭(茶の係) 32 洒掃(建物の掃除) 33 磨頭・碾頭(米穀を研ぐ係) 34 園頭(野菜畑の管理) 35 水頭(飲食の水の管理) 36 火頭(調理の火の管理) 37 圊頭(厠の管理清掃) 38 夜巡(夜回り) 39 鐘頭(鐘で時を知らせる) 40 鼓頭(鼓で時を知らせる) 41 巡山(山林樹木の管理) 42 行堂(斎堂の衛生管理) 43 堂頭(斎堂の主) 44 雑務(厨房の雑務) 45 門頭(山門の門番) 46 鐘板(大道観で鐘と板による号令を担当)

静円、第六代に衛真定、第七代に沈常敬と続く系譜もあり、沈は晩年に茅山に居し、茅山に龍門派が伝わったとしている。

全真教七真人の諸派

いつの頃からかは定かでないが、おそらくは龍門派と同じ頃、やはり全真教の七真人のそれぞれを開祖とする全真教の分派の説がおこなわれるようになったと推測される。それは劉処玄の随山派、譚処端の南無派、馬鈺の遇山派、郝大通の華山派、王処一の嵛山派、孫不二の清静派であり、龍門派と合わせて七派である。これらは遅くとも清代後半にはそろって存在したことは確かであり、閔一得『清規元妙全真参訪外集』(一八三五年自序)に列挙され、それぞれが「歴い伝えて綿久しい」と述べられている。

龍門派に次いで勢力があったのは、華山派である。民国時代に白雲観に所蔵されていた同治十(一八七一)年から民国十六(一九二七)年までの授戒者の記録「登真録」に基づいた統計に拠れば、龍門派が二五二三人と圧倒的に多く、次いで華山派の五〇五人、そのほかの七真諸派は随山派が一一〇人、遇山派が四七人、嵛山派が二六人、南無派が二二人、清静派が四人となっている。ただし、龍門派には数多くの資料が存在するのに対し、華山派に関してはその実情をうかがう資料はほとんど残されていない。雍正から乾隆年間頃に浙江の高池山や大滌山に住した貝本恒(一六八八～一七五八)が華山派の後裔でありまた郝大通を祖とするとされるが(『金蓋心灯』巻三「樊初陽伝」、同巻四「沈軽雲伝」、『長春道教源流』巻七「貝本恒伝」)、そのほかの人物を探すのは難しいようである。なお郝大通の伝記類には元来華山と関係する内容はみえず、なぜ華山派と称するのかも不詳である。

龍門派以外の七真諸派のなかで唯一、明清時代を通じた伝承記録が残されているのが南無派である。清末から民国にかけて生きた南無派道士の劉名瑞（一八三九〜一九三二）に『南無道派宗譜』があり、譚処端を初代、譚に師事したという張本霊（一三〇四〜？）を第二代とし、以下第三代を李崇瑶（一三五三〜？）、第四代を王真一（一三六二〜？）、第五代を楊理信（一三八五〜？）として代々一人ずつを逐一列挙し、清代半ばからは第十六代を邢功広（一七二三〜？）、第十七代を高成岳（一七六〇〜？）、第十八代を曽必先（一七九一〜？）、第十九代を甄有虚（一八一九〜？）、そして第二十代を劉名瑞としている。ただし張本霊の生年は譚処端の没年のあとであることをはじめ不審な面があり、また劉名瑞より前の人物の実態はほとんど不明である。劉名瑞は『道源精微歌』などの内丹法の著作を残したが、自ら「予は龍門に演法し、南無に受法す」と述べるように、南無派の教法を受けたが、方法論は龍門派のそれを展開している。さらに彼の弟子の趙避塵も南無派ではなく龍門派を自称しているなど、龍門派の影響力の強さがうかがえる。なお南無派の名の由来は、劉名瑞によれば、「心火（五方でいえば南）を滅する（無）」という内丹修養的な意味が込められているという（『道源精微歌』跋要など）。

龍門派の傍系と各地への拡大

龍門派は、『金蓋心灯』の系譜のみならず、中国各地に幅広く展開した。

嶗山は現在の山東省青島市東部にあり、かつて丘処機や劉処玄が往来するなどで全真教とは初期から一定の関係があった。龍門派第四代の孫玄清(一四九六〜一五六九)、号は金山は、山東の青州の出身で、嶗山明霞洞で出家し、龍門派第三代らしき鉄茶山雲光洞の通源子より「五行前後昇降出入天門運籌の法」を教わるなどしつつ二十余年修行を積んだ。のち張斗蓬の口訣を得て目が開け、明霞洞へ戻って嘉靖二十一(一五四二)年に心身を貫く悟りを得たという。三十七(一五五八)年に北京白雲観で一年間禅定しておおいに霊異をあらわし、都の干魃を祈雨で救った功で天子より護国天師左讃教主紫陽真人に封ぜられた。その後、彼の法孫は金山派あるいは嶗山派と呼ばれ、嶗山を中心としつつおもに華北に広まった。

青城山は蜀の中心都市であった成都の郊外にあり、古くから張道陵修行の地、あるいは第五洞天として知られたが、唐以降に五岳を補佐する三つの佐命山(青城山・廬山・潜山)の一つとしても尊ばれ、また五代に杜光庭が住まい、宋元の頃には蜀を代表する道教名山として隆盛を極めた。のちに明末の戦乱によって山中の道観の多くが破壊され、それとともに多くの道士が去ったが、清初に武当山の全真教龍門派道士、陳清覚(一六〇六〜一七〇五)がやってきて常道観を中心に復興し、その後はここが青城山の中心となった。聖祖は康熙四十一(一七〇二)年に彼を「碧洞真人」に勅封した。そのため彼の門下は全真教龍門派の碧洞宗と呼ばれる。以後の青城山の道士はほとんどこの碧洞宗に属することになり、青城山の道教はほぼ全真教となった。

羅浮山は広東省博羅県にあり、晋の抱朴子葛洪の終焉の地として、また第七洞天として知られた。南宋には内丹道南宗の陳楠や白玉蟾も去来するなどで広東随一の道教の名山として知られた。清代に入り、康熙年間(一六六二〜一七二二年)に全真教龍門派第十代の李清秋の弟子という曽一貫がやってきてこの地

羅浮山沖虚観
南方全真教の本拠地。

の中心的道観である沖虚観の住持を委ねられ、その後酥醪観、九天観、黄龍観、白鶴観の住持をあいついで務めた。酥醪観は宋以後すたれていたのを弟子の柯陽桂(一六九三〜一七四五)に復興させ、次いで柯の再伝弟子の童復魁(一七〇四〜一八〇二)、その弟子の江本源(?〜一八一六)、頼本華、余明志(?〜一八七四)らが住持を務め、陳教友(俗名では陳銘珪、一八二四〜八一)へと伝わった。元来は儒生であった陳教友は、『長春道教源流』を著し、長春真人丘処機の一派すなわち龍門派の系統の歴史について、『金蓋心灯』とは違って文献資料を駆使して実証的にまとめあげた。この李清秋の一派は南宮派と呼ばれた(梁教無『玄門必読』)。

巍宝山は現在の雲南省巍山彝族回族自治県にある。中国西南地域に多く居住し、かつて南詔国を創建して唐王朝と拮抗した少数民族の彝族の発祥伝説をもつ聖地であった。この山には古来、祖先が龍から生まれたとする彝族が龍を祀った龍王廟がおかれていた。もともと南詔国を建国する細奴羅(在位六五三〜六七四)が老子に教えを授かったなどと述べる道教絡みの伝説もあったが、この地にも清朝の初期頃より全真教が流入してきた。当初は呂祖天仙派とされる人々がやってきたが、清代中期になると龍門派が大挙して流入してこの地を占領し、天仙派はほとんど消滅した。現在も山域に多くの道観があるが、呂洞賓・張三丰・五祖七真など全真教の教理や信仰に密接にかかわる道観や神像が多い（巍山彝族回族自治県県志編委会弁公室編『巍宝山志』）。

鶏足山は現在の雲南省賓川県にある。多様な仏教が集まる雲南のこの地で、密教系行法の西竺斗法の行者であった本名不詳、自称野怛婆闍（中国語で求道者の意味）は、鶏足山にちなんで一般に鶏足道者と呼ばれる。彼は順治十六（一六五九）年に北京を訪れた際、王常月に出会って弟子とされ、黄守中という法名を授かった。その後雲南に帰り、その教法は管太清、王清楚らの弟子たちによって継承された。この人々は、龍門派の一支の西竺心宗と呼ばれる。全真教の修行と仏教の密教が融合したユニークな内容であったとされる。

4 道教と明清社会・文化

三教帰一思潮と道教

明代から清代にかけて、禅的な思想傾向の強い王守仁（王陽明、一四七二〜一五二八）の陽明学の登場もあって、儒教と仏教は急速に接近した。これにともない三教帰一の主張が従来になく高まり、道教も儒教や仏教と一体化させて論じられる風潮が強まった。

内丹説を中心とした道教思想も陽明学と関係させられる場合がみられる。内丹説で三宝とされる

「神・気・精」について、王守仁は自身の教説の核心である「良知」に結びつけ、「そもそも良知は一つなのだが、それがすぐれたはたらきをする場合は「神」、流行する場合は「気」、凝聚する場合は「精」と言うのだ」(『伝習録』巻中)と述べた。その門徒でいわゆる王学左派の代表の一人、王畿(王龍渓、一四九八〜一五八三)はとくに内丹説に関心をもち、「性・命・神・気」について、「人の人たるゆえんは神と気にある。……神は性、気は命であり、良知は神・気の奥、性・命の霊枢である。良知が致されれば、神・気が交わり、性・命は完全となる」(『明儒学案』巻一二など)と述べる。また同じく門徒の朱得之(生没年不詳)は内丹的修錬と陽明学の帰一を説いて『宵練匣』をまとめたほか、『老子通義』『荘子通義』『列子通義』を著した。彼は黄宗羲をして「その学は頗る老氏に近い」と言わしめている(『明儒学案』巻二五)。

さらにいわゆる泰州学派の羅汝芳(一五一五〜八八)は三教を兼修し、顔鈞に師事して理学を談じ、胡宗正に師事して焼煉・採取・飛昇(すなわち道教)を談じ、玄覚に師事して因果・単伝・直指(すなわち仏教)を談じたといい、また扶乩に携わり、呂洞賓が終南山から書翰をよこしたなどと述べていたようである(『明儒学案』巻三四)。

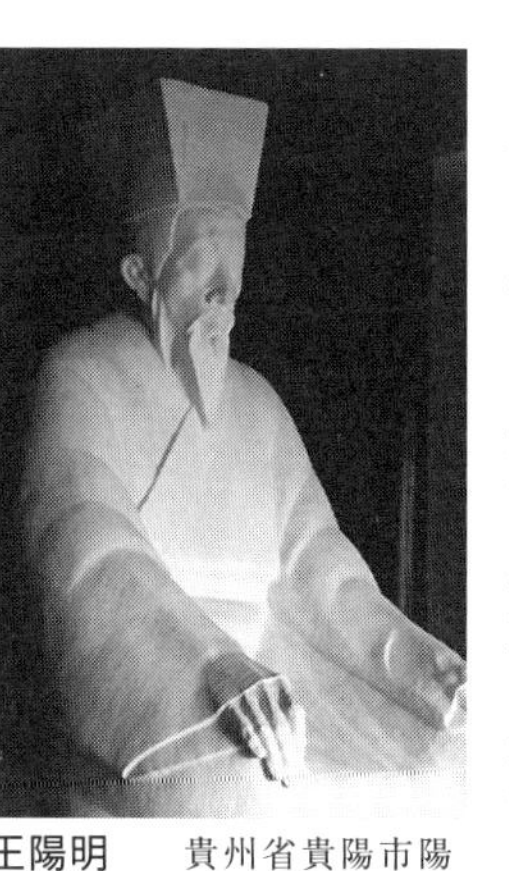
王陽明　貴州省貴陽市陽明祠。

また福建・莆田の林兆恩(一五一七〜九八)は三教一致説を基に三一教を創いた。三一教は一方で儒教中心を標榜したが、また一方で張三丰・呂洞賓らの道教系諸神の信仰も軸とした。

そしてこのような趨勢のなか、朱子学が基準のはずの科挙の答案も、明末には陽明学的な内容のものが評価され、さらには道教的な要素を含むものまで評価されるようになる。清初の顧炎武は、隆慶二(一五六八)年の会試の主考官であった李春芳が老荘を好んで模範答案に『荘子』の言葉を入れて示したできごとを取り上げつつ、それ以来五〇年にわたって科挙試験のテキストは仏教・道教の書となったと指摘している(『日知録』巻一八「破題用荘子」)。あるいは正史の『明史』にも、万暦十五(一五八七)年の礼部の語として、明初の科挙は六経(儒教経典)に基づいたが、しだいに脱線して仏経・道蔵の言葉まで用いられるに至ったと述べる記述がみられる(巻六九「選挙一」)。これらより当時の知識人の思想的風潮がうかがえる。

このほか仏教においても、仏僧が道教との通底を試みる場合がみられる。明末四大高僧の一人、憨山徳清(一五四六～一六二三)は『老子』『荘子』の注釈書を作成したほか、「観老荘影響論」を著して道教との影響関係を論じた。また清初の俍亭浄挺(一六一五～八五)は『漆園指通』(漆園は荘子を指す)を、聖可徳玉(一六二八～一七〇一)は『道徳経順硃』を撰述した。これらの書は道教経典の注釈であるにもかかわらず、新たに編纂された仏教の大蔵経(嘉興蔵、または径山蔵とも)に入蔵されることとなった。かつての偽経の類はともかく、大蔵経に道教系の文献が堂々と収録されるのは仏教史上前代未聞であり、やはりこの時代の気風を象徴しているといえよう。

扶乩の流行

扶乩は扶鸞ともいい、中国の民間で流行し、現在までおこなわれている神降ろしの方法である。二人もしくは一人の霊媒がT字型やY字型の乩筆（乩架）と呼ばれる器具を持ち、いわゆる自動書記によって砂の上などに神の言葉を記す。民間で比較的手軽におこなえるので、日本でいえば「こっくりさん」にあたるようなものといえよう。

これがいつ頃から流行するのかははっきりしないが、明代の中頃にはかなり一般化していたようであり、世宗嘉靖帝が寵遇した道士たちの記事にはしばしばあらわれる。例えば『明史』巻三〇七に拠れば、藍道行は「扶鸞術」によって帝より幸いを得たといい、また次いで胡大順、羅万象、藍田玉らが扶乩の術によって世宗に取り入ったことが記されている。さらに陶仲文も無関係ではなかったようである。

これは必ずしも道教としておこなわれたわけではなかった。例えば儒生が科挙の問題を神に問うケースはよくあったようである。また例えば明の周履靖は扶乩で文徴明や蘇東坡などの霊をおろし、それらが残した詩を集めて『群仙降乩語』を編纂するなどした。

この扶乩でもっともよく登場する神格が呂洞賓（呂祖）であった。明清期に扶乩であらわれた呂洞賓の言葉は、従来存在した呂嵒作とされる詩詞などと合わせて『呂祖全書』『呂祖彙集』などとして刊行されたほか、扶乩による呂洞賓の『道徳経』の注釈も複数でまわるなどした。

呂洞賓の扶乩による著作のなかでとくに著名なものの一つが、『太一金華宗旨』である。これは康熙七（一六六八）年以降三十数年にわたって毘陵（現在の江蘇省常州市）の周埜鶴、屠宇庵らによる扶乩活動にくだった呂洞賓らの言葉をまとめたもので、邵志琳の編集本（一七七五年）、蔣予蒲の編集本（一八〇三年）などがある。

またこの蔣予蒲（一七五六〜一八一九）は乾隆四十六年の進士であるが、仕官の一方で熱心に扶乩をおこない、教示を垂れる呂洞賓を初祖として自らを含む天仙派という一派を唱えた。さらに扶乩における呂洞賓の指示に基づき、清朝期に作成された最大の道教叢書となる『道蔵輯要』の編纂をおこなった。『道蔵輯要』は正統道蔵・万暦続道蔵の一部の経典に明清時代に新しくあらわれた全真教系を中心とする文献を加えて編集されたもので、清末に成都二仙庵で装いを新たにして重刊されいっそう普及した。

内丹法の普及

宋元時代からのことでもあるが、明清時代には内丹法は制度上の道士以外でも、一般の文人などに広汎におこなわれていた。なかには内丹関係の著作を数多く残し、後世から内丹法もしくは道教の一派とみなされる場合も出てくる。

明の陸西星（号は潜虚、一五二〇〜一六〇六？）は友人らと降霊活動をおこない、呂洞賓などから教示を得て『三蔵真詮』『賓翁自記』などを著した。またそれと前後して自ら内丹法の研究に没頭した。『老子道徳経玄覧』『周易参同契測疏』『金丹就正篇』『玄膚論』など数多くの著作を残し、叢書『方壺外史』にまとめられて刊行された。

また清の李西月（号は涵虚、一八〇六〜五六）もやはり同好者とともに呂洞賓や張三丰らの扶乩をさかんにおこないつつ独自の内丹法を説き、『三車秘旨』『太上十三経注釈』『円嶠内篇』などを残した。李西月は陸西星を意識していたことは、道号や著作の名などからうかがえる。

後世の人は、張伯端の南派（南宗）、王嚞の北派（北宗）に加えて、揚州（江蘇省）の陸西星を東派、楽山県（四川省）の李西月を西派と呼ぶ。

なお、出家ではなく在家の一般文人である陸西星の東派の内丹法は一種の房中術的技法をともなう陰陽（男女）双修法とされる。明代中期の孫教鸞の息子、孫汝忠が父の教えを敷衍したという『金丹真伝』も同様に陰陽双修法であり、東派とされることがある。また、清代後半に生きた傅金銓は『金丹真伝』をさらに敷衍したほか、数多くの内丹法関係の著述をおこない、『済一子道書十七種』にまとめられている。傅金銓も東派とされることがある。このほか、清初の人で孫教鸞の嫡派を得たという陶素耜（号は存存）は『周易参同契脈望』『悟真篇脈望』を著した。また『明儒学案』にも序文を記した黄宗羲の門弟であり、陶素耜とも親しい仇兆鰲（号は知幾、一六三八～一七一七）は、自らの注も加えつつ『古本周易参同契集註』『悟真篇集註』を編纂した。彼らも陰陽双修を説いた。

内丹法の図解　明末の代表的内丹書『性命圭旨』の「三家相見図」。

明の伍守陽（号は沖虚、一五七四～一六四四）は龍門派第八代とされ、『金蓋心灯』冒頭の龍門派系譜図には第七代の王常月（王崑陽）の門下の筆頭にあげられている。しかし自身の著作では丘祖北宗龍門派の張静虚（張虎皮）→李真元（李虚庵）→曹常化（曹還陽）→伍守陽と別系統の伝授を述べ（『仙仏合宗語録』）、独自の在家的活動を活発におこないつつ『天仙正理』などを著して体系的かつ詳細な内丹法の解説をおこなった。また清代中葉の仏僧で、修行途上で伍守陽に出会ったと称する柳華陽は『金仙証論』『慧命経』をつくり、伍守陽の説を基にしつつ絵図を用いるなどして内丹法をさらに明快に示した。彼らの内丹法は後世おおいに人気を博して「伍柳派」と呼ばれ、龍門派の内丹法の代名詞にもなった。

また、やはり清代半ばに劉一明（号は悟元、一七三四～一八二一）があり、龍門派に連なりその第十一代とされるが、道儒帰一的内容の著作を数多く残し、著名な内丹家として知られる。『修真辨難』『神室八法』『周易闡真』『孔易闡真』などの代表的著作は叢書『道書十二種』として刊行されている。

大儒が内丹法をおこなうことも別に不自然なこととは思われず、馮夢龍『王陽明出身靖乱録』では、かの王陽明が内丹修行のすえに可能となる陽神の出入を実践したと描かれている。

内丹法は医学の分野でも応用された。明の李時珍（一五一八～九三）は医を学ぶ者と仙を学ぶ者の双方に役立つようにと、内丹法の経絡説を取り入れつつ『奇経八脈考』を著した。また清の汪昂（一六一五～九五）は『勿薬元詮』のなかで薬を用いず病を未然に防ぐ方法として「調息之法」や「小周天」などの内丹法を紹介している。

小説・戯曲と勧善書

明清時代は『三国演義』『水滸伝』『西遊記』など今日まで親しまれている小説が数多くあらわれた時代であった。呉承恩『西遊記』は玄奘三蔵の西天取経という仏教故事を題材としているが、太上老君や玉皇をはじめとする道教系神仙も多く登場し、一般民衆の信仰世界にも大きな影響を与えた。このほか、八仙の得道物語の呉元泰『東遊記』(『八仙出処東遊記』)、真武神(玄天上帝)の成道昇仙物語の余斗象『北遊記』(『北方真武玄天上帝出身志伝』)、華光神(五顕霊官)の地獄救母物語の余斗象『南遊記』(『五顕霊官大帝華光天王伝』)もあらわれる。さらに呂洞賓の『飛剣記』、薩守堅の『呪棗記』などの物語がつくられ、神仙を題材にした小説が人々に親しまれた。なかでも明の陸西星作と伝えられる『封神演義』は『西遊記』と並んでとくに愛読された。両者は民衆の神仙世界のイメージ形成に大きく関与し、今日に至るまで道観に祀られる神々の顔ぶれにも少なからぬ影響を与えている。なお、『西遊記』は内丹術の修行法を暗示的に述べたものとして説明する劉一明『西遊原旨』、黄周星『西遊証道書』などもあらわれた。これらの小説は一般に「神魔小説」(魯迅の命名)と呼ばれている。

また、明代には神仙故事を題材にした戯曲も数多くつくられた。例えば谷子敬の「呂洞賓三度城南柳」「邯鄲道盧生枕中記」、賈仲明の「呂洞賓桃柳升仙夢」「丘長春三度碧桃花」、朱有燉の「呂洞賓花月神仙会」「張天師明断辰鈎月」「紫陽三度常椿寿」、朱権の「淮南王白日飛昇」等々がある。いわゆる「八仙過海」「八仙献寿」などのテーマも、京劇など各地の演劇でさかんに上演された。

明清時代は善書(勧善書)が広く流通した。宋代以来の『感応篇』(『太上感応篇』)に加え、明末清初に

『陰騭文』(『文昌帝君陰騭文』)、さらに清初に『覚世経』(『関聖帝君覚世真経』)があらわれた。これらは合わせて三聖経(あるいは三省経)と呼ばれた。また明代以降には袁黄(袁了凡、生没年不詳)が一般民衆向けにつくった「袁了凡功過格」や仏僧の雲棲袾宏(一五三五〜一六一五)の『自知録』、顔茂猷(生没年不詳)の『迪吉録』本功過格等々、各種の功過格がつくられた。これらの功過格は『太微仙君功過格』のような道士向けの性格はなく、一般の民衆道徳に供する性格を強くもっていた。そしてやはり明末以降、これらの善書を数種類あわせて刊行する風潮も起こり、『彙纂功過格』『同善録』『晨鐘録』『敬信録』などがあらわれ、人々の善悪観、生活倫理に大きな影響力をもった。

会道門と道教

明代中期、羅祖と呼ばれる人物により羅教(無為教、羅道教)が形成され、五部六冊と呼ばれる教典がつくられた。羅教は世界の根源から万物を生み出したという「無生老母(あるいは無生父母)」を信仰し、世界の根源である「真空家郷」に帰れと説いたが、この羅教の登場を機に、その教義に影響を受けたいわゆる「会道門」が明清時代を通じて中国各地に数多くあらわれた。「会道門」とは、明清以降にあらわれた某々会、某々道などと呼ばれる会門や道門、すなわち仙仏信仰に基づく結社の総称である。これらの多くは「宝巻」と呼ばれる独特の民衆信仰型の経典をもったが、一方で道教と関係の深いものが少なくなく、人々から道教と認識されたものや、自らを道教と自認するものもあった。

黄天道　皇天道、黄天教とも呼ばれる。明末の嘉靖年間(一五二二〜六六年)に北直隷(河北省)の李賓、法号は普明（？～一五六二）により創始された。羅教に由来する無生老母信仰を基礎としつつ、普明・普光・普浄・普照・普賢の初期五祖を五位仏祖と呼び、経典でも仏教的語彙や観念を多用する。しかし修養法は内丹法であり、内丹の錬成によって天上世界で永生がかない、それが成仏だとする。また在家向けに夫妻双修すなわち陰陽（男女）双修の法が説かれていたようである。さらに、自らの説く教えを「全真大道」とも呼び、全真教に重なるとの意識も有していたようである。

円頓教　大乗天真円頓教、三皇聖祖教、白陽会とも呼ばれる。明末に『古仏天真考証龍華宝経（龍華経）』を作成した北直隷（河北）の弓長なる人物に始まるとされる。大乗教や黄天教の支派ともいわれるが、やはり内丹修行を基礎におき、十段階の内丹の修錬などをとおして「天真の性」を回復し、それにより龍華の三会に至り、無生老母のいる家郷に回帰することができるとした。また、太上老君を第一代祖師、東大乗教の王森を第二代祖師、西大乗教の呂菩薩を第三代祖師、弓長を第六代祖師などとする。円頓教は直隷に興ったがのちに南へ西へと広まり、浙江、江西、福建から貴州、四川、湖南に流伝して清代後半の青蓮教、金丹教、先天教、一貫道、同善社などの成立にも大きな影響を与えた。

長生教　江西・安県の汪長生（汪普善、一六〇四～四〇）に始まる（『衆喜粗言宝巻』）。黄天道の祖師の一人、普静の嫡伝といい、また達磨や慧能の禅宗の系譜に淵源するという。汪長生は短い生涯ながら影響は大きく、生前の崇禎年間にその教えは江南一帯に広まった。黄天道と同様に内丹の実践を説くが、三教合一の立場でも儒にかなりの強調があり、人道を修めたのちに仙道を修めるべしとされた。

一炷香教　如意教、金母如意道、天地門教、順天教ともいう。順治七（一六五〇）年、山東商河県の董吉升（一六一九〜五〇）による創立。董は早逝するが、生前から山東界隈の人々を引きつけ、死後は「董神仙」と崇められた。文字通り一本の香を焚いてその間に黙禱することを常とするが、一方でやはり坐功運気すなわち内丹法の修錬を実践した。とりわけ内丹修錬の根本となる元陽（精気）が情欲で漏出しないようにするために断根する者が少なからずあったという。また度牒をもった道士も入信し、しばしば道観を拠点に活動し、一般民衆の信徒も混ざって「一炷香道士」が生み出されていったという。一炷香教はおもに山東北部から天津、河北南部を中心に広まった。

八卦教　五葷道、収元教、のち清水教とも呼ばれた。山東省単県の劉佐臣（一六二一?〜?）により、康熙元（一六六二）年に開創された。乾・坤・坎・離・巽・艮・震・兌の八卦それぞれを名とする教派をつくって門徒とその一族に任せ、震卦教・離卦教などとしてそれぞれ各地に布教をおこない、かつ資金を収集した。教祖の一族の劉氏はそれらの中心として統轄した。劉佐臣の編纂した八卦教の根本経典が『五聖伝道』（『五女伝道』）であるが、これは観音などの五菩薩の化身である五人の農女から、内丹法の実践による「長生大道」が、農女の仕事である紡織の方法に喩えて語られる内容となっている。震卦教の劉照魁による『八卦教理条』（一七九一年）なども同じである。清代に華北各地に広まり大きな影響を与えるが、強固な組織力と経済力から清朝政府より警戒されしばしば弾圧された。

先天道　清代中期以降、無為金丹道、金丹大道、青蓮教、一貫道などの名で呼ばれる一派があったが、一般的総称は先天道とされる。これは、江西饒州府の黄徳輝（一六二四〜九〇）により創始された無為金丹道に始まると考えられている。先天道の教義は、無生父母信仰、弥勒下生信仰、浄土信仰、三教主義を混ぜ合わせたものであるが、むろん「金丹」の名を掲げていることからも明らかなように内丹法の修行をおこなった。また初祖菩提達摩からの道統を説くが、六祖慧能の次の七祖は白玉蟾と馬端陽（丹陽？）、八祖の羅蔚群は太上（老君）の弟子の化身、九祖の黄徳輝は元始天尊の化身などとしている。

在理教　理教、理門、理善会とも呼ばれた。明末に山東即墨に生まれた羊宰、字は来如（楊萊如ともされる）に始まり、清代後半より天津、山東、北京などを中心としつつ全国的に広まった。「理善勧戒煙酒総会」と名乗ることもあるが、その名に示されるように一定の信仰活動をともなった禁煙禁酒団体というくらいのおだやかな性格のもので、アヘンの吸引癖から抜け出すために入った者なども多かった。開祖は嶗山の程楊旺に従って道教を学んで在理教の基礎としたといわれ、程楊旺は道教龍門派の邱仙人（丘処機を念頭におくか？）に教えを授かったというので、在理教は龍門派の分派であるともされる（末光高義『支那の秘密結社と慈善結社』）。戒煙戒酒に加えて有志は坐功運気の修錬をおこなったといい（佐々木衛編『近代中国の社会と民衆文化』）、実際民国の頃には道教龍門派を称する人々と活動をともにした場合もあったようである。

このほか、紅陽教（弘陽教、混元教、混元門）も道教との深い関わりが指摘されるなど、明清以降の会道門の多くに道教的要素が含まれている。

第6章 近代化の混乱と再出発
中華民国〜現在

1 中華民国期

民国初期の正一教と全真教

正一教では、清朝の末年の光緒三十(一九〇四)年に六十二代の伝承者として張元旭(?〜一九二四)が立った。中華民国が成立した当初、江西都督府は迷信排除のためとして、清朝同様に「天師」を称することを許さなかったが、総統となった袁世凱は彼に「天師」号を回復させ、洪天応道真君と賜号し、また正一嗣教大真人とした。その後は各地の有力者に招かれたほか、宣教師の李佳白らが上海で組織した世界宗教会へ道教の代表として招待された。張元旭はこれを機に「中華民国道教総会」を発足させ、龍虎山と正一教を中心としつつ道士の全国組織の形成をはかったが、ほどなくして失敗に帰する。民国七(一九一八)年に明清の天師の伝記をまとめた『補漢天師世家』を編集し、十三(一九二四)年に上海で病没した。

次いで第六十三代天師に張元旭の長子の張恩溥が就いた。おりしも一九二〇年代の農民運動の高潮により、国民党政府から龍虎山天師府の所有する各地の広大な田畑からの徴税の帳簿や古来伝わる銀印や玉印などを没収され、恩溥自身も南昌へ送られ拘束された。その後蒋介石が実権を握ると釈放され、一転して比較的優遇されることとなった。一九四六年には上海にて自らが中心となって「上海市道教会」を設立し、再び全国的な道教組織の形成を試みた。

全真教は清の最末期に北京白雲観方丈の高明峒（一八四一～一九〇七）が西太后に取り入って富と地位を極めたともいうが（『清朝野史大観』巻一一「白雲観道士之淫悪」）、基本的には正一教ほど政治との結びつきが強くなく、その分清末から民国にかけて激しい変化はなかった。伝戒の儀式もとくに支障なく継続された。戦前の北京白雲観に残されていた伝戒儀式の記録「登真録」によれば、次のように清末から民国にかけて挙行されたという（吉岡義豊『道教の研究』に拠る）。

場所	年（西暦）	受戒者数
北京白雲観	同治十年（一八七一）	三六〇人
同	光緒壬午（一八八二）	四〇二人
同	光緒甲申（一八八四）	五二四人
同	光緒辛卯（一八九一）	二七五人
同	光緒丙午（一九〇六）	一一三人
同	光緒（宣統）戊申（一九〇八）	四九六人

同	民国癸丑（一九一三）	三二九人
同	民国己未（一九一九）	四一二人
同	民国丁卯（一九二七）	三五五人
済寧常清観	光緒癸卯（一九〇三）	七〇人
同	民国甲子（一九二四）	一一四人
奉天太清宮	民国甲寅（一九一四）	三四二人
陝西留侯廟	？乙丑（一九二五？）	七人
同	？丙寅（一九二六？）	三五人
（不明？）元妙観	宣統庚戌（一九一〇）	五人

なお以上の授戒者について宗派ごとに総計すると、龍門派が二五二三人で圧倒的に多く、次いで華山派が五〇五人、霍山派が一五二人、金山派が一三七人、随山派が一一〇人、蓬莱派が六六人、遇山派が四七人、正乙派が四三人、清微派が四一人、三丰派が三〇人、尹喜派が二七人などで、合わせて四一の宗派名があげられている。全真教の伝戒の儀式は一九四七年に成都二仙庵でおこなわれたのを最後に、その後約四〇年余り中断する。一方、正一教の授籙の儀式は、一九四六年に龍虎山天師府でおこなわれ、その後やはり五〇年近く中断することになる。

北京白雲観の方丈は、宣統三（一九一一）年に陳至霦（一八五四～一九三六、原名は明霦）が継承した。彼は翌年の民国元年に自らが中心となって全真教の全国的組織「中央道教会」を発足させ、また日本の学者

白雲観伝戒記念写真　民国丁卯(1927年)のもの。

の小柳司気太に白雲観の学術調査をおこなわせるなど活発な活動をみせた。陳至霦を継いで安世霖(一九〇一～四六)が方丈に就いたが、白雲観内外の道士との対立が昂じて殺害され、以後数十年は方丈不在の暗黒時代となった。

全真教は北京白雲観のほか、湖北の武当山には龍門派第十五代の徐本善(一八五一～一九三二)ら多くの全真道士が活動し(『武当道教史略』)、また四川の青城山の龍門派碧洞宗に易心瑩(一八九六～一九七六)らがあった(王純五主編『青城山志』)。また上海や江蘇・浙江には湖州金蓋山の雲巣派から分派した在家中心の覚雲派が活動し(『龍門正宗覚雲本支道統薪伝』)、さらに雲巣派は各地に皈雲・翹雲・会雲・青雲・指雲などの支壇を生みつつ分派し広まった(『道統源流志』)。

このほか、前述のように南無派に劉名瑞(一八三九～一九三二)がでて内丹法の著作『道源精微歌』『敲蹻洞章』『瀊熻易考』を残し、かつ『南無道派宗譜』を著して初代から第二十代の自分へと続く南無派の系譜を記した。劉の弟子に趙避塵(一八六〇〜一九四二)があり、内丹法を詳説する『性命法訣明指』を残した。ただし趙自身は劉の南無派の伝承よりも私的に師事した内丹家たちの龍門派(伍柳派)系の内丹法を重視した。

道士組織の勃興

一九一一年に辛亥革命によって清朝が打倒されて中華民国政府が樹立されると、各地の道士たちは新しい動向をみせ始める。それまで相互の連携のほとんどなかった各地の道観の道士たちが一体となり、政府や社会に対して自らの利権を主張していくための組織化の動きが北京や上海を中心に始まることになる。

中央道教会　まず一九一二年七月、北京白雲観方丈の陳至霦が中心となり、上海白雲観監院の趙至中、承徳太清宮方丈の葛明新ら各地の全真教系の有力道士が参加して「(北京)中央道教会」を発足させ、「道教宣言書」「道教会大綱」「道教会要求民国政府承認条件」などを起草した。これが道士が自ら形成した全国的組織の濫觴であるが、実質的には全真教道士のみによって成立したものであった。

中華民国道教総会　中央道教会に対し、一九一二年十月に上海にて正一教の組織「中華民国道教総会」が発足する。これはまず同年六月に宣教師の李佳白、李提摩太(ティモシー・リチャード、Timothy Richard)、梅殿華らが上海で組織した世界宗教会へ龍虎山第六十二代天師の張元旭を招いたことに始まる。張元旭は九月に上海へ到着すると、豫園にて上海、蘇州、無錫、常熟、松江、嘉定、鎮江、川沙などの正一教の廟観の代表を招集し、「中華民国道教総会発起人会議」を挙行した。そして十月に上海関帝廟にて「中華民国道教総会」および「中華民国道教総会江西本部駐滬総機関部」が成立する。この「中華民国道教総会」は、宗旨を「黄老を宗と為し、各派を聯絡し、道教を昌明させ、道徳を本として以て世道を維持し、人類をして共に太和に躋らしむ」とした。また会員の条件としては、在家・出家や国の内外を問わず、道を好む者であればだれでも入会できるとし、毎年の会費を一元とした。組織としては、上海に総機関部、江西龍虎山に本部、北京に総部をおき、また各省には分部、郡県には支部をおくことができるとされた。しかし、この組織は民国政府の支持を得られなかったことや、龍虎山(正一教)中心主義の設定であったことなどからうまく立ちゆかず、ほとんど上海の総機関部の活動のみでおよそ一〇年で終焉した。

なお、張元旭は天主教や基督教の活動に影響を受け、中華民国道教総会の簡章には農林事業、慈善活動、小学校の開設、雑誌の出版などの諸事業も謳われたが、のちに上海の道教界が出資してこの構想を引き継ぎ、「宏道義務小学」を開設した。この学校は普通教育の普通科と道教の経典科儀を教える専修科が設けられたが、道教界でも存在意義が疑問視され、一九三一～三七年のあいだの短い期間で活動を終えた。

このほかにも民国時期には多くの道教系組織があらわれては消えた。以下に代表的なものをあげる。

上海正一道教公会　上海の地域的な教会組織であり、一九一二年十月前後に設立準備が進められ、上海火神廟にて設立された。かつて張元旭も事務所を訪れたといい(『申報』一九一二年十月十九日)、中華民国道教総会上海総機関部の事務も代行したという。小雲巣道房住持の沈頌笙が初代会長を務めた。

コラム　韓国朝鮮と道教

韓国朝鮮では四世紀の百済や五世紀の新羅ですでに『老子』『荘子』『列子』などが広く読まれていたことをうかがわせる記事がみられるが(『三国史記』巻二四、巻四八など)、道教信仰の中国からの公式な伝来は高句麗に確認される。唐は建国後の武徳七(高句麗栄留王七〈六二四〉)年に、前刑部尚書の沈叔安を高句麗に派遣して高建武を高麗王(高句麗国王)に冊封したが、沈はこのときに天尊像と道士をともなって赴き、『老子』を講ずると王と人々数千人が集い聴講したという(『旧唐書』巻一九九上、『三国史記』巻二〇)。また宝蔵王二(六四三)年、淵蓋蘇文は王に対して三教鼎立の必要を述べ、儒・釈に比して盛んではない道教を唐に求めるべき進言をおこなった。王はこのことを唐に陳請すると、唐太宗は道士八人と『老子道徳経』を贈ったという(『三国史記』巻二一)。

高麗王朝(九一八～一三九二年)は建国の頃に図讖が流行し、当初から道教的雰囲気をともなっていた。太祖は即位後に星を祭る斎醮儀礼の場として九曜堂を設置した。睿宗時代は最盛期を迎え、即位後十(一一一五)年には高麗の代表的道観となる福源宮を建設し、道士十余人が常駐した。この福源宮の建設には宋の徽宗の積極的援助があったという。福源宮・神格殿・昭格殿の三道観をはじめ、当時はあわせて一五カ所の道教儀礼機関が設けられ、北斗醮、太一醮などさまざまな醮祭がおこなわれた。次の仁宗のときには政治的反動などで老荘学の禁止や道教系人物への弾圧などがあり、高麗道教はしだいに衰退へと向かう。

朝鮮王朝(一三九二～一九一〇年)になると、儒教中心主義の政策にともない道教は冷遇され、道教儀式の場は昭格殿のみを残してすべて廃止される。昭格殿はのちに昭格署と改称され、唯一の国家的道教機関の役割を担い、北斗醮、火星醮、祈雨醮、三元醮、三界醮など朝廷と国家の祈福消災の儀礼を執りおこなった。昭格署は中宗時（一五〇六〜四四年）の儒教理想主義の高揚でいったん廃止されるが、まもなく復活する。しかし文禄の役（一五九二〜九三年）で日本の侵攻により再び廃止に追い込まれると、その後は復興を提案する者もあらわれずにそのまま終焉する。

韓国朝鮮では王朝の政治的道教活動以外にも内丹学が盛んであった。韓無畏『海東伝道録』は新羅の金可紀、崔致遠らが唐に入って鍾離権から丹学を伝授されたと述べるほか、趙汝籍『青鶴集』（十七世紀初め？）は広成子に始まり檀君（古朝鮮の神話的始祖）、崔致遠らを経て伝わる丹学の系譜を載せ、洪万宗『海東異蹟』（一六六六年）は檀君以下韓国朝鮮の仙人三二名の伝を載せる。朝鮮王朝時代は鄭磏、権克中ら多くの内丹家があらわれ、『周易参同契』を中心にしつつ、『龍虎経』『黄庭経』『陰符経』などについてさかんに研究と著述がおこなわれた。また、民間においては古くから道教系の神々に対する信仰もおこなわれており、朝鮮王朝後期からいっそう盛んになる。近年まで顕著に信仰された神は、玉皇上帝、七星神、竈王神などで、これにともない『七星経』などが愛読されたほか、神霄派系の九天応元雷声普化天尊の教示『玉枢経』も多く流通した。さらにこの頃には勧善書もおおいに流行した。勧善書は朝鮮王朝初期に明の永楽帝が『善陰隲書』六〇〇部を送ってきたことに始まるとされるが、『敬信録』とそこに収録する『太上感応篇』『陰隲文』などはおおいに歓迎された。朝鮮独自の勧善書『覚世新編八鑑』などもあらわれた。

なお、韓国朝鮮の道教の起源については、韓国朝鮮の研究者のあいだで神仙説の発祥を朝鮮半島に求め、道教自体の起源を韓国朝鮮とする考え方も根強く存在する。

中国道教総会　実質的には上海正一教の地域的組織で、一九二七年四月三十日に国民党と上海県政府の審査を経て成立した。上海火神廟におかれ、のちに大境関帝廟に移った。小雲巣道房住持の沈筌が会長となった。

中華道教会　上海の全真教と正一教が最初に共同して成立した地域的な組織。一九三二年に清虚観住持で全真教の厳洪清、新閘大王廟住持で正一教の李瑞珊、基督教青年会秘書であった謝強公の指導のもとに成立し、初代会長には李瑞珊があたった。

華北道教総会　一九四一年に日本の興亜院の意向を基に、華北政務委員会の批准を経て成立したとされる。まず内務総署の監督下で会長選挙をおこない、天津の仏教居士の林林長と前国務総理の靳雲鵬が会長、北京火神廟住持で正一教道士の田子久が副会長とされた。また本部は北京白雲観におくとされた。当時白雲観住持であった安世霖は、白雲観の下院の火神廟に身をおき、しかも正一教であった田子久が副会長とされたことに不満をいだき、白雲観の道士たちに華北道教総会への入会を禁じたうえ、白雲観を本部とすることを拒絶した。双方の対立は最終的に安世霖が焼殺されるという悲惨な結果となった。このいわゆる「白雲観活焼老道」事件は北京の人々を驚愕させ、白雲観はもとより道教に対する世間の評判も低くなったという(常人春「白雲観活焼老道案」)。

中華道教総会　全真教と正一教が共同で組織した道教組織。一九四四年一月十九日に成立し、まず上海白雲観におかれ、のち清虚観へ移った。汪兆銘政府の支持を得、「興教富国」を旗印とし、「道教精神を闡揚し、道教の計画的整備を進め、普済の精神を広め、社会に福利を与える」ことを唱えた。上海桐柏宮住持で全真教の艾朗軒を理事長、保安司徒廟住持で正一教の張維新を副理事長とするほか、上海以外の道士や、道士以外の有力人士を役員にするなどしつつ全国化をめざしたが、ほどなくして日中戦の激化などにより活動は終了した。

上海市道教会　一九四六年の冬、抗日戦の終結後に再び全真教と正一教が共同してつくられた地域的な組織。第六十三代龍虎山天師の張恩溥が主体となり、地方組織から全国的な道教組織へと展開させていく方針のもとで、道教関係の事業の援護と嗣漢天師の地位を強固にするために創立され、上海三茅閣延真観にて発起会議が挙行された。一九四七年三月十五日には杭州玉皇山福星観の上海分院にて成立大会がおこなわれ、理事長に全真教の李理仙、常務理事に張維新、艾朗軒らが就任した。また四月には陳攖寧により、「復興道教計画書」が起草され、講経・道学研究・報刊・図書・道書・救済・修養・農林・科技の九方面の復興計画が提示された。これも国共内戦の状況悪化などによりほとんど実行に移されず、また張恩溥と李理仙の意見対立などから全国的組織に発展しないままに頓挫した。

陳攖寧とその活動

民国期から中華人民共和国にかけて幅広い領域にわたって道教系文化の普及にとくに大きな貢献をなしたのが、陳攖寧(一八八〇〜一九六九)である。

彼は一八八〇年十二月に安徽省懐寧県に清朝の挙人の子として生まれた。幼児より厳しい伝統的教育を受けたが、また一方で安徽高等政法学堂で西学にも接し、進化論の紹介で知られる厳復にも学んだと

陳攖寧

いう。少年の頃に小児結核となって極度に衰弱したが、道教系の修養法によってどうにか回復した。その後各種の科学などを学んだが、結局持病に苦しめられたので、本格的に修養法の研究に取り組むことにした。名山に住む道士たちを訪ね歩いて質問したが、修養について知らない者ばかりであり、たとえ多少心得がある者でも、陳自身の知識にさえおよばないことを悟った。そこで独力で『道蔵』を読んで研究することを決意し、当時中国広しといえども著名道観に七部しかなかったとされる『道蔵』のうちの一つが上海白雲観にあったので、これを三年かけてすべて読破するなどしつつ、独自に研鑽を進めた。そして一九三三年七月、道教系刊行物としてはほとんど類例のない『揚善半月刊(ようぜんはんげつかん)』を同志とともに創刊し、上海翼化堂(よくかどう)より出版した。その後一九三九年一月よりあらためて『仙道月報』という月刊誌を発刊した。これらのなかで彼は自らの研究成果を傾けて、エッセイから読者との問答まで熱心に執筆活動をおこなった。このような過程で彼の学識は道教界でも知られるようになり、中華道教会の発足時の宣言書「中華全国道教会縁起」や上海市道教会が成立時に発布した「復興道教計画書」など、道教組織の綱領となる文章の執筆も彼に委ねられた。また、『揚善半月刊』の読者から彼に直接学びたいという要望が高まり、弟子の張竹銘(ちょうちくめい)によって一九三八年五月、「中華仙学院」が創立された。ここで彼は「『霊源大道歌』白話注解」「黄庭経(こうていきょう)講義」「孫不二(そんふじ)女丹詩注」「『周易参同契(しゅうえきさんどうけい)』講義」「『悟真篇(ごしんへん)』講義」などの内丹文献の解説書をつくり、これらをテキストとして学生たちに講義をおこなった。

陳攖寧は自らの追求しているものを「仙学」「仙家」とし、「儒、釈、道、仙の四家は宗旨を異にする」と述べて、あえて道家道教とも区別して位置づけた。また仙学は宗教ではなく、科学に似たところがあるとし、「特殊な科学」と述べたりもした（「衆妙居問答続八則」）。そして以太（エーテル）、電子、原子、分子など当時西洋から流入した科学的知識を使って内丹法の理論や方法を説明することにも吝かではなかった。また、仙学を日本や列強の中国侵略から中国を救う強国の手段ともした。このような陳攖寧の主張もしくは学説には、医師の常遵先、『仙道月報』主編者の汪伯英、著名な仏僧太虚の友人で元仏教居士の張化声、そして上海翼化堂善書局主人の張竹銘らが追随者ないし支持者となり、活動を支えた。

中華人民共和国成立後は比較的おだやかな日々を過ごすが、一九五六年に大陸の道士が中国道教協会の創設を計画するとその準備委員に招かれ、翌五七年四月の第一回道教徒代表大会にて副会長兼秘書長（事務局長）に選任される。さらに一九六一年の改選にあたって第二代の会長に選任される。このようなこともあって仙学にこだわらずに道教にかかわるさまざまな活動にも取り組みつづけ、道教界から「現代の太上老君」と称されるほどであったという。そのまま大陸にあって一九六九年五月、文化大革命の最中に北京の病院にて八十九歳の生涯を終えた。

道書の出版

清朝の支配が終わり新しい時代になると、新しい方法により道教典籍の出版があいついだ。

まず、明代に刊行された道蔵が影印出版された。明版正統道蔵および万暦続道蔵の版木は北京の宮中の大光明殿に保存されていたが、一九〇〇年に八カ国連合軍が北京に入り、そのほとんどが破壊焼却された。そこで、総統の徐世昌は北京の白雲観に残された刊本の道蔵を縮印出版することを発議し、一九二三年十月から二六年四月にかけて教育総長の傅増湘の指揮下で、元来の折本を線装本の体裁に改めて縮印して全一一二〇冊とされ、三五〇部が上海涵芬楼から影印出版された。その一部については『道蔵挙要』として『道徳経』など個別のテーマごとに十類の分類によって分売もされた。

また、無錫の丁保福（守一子）は正統道蔵、万暦続道蔵をはじめ、一般に流布していたさまざまな道書から養生内丹系の書物を中心に重要なものを選び、『道蔵精華録』として排印出版した。

前述のように、陳攖寧らは上海の翼化堂善書局から『揚善半月刊』『仙道月報』を発行して同好者よりおおいに歓迎され、後世にも大きな影響を与えた。これらは中国のみならず、香港・マカオから海外に対しても郵便により販売をおこなっていた。

翼化堂善書局は、清の咸豊七（一八五七）年、張韋承（字は雪堂、一八三七〜一九〇九）により上海の豫園で開業された。上海で慈善家として知られる張韋承は「聖経を羽翼し人心を感化せん」として翼化堂と命名し、各地に聖賢仏者の訓世慈悲の書を探して刊行に努めたという。彼は生涯妻を娶らず、従兄弟の樹森を養子としたが、彼の死後まもなく樹森も亡くなったので、樹森の弟の張文熙（？〜一九三二）は自分の子の広勲にその後を継がせた。広勲がすなわち張竹銘である。彼は陳攖寧を師とあおぎつつ行動をともにし、『揚善半月刊』（一九三三〜三七、全九九期）、『仙道月報』（一九三九〜四一年、全三二期）を発刊するほか、さまざまな善書・道書・丹経などを刊行販売していた。例えば『揚善半月刊』創刊号に同社の販売図書目録が掲載されているが、内訳は「木版善書類」として『古本大字太上感応篇図説』『陰騭文説証彙纂』など約一三〇種、「石印善書類」として『太上宝筏図説』『文帝陰騭文図説』など約九〇種、そして「道書類」として『西遊正旨(張書紳註)』『西遊原旨(悟元道人註)』『道書十七種(済一子著)』『道書十二種(悟元子著)』『張三丰全集(李西月編)』『呂祖彙集』『呂祖全書(無我子彙輯)』『老子道徳経(王弼註)』『道統大成(魏伯陽註)』『荘子南華経』『玉皇心印妙経(覚真子註)』『三教一貫』『龍門秘旨』『伍柳仙宗』『丹経指南』『太乙金華宗旨』など約一四〇種をあげている。さらにこのほかにも、「巻書類」として『観音済度』『南海香山宝巻』『灶君宝巻』など約七〇種、「仏経類」として『摩訶止観』『小止観』『法華経科註』など約一三〇種、「仏図経図経憑籤書仙方類」として『白衣呪観音図』『呂祖事籤条』『華陀方籤条』『大極楽世界図』など約三〇種、「書本釈道経書類」として『大方広仏華厳経大字』『玉皇経』『楞厳経』『円覚経』『斗母経』『龍華経』など七〇種、さらに「釈氏梵本書本経懺類」として『万仏懺』『血湖懺』など約七〇種、「道家梵本書本経懺類」として『五部六冊龍経』『血湖経』『東斗経』『土地懺』『竈君懺』など約七〇種をあげており、非常に多様な道教系書物の出版をおこなっていたことがうかがえる。同様の出版目録は『仙道月報』にもみられる。

なお、『仙道月報』は発行が翼化堂善書局、編集が仙道月報社であり、この仙道月報社と同じところに事務所を構える「丹道刻経会」なる組織があった。これはおもに陳攖寧の編集・著作の書物を発行し、外丹書の『琴火重光』、李西月の『道竅談・三車秘旨合刊』、陳自身の『霊源大道歌白話註解』などを出版した。

このほかにも清末より流行した石印や排印による方法で道書の出版があいついだ。例えば上海掃葉山房から石印本の『悟真篇三註』や呂洞賓乩筆の『道徳経釈義』、上海医学書局から閔一得の著作類を中心とする排印本の叢書『道蔵続編』、上海江左書林から石印本の叢書『済一子証道秘書十七種』(傅金銓著)などが出版され、一般に広く流通した。

2 中華人民共和国の成立と文化大革命

龍虎山張天師の台湾移住と後継問題

一九四八年、共産党の勝利が決定的になると、龍虎山の張恩溥は長子の張允賢および甥、護衛らとともに、代々伝来する法印や法書などを携え、国民党第七九軍に従ってシンガポールを経由して台湾へと逃れた。その後ほどなくして国民党政府より公式な道教として認められた。台湾にはもともと道士(ほとんどが正一教)が数多く存在して活動しており、すでに長い歴史を経て独自の世界を形成していたが、そのような状況に突如あらわれた張恩溥は、天師といえども影響は限定的なものにすぎなかった。このようななか、張恩溥は一九五〇年に「台湾省道教会」(あるいは「中華道教会」)を創立した。正一教道士を中心的な会員とし、自らが理事長となり、台北市の覚修宮に事務所をおいた。次いでそこに嗣漢天師府駐台弁事処を設立した。さらに、一九五七年には道教居士会を創立し、台湾道教では最高の組織となった。一九六八年には台湾にて「全国的」を謳う道教会を成立させ、第一任理事長に選出されたが、翌年の六九年十二月に六十五歳で病没した。

張恩溥の長子、張允賢は父に先んじて一九五四年に早逝していた。天師家の規定として、天師の継承にあたっては、嫡子もしくは天師本人の委嘱がない場合は家族会議に委ねられるとされ、その会議での選択の原則は、「子に伝え弟に伝えず、（子がなければ）弟に伝え甥には伝えず、（弟もなければ）甥に伝え叔父に伝えず、（甥もなければ）叔父に伝え（ほかの）族人に伝えず、（叔父もなければ）族人に伝え外部の人には伝えない」とされ、この方針に基づき張恩溥の「堂侄」（父方のいとこの息子）という張源先（一九三〇～二〇〇八）が第六十四代天師ということになった。張源先はもと陸軍所属の軍人であったが、一九七〇年に退職し、翌年に台南市の天壇において儀式をおこない正式に天師就位を宣言した。その後一九九二年に「中国嗣漢道教協会」を創立、九五年には台湾南投県に「中国道教嗣漢天師府」を建立し、二〇〇八年に死去した。

道教嗣漢第六十三代天師
張恩溥教主法像

張恩溥　龍虎山から台湾へ逃れ激動の生涯を送った。

このような台湾の動きに対し、大陸の江西省貴渓県龍虎山界隈に留まるほかの張氏一族は必ずしも同調したわけではなかった。張恩溥にはひとまず男児二人と女児四人があったとされるが、大陸に残された次女の張稲香の子に張金濤（一九六四～　、元名は魯金濤）があり、一九八〇年代より「龍虎山第六十五代主持」と称し、文革後に活動を再開した龍虎山の中心的存在として行動してきた。また張恩溥の次男の張允康（ちょういんこう）（庶子ともいわれる）はやはり江西貴渓に暮らしたが、その男児である張華山（ちょうかざん）を天師の後継にあげる声もあがった。また張恩溥の六番目の弟に張祥之（ちょうしょうし）があり、その孫の張継禹（ちょうけいう）（一九六二〜　）は、ひとまず天師家に繋がる血筋とその利発さによって十代の頃より中国道教協会（後述）会長や関係者から着目され、将来の指導者たるべく養育された。張継禹はこれによく応え、異例の若さで道教協会副会長に選任され、一九九〇年代より大陸の道教界の顔として表舞台で活躍し、次代の天師候補と目する人もいる。

なお、二〇〇八年に張源先が死去すると、台湾において後継問題がさらに複雑化してくる。張源先は後継者について家族に遺言を残したとされるが、家族はその内容を一向に公表しなかった。そもそも張源先の天師継承自体も問題視されている面があったため、第六十五代ではなく第六十四代の継承者を称する人物が次々にあらわれた。まず、ある小学校教師は張恩溥の息子であると述べ、「天師印」などの先祖伝来の八つの品を示して六十四代を称した。これに対し、またある人物も六十四代に名乗りをあげた。彼は張允賢から父の張某か自分が第六十四代に就くように委嘱されたと述べ、かの小学校教師は張恩溥が台湾にきて娶った妻の前夫の子にすぎないとし、また張源先も張允賢の乳母の子だと述べる。彼らはそれぞれの支持者とともに六十四代天師の就任儀式をおこなった。このほかにも、祖父が六十二代張元旭の息子という張姓の人物が第六十五代天師を称するなどで混乱が深まっている。

中国道教協会の成立

一九四九年十月一日、毛沢東は北京の天安門で中華人民共和国の成立を宣言し、中国大陸は共産党の支配下となることがほぼ決定的となった。まもなく共産党政権下の全国政治協商会議の「共同綱領」がなるが、これは宗教信仰の自由を宣言しており、ひとまずは「伝統五大宗教」の一つとされた道教が厳しい規制を受けることにはならなかった。

中国道教協会準備委員会成立記念写真　1956年11月26日の日付がある。

しかし、新中国政府により、土地改革によって貧しい人々にも一定の土地が配分されることになると、多くの道士たちが土地を求めて道観を去ることになった。元来は貧困に窮して道観に逃げ込んだ人が少なくなかった道士は、この時期に新しい政策の影響でかなり減少したようである。

このようななか、中国大陸の道士たちに再び組織化の動きが起こる。一九五六年夏に、瀋陽太清宮方丈の岳崇岱（一八八八〜一九五八）は全国の著名な道士に呼びかけ、中国道教協会の設立を提案した。これに対して各地の道士たちは賛成の声をあげ、また人民政府からの賛同も得られた。そして一九五六年十一月二十六日、岳崇岱をはじめ、江西龍虎山の汪月清、成都（青城山）天師洞の易心瑩（一八九六〜一九七五）、北京

コラム　日本と道教

日本における道教は、仏教のいわゆる公伝のように体系的・総合的な受容がおこなわれたことはなく、仏教や儒教をはじめとする中国のさまざまな文化が伝来するなかで、道教の個別の要素ごとに摂取された。『日本書紀』によれば、継体天皇七（五一三）年に百済から五経博士の段楊爾が派遣された頃より易学や陰陽五行説・占術などが伝えられたと推測される。その後七世紀には百済僧らにより本格的にもたらされた術数・医学・方術などの書や技術が僧侶を中心に普及し、大宝律令（七〇一年）において陰陽寮・典薬寮を設置して僧尼から切り離した律令国家の管理下に収めた。ただこの頃も道術（道教的呪術）はまだ寛容に扱われたが、天平元（七二九）年の長屋王の変を機に勅令で厳しく禁じられた。

日本の朝廷は当初、唐王朝の『老子』や道教の崇拝に否定的であった。律令官人を養成する大学において学ぶべきテキストと注釈書については、学令に規定があり、養老令や大宝令では『周易』『尚書』『周礼』『儀礼』『礼記』『毛詩』『春秋左氏伝』『孝経』『論語』があげられるが、これらが依拠した唐の学令ではこのほかに『春秋公羊伝』『春秋穀梁伝』『老子』が含まれている。あとの春秋二伝は追加されることになるが、日本では『老子』だけは除外された。これは新羅の制度の影響ともいわれる。天平五（七三三）年に入唐した中臣名代は、帰国にあたって玄宗に『老子』と天尊像を日本に持ち帰ることを願い、許可されたというが（『冊府元亀』巻九九九）、日本側の記録『続日本紀』にこの部分は書かれなかったことや、遣唐使が玄宗に鑑真の日本への招請を交渉した際、玄宗は道士をともなうことを条件としたが、遣唐使側はこれを拒否したという（『唐大和上東征伝』）。

一方で、知識人のあいだでは早くから『老子』が読まれていたらしいことは、藤原宮で『老子』冒頭部を記した木簡が発見されたことなどから知られるが、その後も三教論への関心などと並行して道教の軸としての『老子』やそれにまつわる神仙道などが関心の対象となっていった。

また古くから道教式の符呪がおこなわれていたことも出土文物から知られ、大阪の桑津遺跡の飛鳥時代の井戸から七世紀前半と推定される呪符を記した木簡が出土し、また藤原京の遺跡でも七世紀後半の木簡に符呪が記されているのをはじめ、浜松の伊場遺跡、金沢の戸水大西遺跡ほか八～九世紀の遺跡からはさらに数多くの呪符木簡が出土している。

九世紀頃までの輸入漢籍を記した『日本国見在書目録』には数多くの道教系文献の名がみえる。例えば、道家として『老子』『荘子』『列子』『抱朴子』『本際経』『太上霊宝経』『淆魔宝真安志経』など、医方家として『太清神丹経』『仙薬方』『神仙服薬食方経』『五岳仙薬方』『神仙入山服薬方』『老子神仙服薬経』『太一神丹精治方』など、五行家として『三甲神符経』『三五大禁呪禁決』『六甲右虎上符』『大道老君六甲秘符』『赤松子玉暦』『玉女返閉』『節書禹歩』などが記されている。

その後も日本人はさまざまな角度から道教に関心をもち、中国から取り入れつつ研究を続けた。日本の神道や修験道も道教の影響が大きい。今日一般の神社で売られている「お守り」の類も、袋の中身は道教の符である場合が多い。『本朝神仙伝』や「久米の仙人」伝説など日本の仙人を考えることも一般化した。

日本の宮内庁の書陵部には、現在世界で数セットしか存在が確認されていない明の道蔵のうちの一セットが伝えられている事実も、日本と道教の関係の深さを示す一例であろう。

の孟明慧と劉之維、上海の李錫庚、上海白雲観の楊祥福、西安八仙宮の喬心清、漢口大道観の呉栄福、南昌青雲圃の韓守松、泰山岱廟の尚士廉、そして陳攖寧らのあわせて二三人が北京に集まり、中国道教学会設立の準備委員会が組織され、岳崇岱が主任、陳攖寧と孟明慧が副主任に選出された。次いで一九五七年四月下旬、北京の前門飯店に道教各派、著名道観および道教学者ら九二人が集まって第一次全国代表会議が開催され、中国道教協会が正式に成立した。会議では「中国道教協会章程」が策定され、「全国の道教徒を連携・団結させ、道教の優良な伝統を継承・発揚し、人民政府の指導のもとで祖国を愛護し、国家の社会主義建設と世界の平和維持運動に積極的に参加し、政府による宗教信仰自由政策の貫徹に協力する」ことが謳われた。そして第一代の会長には岳崇岱が選出され、事務局は北京白雲観におかれた。

しかし、一九五八年春より毛沢東の主導で共産党が展開したブルジョア右派弾圧、いわゆる反右派闘争が激化してくるが、これが道教の世界にも波及し、著名な道士たちも右派のレッテルを貼られて攻撃された。その結果、岳崇岱は自殺へと追い込まれた。また武当山でも「社会主義教育運動」として政府から七九日にわたって激しい攻撃がおこなわれ、道士たちに自殺者もでた。またこの頃より「大躍進」運動と一体になって展開した鉄鋼大生産運動や人民公社化により、鐘や香炉などの道観の金属類も徴収され、道観自体も人民公社の組織に組み込まれ、労働主体の施設と化すなどして寺院の機能は麻痺した。

このような状況も数年後に一段落し、一九六一年十一月には中国道教協会の第二次代表大会が北京で開催された。ここで第二代の会長に陳攖寧が選出された。また、道教の学術的研究の推進や、道教知識分子の育成などの方針が打ち出され、再出発をはかった。一九六二年には道教の学術的研究を推進することをめざした機関誌『道協会刊』が創刊された。

文化大革命による破壊

一九六五年に再び「社会主義教育運動」が起こり、「宗教」界に矛先が向けられたために中国道教協会の活動も実質的に停止に追い込まれた。しかし事態はこれだけでは終わらなかった。

一九六六年の五月から八月にかけて、「中共中央通知」(「五一六通知」)、「中共中央関于無産階級文化大革命的決定」(「一六条」)が公布され、これを契機に「文化大革命」の嵐が吹き荒れることとなった。「四旧打破」すなわち旧思想・旧文化・旧風俗・旧習慣の打破をスローガンとし、毛沢東を熱狂的に崇める少年中心の紅衛兵(こうえいへい)によって激しい破壊活動がおこなわれた。当然ながら伝統文化・伝統宗教とされる道教にも矛先が向けられ、毛沢東の使った言葉「牛鬼蛇神(ぎゅうきじゃしん)」の名のもとに激しい攻撃にさらされた。

各地の道観や、そこに所蔵されていた文物はことごとく破壊された。建築物や石碑などはまだしも多少は見逃しの対象となったが、迷信的宗教を象徴する神像の類は、文化財的価値があろうがなかろうが、古いものであれ新しいものであれ、ほとんどすべてが破壊された。人里離れた山の上の道観であっても紅衛兵らの執念で破壊された。幸い残された建物などは、工場や公社、一般市民の住居、軍隊の施設などに転用された。

また攻撃の手は文物だけではなく、むろん道士にもおよんだ。とりわけ出家して道観に暮らす全真教系道士は還俗をよぎなくされ、故郷へ戻るなどして新たに生きる道を探さなければならなくなった。また紅衛兵らの批判は著名な道士ほど厳しくおこなわれた。例えば武当山の道医・羅教佩は紅軍や共産党に協力してきたにもかかわらず、残酷な仕打ちを受けて自殺に追い込まれたという。また白雲観の監院の劉之維は吊るし上げられて批判をあびた。江西龍虎山付近に暮らしていた第六十三代天師張恩溥の親族は、みなパネルを首にかけて引きまわされ、収容施設（いわゆる「牛小屋」）へ放り込まれた。恩溥の甥で軍人の張春久は屈辱に耐えかねて自殺した。道教協会副会長で青城山の易心瑩も四川の「造反隊」にすべてを奪い去られ、驚きと悲しみのなかで死去した。さらに西安八仙宮の監院は神像が壊され経典が焼かれるのを見て悲憤のうちに深山へ入り消息を絶ったといい、北京白雲観の方丈はむりやり故郷へ帰されて結婚式をあげさせられたという。

一九七六年に毛沢東が死去し、続いて江青ら「四人組」が逮捕され、文化大革命は終息した。この「文革」により、一〇〇年前には全国に著名な道観は六三七あり、十方叢林（各地からきた多くの雲水道士を受け入れ修行させる大規模な道場）の道観に常住する道士（おもに全真教）は五〇〇〇人、民間に散居している道士（おもに正一教）は数十万人いたといわれるが、これらは皆無となるという結果となった。

3　一九八〇年代以後

改革開放政策と復興

一九七七年に鄧小平が指導的地位に復活し、共産党の政策は革命継続から四つの近代化による経済建設へと大きな方向転換がはかられた。一九八二年三月には政府より「関于我国社会主義時期宗教問題的基本観点和基本政策」が発表され、宗教否定を改め宗教信仰の自由の政策を貫徹し、社会主義国家建設と祖国統一の大業のために宗教の有益な部分を役立てようという姿勢を明確に示した。そしてこれらと前後して、道教の活動も徐々に復活していくことになる。

例えば、中国道教協会は一九六七年に活動停止を迫られ事務局も解散していたが、七九年九月に国務院宗教事務局の側からかつての協会関係者に働きかけがあり、活動を再開させることとなった。そして一九八〇年五月七日から十三日にかけて、北京にて中国道教協会の第三回全国代表会議が開催され、第三代となる会長には黎遇航が選出された。

これらは画期的なできごとではあったが、しかし各地の道観は政府の施設や工場、学校などに転用されたままであった。持ち去られた法具や経典などの文物や道観の財産も戻ってきてはおらず、かつての道士たちにしても身の置き所がなかった。道教協会は各地の道士たちの声に耳を傾け、また現場の状況を調査し、重要な道観の回復から着手することとした。そして「擬作為道教活動場所的全国重点宮観名

『中国道教』創刊号（1987年第１期号）

単」を策定し、一九八二年十月の理事会にて次の二一の重点道観が選定された。

泰山碧霞祠（山東）・嶗山太清宮（山東）・茅山道院（江蘇）・杭州抱朴道院（浙江）・龍虎山天師府（江西）・太岳太和宮（湖北）・太元紫霄宮（湖北）・武昌長春観（湖北）・羅浮山沖虚古観（広東）・青城山常道観（四川）・青城山祖師殿（四川）・成都青羊宮（四川）・周至楼観台（陝西）・西安八仙宮（陝西）・華山玉泉道院（陝西）・華山東道院（陝西）・華山鎮岳宮（陝西）・千山無量観（遼寧）・瀋陽太清宮（遼寧）・嵩山中岳廟（河南）・北京白雲観。

これはまもなく国務院宗教事務局により正式に批准された。これを各地の政府に指示して実現していくにはなお困難があったが、道教協会の再三の働きかけにより、再度国務院宗教局より一九八三年に同趣旨の「関于確定漢族地区仏道教全国重点寺観的報告」が発布されて効力を強めた。これらを経て、北京白雲観も一九八四年三月に一般開放されたほか、各地の道観の復興、地方の道教協会の復活が本格化する。

その後、中国道教協会は一九八六年九月に第四回、九二年三月に第五回、九八年八月に第六回、二〇〇五年六月に第七回と六～七年ごとに全国代表会議を開催するなど安定した活動をおこない、大陸の道士たちをまとめる組織として十分な役割をはたしている。また『道協会刊』の後を承けて一九八七年から雑誌『中国道教』の刊行が開始された。これは各地の道教協会の活動や学術論考、エッセイなどさまざまな内容を含み、一般にも販売されている。このほか北京白雲観に「中国道教学院」をおき、将来各地の道観の住持となるべき全国の有望な道士たちの教育を担っている。

なお、全真教と正一教の組織の基礎ともなっている「伝戒」と「授籙」の儀式も復活する。全真教では一九八九年十一月から十二月にかけて（農暦の十月十五日から十一月五日まで）北京白雲観にて伝戒の儀式が四十数年ぶりに挙行された。白雲観第二十二代方丈の王理仙が伝戒律師として主宰し、八人の協助律師とともに、七五人の道士に戒律を伝授した。また一九九五年十一月には四川省青城山の常道観と上清宮で傅宗天（傅円天）が大律師として主宰し、四〇〇人以上の道士に対して伝戒がおこなわれた。一方正一教では、まず台湾在住や華僑などの海外の道士の要請を承け、一九九一年十月にやはり四十数年ぶりとなる授籙の儀式が龍虎山天師府にておこなわれた。授籙の三師として伝度師汪少林、保挙師張金濤（天師府主持）、監度師張継禹により、七日間かけて三六人に授籙がおこなわれた。その後一九九五年十二月には中国道教協会の指導のもとで、再び龍虎山天師府において授籙がおこなわれた。このときは、龍虎山道教協会副会長の何燦然を伝度大師とし、上海道教協会の陳蓮笙を監度大師、茅山の周念孝を保挙大師とするなど九人の大師より、おもに江南から集まった二〇〇人近い道士たちに法籙の伝授がおこなわれた。

現在の道士・道観

現在の道教は、中国道教協会の事務所がおかれる北京白雲観を中心としつつ、各地の道観がそれぞれの伝統を継承した独自の活動をおこなっている。前述した二一の重点宮観は計画通り順調に復興し、かつてのように各地の道教活動の拠点として重要な役割をはたしている。以下に一通りそれぞれの特徴と活動状況を記してみよう。

泰山碧霞祠　山東省泰安市。五岳の一つ、東岳泰山の山頂付近にある。北方の道教でもっとも人気のある女性神で、東岳大帝の娘とされる碧霞元君（泰山娘々）の信仰の本拠地。全真教の十方叢林で、出家道士が多数暮らす。

嶗山太清宮　山東省青島市。嶗山の麓の海岸に建つ。ここで全真教七真の劉処玄が随山派を開き、また張三丰も修行し、さらに孫玄清が金山派（嶗山派）を開いたとされる。随山派および金山派の本拠地で、全真教の十方叢林。

茅山道院　江蘇省句容市。茅山山域でもっとも高い大茅峰の山頂に建つ九霄万福宮（頂宮）、その麓に建つ元符万寧宮（印宮）、および山域北部にある全真教の坤道院（女性道士の道観）である乾元観などの総称。参拝者がもっとも多いのが頂宮、全山を統轄するのが印宮。近年印宮の上に高さ三三メートルの巨大な老子像が造られて人目を引いている。現在も茅山上清派の七十九代目の宗師を立てている。

杭州抱朴道院　浙江省杭州市。杭州西湖のほとりの葛嶺に建つ。かつて抱朴子葛洪が住んだ庵に由来するとされる。江南の正一教系道観としてはもっとも多くの道士が暮らす場所の一つ。

龍虎山天師府　江西省貴渓市。一九九〇年代以降は急速に復興が進み、天師府内に巨大な玉皇殿をはじめ最盛期に近い殿宇が復活した。なお龍虎山山域では、かつてこの地の中心的道観であった上清宮や正一観が二十一世紀に入ってから再建された。

太岳太和宮　湖北省十堰市。武当山の山頂部にある道観。頂上には建物と内部に祀る真武像のすべてが銅製金メッキの「金殿」があり、全国の真武信仰の中心地となっている。

太元紫霄宮　湖北省十堰市。武当山中腹にあり、山域で最大の道観。山中の道観を統轄し、全真教中心の十方叢林として多くの出家道士が住む。また張三丰に由来するなどとされる道教式武術、太極拳のメッカとなっている。

武昌長春観　湖北省武漢市。元代の全真教徒による創建と伝えられ、丘処機（長春真人）や七真人を中心に祀る。華中の都市型道観ではもっとも著名な全真教の十方叢林。

羅浮山沖虚古観　広東省博羅市。抱朴子葛洪の終焉の地とされるが、清代より全真教徒が入り、以後広東省および中国南部で最大の全真教の拠点となった。現在も全真教の十方叢林。

青城山常道観　四川省都江堰市。青城山中腹にあり、山域の中心的道観として諸道観を統轄する。天師の張道陵が修行したという洞窟があることから「天師洞」とも呼ばれる。現代では全真教の十方叢林。

青城山祖師殿　四川省都江堰市。青城山中腹にある道観。清初に武当山からきて青城山を復興した陳清覚が三丰祖師（張三丰）をここに祀ったことに由来するという。現在は真武を中心に祀っており、「真武宮」とも呼ばれる。

華山玉泉道院

成都青羊宮　四川省成都市。老子が出関のときに尹喜に千日の修行を命じ、その後成都の青羊肆で再会して西へ向かったという伝説に基づく道観。常住の道士はみな全真教碧洞宗。全真教の十方叢林として他派の雲水道士も住む。

周至楼観台　陝西省周至県。尹喜の故宅があった地とされ、老子がここで『道徳経』を伝授したという伝説に基づく。老子を祀る道観でもっとも著名なものの一つ。古来「楼観」と呼ばれ、道教寺院の「観」の呼称はここに発祥するともいわれる。現在は全真教の十方叢林。

西安八仙宮　陝西省西安市。呂洞賓が鍾離権と出会った酒肆に由来するとされる。八仙信仰の中心地。また呂洞賓を祖師とあおぐ全真教の重要道観で、十方叢林。

華山玉泉道院　陝西省華陰市。五岳の一つである西岳華山の麓にあり、登山道の入り口に位置する。宋初の道士陳摶の修行の地とされ、陳摶を祀る。また全真教華山派の本拠地でもあり、その開祖とされる郝大通も祀る。現在華山全域の道観を統轄している。全真教の十方叢林。

華山東道院　陝西省華陰市。華山の中腹にある比較的小規模の道観。九天玄女を祀り、別名「九天宮」ともいう。

華山鎮岳宮　陝西省華陰市。華山山頂部にある比較的小規模の道観。五岳神の一つである西岳華山神を祀る。山下にある巨大な西岳廟に対して「上宮」と呼ばれる。

千山無量観　遼寧省鞍山市。東北地方でもっとも仏寺道観の集中する千山の山域にあって道観としては中心的役割を担い、山中の道教を統轄する。老君殿、三官殿、慈航殿などがある。

瀋陽太清宮　遼寧省瀋陽市。清初に全真教龍門派の郭守真が創建した東北地方の中心的道観で、東北地方最大の全真教十方叢林。老君殿、関帝殿、玉皇閣、呂祖楼などを有する。

嵩山中岳廟　河南省登封市。五岳の一つである中岳嵩山の神を祀るための巨大な岳廟。現在は全真教の十方叢林となっている。

これらの重点道観以外にも、次のような著名道観が活発な活動をおこなっている。

北京東岳廟　北京市朝陽区。明清時代の北京における龍虎山正一教の拠点。文革以後長らく博物館となっていたが、近年新しく神像をつくり道士も住むようになった。元以降の貴重な文物も多い。

上海白雲観　上海市黄浦区。清末の全真教道士徐至成（徐至誠とも）が他所からここに雷祖殿を移し、北京白雲観の下院として名を海上白雲観と改め、規模を拡大して全真教の十方叢林となった。明版道蔵の一セットを招来して所有していたことでも知られる。現代の上海道教の中心で、正一教の道士も多い。

蘇州玄妙観　江蘇省蘇州市。唐は開元観、宋は天慶観であった蘇州の中心的道観。江南における正一教の重要道観の一つ。唐の呉道子の作とされる老子像碑など重要文物が残る。神霄雷法との関係が深く、巨大な三清殿に雷法系の十二天君を配するほか、雷祖殿、財神殿、文昌殿などがある。

重陽万寿宮　陝西省戸県。全真教開祖王嚞の墓所がある道観。北京白雲観、山西永楽宮とともに全真教の三大祖庭の一つとされる。金元代以来朝廷より与えられた巨大な石碑が数多く集められ、「祖庵碑林」として広く知られる。

衡山南岳廟　湖南省衡陽市。五岳の一つの南岳衡山の神を祀る巨大な岳廟。現代では境内の東半分を道教、西半分を仏教に分け、両者が共存している。

衡山玄都観　湖南省衡陽市。衡山中腹にあり、かつては半山亭といった。清末に玄都観とされ、現在では湖南道教の中心的役割を担う。全真教の十方叢林。

鹿邑太清宮　河南省鹿邑県。老子の出身地とされるかつての苦県に建つ、老子を祀る道観。後漢の桓帝以来世々老子を祀り、唐の玄宗のときに太清宮と名づけられた。老子を祀る太極殿、老子の母を祀る聖母殿などがある。現在は全真教龍門派道士が住む。

また、大陸とは異なる近現代をたどった台湾・香港にも道観や道教系神廟は多い。

台湾首廟天壇　台湾台南市。鄭成功が台湾へきてここに新たに天壇を築いたのに由来する。玉皇大帝を「天公」として中心に祀るほか、斗母、三官など数多くの道教系神仙を祀る。

台北指南宮　台湾台北市。孚佑帝君すなわち呂洞賓（呂祖）を中心に、道教のみならず仏教、儒教を含め数々の神を祀る。少なくとも台北界隈では最大の宮観であり、参拝者は非常に多い。

北港朝天宮　台湾雲林県北港鎮。台湾最大の媽祖廟。媽祖信仰の盛んな台湾にあって、その総本山的な位置にあるとされる。創建は康熙三十三(一六九四)年。

岳帝廟　台湾台南市。明末の永暦十五(一六六一)年の創建で、台湾ではもっとも古い東岳大帝を祀る祠廟。清代には台湾屈指の宮観となり、現在もほぼその頃の建築物や神像を受け継いでいる。

元清観　台湾彰化市。乾隆二十八(一七六三)年の創建。台湾の道教関係の施設でほぼ唯一「観」を称するもの。玉皇大帝を中心に祀る。観内の装飾や彫刻は極めて緻密で芸術性が高い。

黄大仙祠　香港九龍。広東地方で信仰される黄大仙、すなわち晋の黄初平(赤松子)を祀る祠廟。広州西郊の西樵で黄大仙の扶乩活動に従事していた梁仁庵により香港に伝えられ、一九二一年に現在の地に落成した。黄大仙を祀る大殿のほか、呂洞賓・観音・関帝を祀る三聖殿、孔子を祀る麟閣があるなど多様な信仰を含む。香港でもっとも著名な神廟。

円玄学院　香港新界。一九五一年に創立された三教合一を主旨とする施設。円は仏教、玄は道教、学は儒教を示す。道教は羅浮山沖虚観の系統を引くという。三教の聖祖を祀る三教大殿のほか、関帝殿、呂祖殿などがある。

青松観　香港新界。一九四九年の創立。全真教龍門派に属し、道派は広州の至宝台に淵源するという。大殿では呂洞賓を中心に王嚞と丘処機を合わせて祀る。香港の豊かな経済力を背景に、近年大陸とも連携して各種事業を積極的におこなっている。

付録

用語解説

ア

隠逸（いんいつ）

世の中を避けて隠れること，またその人をいう。中国では伯夷・叔斉を代表とする隠者の賢人を評価する気風があり，竹林の七賢や陶淵明など隠逸の知識人の生き方は後世にも大きな影響を与えた。『後漢書』に始まり六朝時代の『晋書』『宋書』『南史』『北史』から『明史』に至るまで，歴代の正史は逸民伝ないしは隠逸伝を立てて隠者の伝記を収録している。顧歓や陶弘景など道士の伝が正史の隠逸伝に収められることも少なくない。

陰陽（いんよう）

混元的な二種類の気。古来中国では，陰陽二気の結合・配合と分離・拡散によって天地万物の生成や運行を説明してきた。原義は，陰は雲が日を覆うこと，陽は日がさすこと。戦国時代後半に気が万物を構成する素材と考えられるようになると，陰の気と陽の気がそのもっとも主要な二つの種類とされるに至り，その後の中国の二元論的思考法を決定づけた。なお戦国末の鄒衍はこれを五行説とともに鼓吹したことで著名であり，のちに陰陽家と呼ばれたほか，方僊道にも大きな影響を与えた。

雲笈七籤（うんきゅうしちせん）

北宋の真宗は天禧３（1019）年，張君房に道教経典群の校訂と道蔵の編纂を委嘱し，4565巻の『大宋天宮宝蔵』が完成した。張君房はさらに真宗や図書館などの閲覧の便宜を考えて道蔵のダイジェスト版『雲笈七籤』120巻をつくった。雲笈とは「天上の本箱」，七籤とは「七種類の神秘的な文書」で，道蔵の分類であった三洞四輔のあわせて七部を踏まえた表現。この『雲笈七籤』は「小道蔵」と呼ばれ，道教の概要を知るための書として後世珍重された。なお現行本は122巻ある。

カ

外丹（がいたん）

金丹，丹薬と同じで，金石草木を使ってつくりあげた不老長生の薬。唐代以降に内丹の術が次第に普及したことにともない，自分の体内に外から取り入れる不老長生の薬を外丹と呼んで区別するようになった。

気（き）

本来的には風や雲などの流動する大気，および鼻や口をとおして体内を出入する気息などを指す語であったが，次第に天地や人の体に流行してその活動の力となるものであり，なおかつ天地万物や身体を形づくる根元的な素材とも考えられるようになった。さらにこの根元的な気から陰・陽の二種類の気に分かれ，あるいはまた木・火・土・金・水の五行の気も生まれるとし，これらの気がさまざまに結合することで千差万別な万物ができると説明されるようになった。道教系の思想はすべてをこの気で説明しようとする気一元論的な傾向が強い。

玉皇（ぎょくこう）

神々の世界の皇帝として崇められる伝統中国の最高神。玉帝，玉皇大帝，玉皇上帝，昊天金闕玉皇上帝ともいう。元始天尊が道教の教理上の最高神であるのに対し，玉皇は民衆的信仰上の最高神。「玉」は天上界の事物につけられる語，「皇」は皇帝のことであり，玉皇は地上の皇帝のアナロジーとして天上界の最高位に君臨する神をいう。容姿も簾のついた冕（冠）を戴くなど地上の皇帝のイメージをそのまま投影したものとなっている。宋代以降，広く信仰された。道教では三清を輔佐する四御の一人とされることもある。

金丹（きんたん）
金石類を使ってつくる不老不死の薬のこと。これを「金丹」の名称で後世に知らしめたのは東晋の葛洪であった。葛洪の本意としては，金は黄金，丹は丹砂であり，仙薬のなかでももっとも優れたこの二つを使うことで自らを永遠の存在へと変化させることができるというものであった。ただし後世ではそれ以外の薬剤を含めておもに金石を調合錬成してできる種々の不老長生薬を指すことになった。唐代以降は内丹の類も金丹と呼ばれるようになった。

経絡（けいらく）
経脈と絡脈の総称。身体の上下を縦に直行するのが経脈，経脈から分かれて身体の各部位を網羅的に繋ぐのが絡脈。人体の気血が運行するルートであり，体内の臓腑や節々を連結している。経絡はおのおのが特定の四肢や臓器の機能に密接に関係し，経絡上の365の正穴をはじめさまざまな経穴（ツボ）を刺激することで，その経絡に関係する四肢や臓器などの疾病に効果があるとされる。十二経脈を基本とし，ほかに奇経八脈，十二経別，十二経筋，十五絡脈などがある。

元始天尊（げんしてんそん）
道教の教理上の最高神。もとは大乗仏教の影響で作成されたと考えられる霊宝経に，天地宇宙のあらゆる者の救済者としてあらわれたが，六朝末頃には道教神を代表する存在に位置づけられた。『隋書』経籍志の「道経」の解説では天地の生滅を超えた常存不滅の存在とされ，天地が一定のサイクルで崩壊して再生すると，そのはじめに秘道を伝えて人々を神仙世界へ導くとしている。後世，三清の神の筆頭となり，三尊の中央におかれる。

黄帝（こうてい）
中国世界の黎明期に天下を統治したとされる「五帝」の筆頭におかれる伝説的存在。実際に黄帝の名前があらわれるのは戦国時代の中頃以降であり，その後暦法，医学，神仙術などさまざまな学術や技術の創始者などとされた。一説に無為自然の政治を実践した古代の帝王ともされ，老子と結びついて「黄老」と並称された。道教では広成子から長生不老の要訣を授かった（『荘子』在宥篇），あるいは龍に乗って昇天した（『史記』封禅書）などとして神仙とみなされた。

黄老（こうろう）
黄帝と老子。黄帝は無為の政治思想を実践した古代の帝王とされ，一方老子の書とされる『老子道徳経』も無為の治世が主要なテーマだった。そこで戦国時代の末から前漢にかけて黄帝と老子が一体化し，人為を排した無為なる統治を説く黄老思想が流行した。漢初は政治イデオロギーとして尊ばれたが，武帝の時代になると儒教が国家教学として取って代わる。この頃より黄帝も老子も神仙としての性格が強まり，「黄老の術」の意味合いが変化して，政治思想ではなく神仙術，あるいは道家道教を指すことになっていく。

五行（ごぎょう）
木・火・土・金・水の五つの元素もしくは気で，これらが万物を形成するとされた。また木は火を生じ，火は土を生じ，土は金を生じ，金は水を生じ，水は木を生ずる（相生），あるいは水は火に克ち，火は金に克ち，金は木に克ち，木は土に克ち，土は水に克つ（相勝，相克）という循環関係が説かれた。もとは戦国時代の鄒衍が王朝の変遷を説明するために説いたが，陰陽説と融合して陰陽五行説となって流行し，季節（五時），方角（五方），色（五色），臓器（五臓）に配当されるなどで万物を五つのカテゴリーに分ける思想が広く一般化した。

五斗米道（ごとべいどう）
後漢の張陵（張道陵）に始まる一派。孫の張

魯は蜀と漢中地域に五斗米道に基づく独立政権を築いた。治病を重要な活動とし，教主―祭酒（中間指導者）―信徒を軸とする教団的組織をつくって「治」という行政的単位を設定し，信徒たちには『老子』を学習させた。のちに魏の曹操がこれを征服し，張魯と信徒らを北方の渭水から黄河流域へと移住させ，教主を頂点とする組織は瓦解した。一方で祭酒は独自に活動を守り，北方で新しい信徒を獲得しつつ伝承された。

斎醮（さいしょう）
「斎」は本来は潔斎の法であり，祭壇を築いて何日もかけて自らの過ちを神に告白し謝罪する滅罪の儀式。「醮」は夜中に供物を並べて天上の星々をはじめとする神々を祀って供応する儀式（『隋書』経籍志など）。さらに消災滅厄のために体内神を使者としつつ天上の役人に願いを奏上する「章」の儀式などがあったが，これらの方法と内容が次第に融合し，唐代以降は道士が神に祈願をおこなう類の儀式は一般に「斎醮」と呼ばれた。

三教帰一（さんぎょうきいつ）
儒教・道教・仏教の説く究極的な道理は一つであるという説。「三教一致」「三教合一」などの表現もほぼ同じ。後漢以降に仏教が本格的に伝来して以降，中国では儒教・道教・仏教がそれぞれ独自の教説を展開させ，伝統中国における精神史の三本柱として並存した。その歴史のなかで，三教といえども根本は一致するという主旨の言説がさまざまにあらわれた。全真教をはじめ，宋代以降の道教の大多数はこの立場をとる。また明代，禅の思想に近い陽明学の隆盛はこの風潮をおおいに普及させた。

三元（さんげん）
上元は1月15日，中元は7月15日，下元は10月15日をいう。道教では五斗米道に由来する説として，宇宙に天官・地官・水官の三官がいてそれぞれの管轄する天・地・水の世界であらゆる生き物の善行悪行を監察して取り締まるとされた。これがのちに三元と結びつき，上元は天官が検査する日，中元は地官が検査する日，下元は水官が検査する日とされた。またそれにともない，三官を三元と呼ぶこともおこなわれるようになった。

三清（さんせい）
道教が教理上設定する三つの最高神で，玉清元始天尊・上清霊宝天尊・太清道徳天尊をいう。世界はもともと混沌未分の気から始まり，それが元気・玄気・始気の三種類の気に分かれ，それがさらに天宝君・霊宝君・神宝君，およびそれぞれが住む玉清境（清微天）・上清境（禹余天）・太清境（大赤天）を形成したとされる。天宝君・霊宝君・神宝君は後世，元始天尊・霊宝天尊・道徳天尊とされるのが通例となる。

尸解（しかい）
表面的には普通の人同様に死去して屍を残しつつ，蟬や蛇のように脱け殻を残して仙人に生まれ変わるという神仙術。尸解により残された屍は長いあいだ腐らないとされた。後世さまざまなバリエーションが説かれ，肉体を何か別のものに託してそれを残しつつ仙去するのも尸解とされた。例えば棺に剣を残して消えるのは剣解，杖を残すのは杖解と呼ばれ，剣解は杖解よりも高度な尸解とされた。なお，尸解は肉体のまま昇天する方法よりも劣る成仙法とされ，神仙となったのちも位は低いとされた。

四御（しぎょ）
三清の次に位し，三清を輔佐するとされる玉皇上帝・后土皇地祇・勾陳天皇大帝・北極紫微大帝をいう。あるいは玉皇ではなく南極長生大帝を入れ，玉皇は背後で四神を統御する

と説明する場合もある。元来は六合（上下東西南北の六方位）の神で六御であったが，宋代以降に東西の神を省いて四御となったようである。三清と四御を神々の最高位に設定するのは，道教経典の分類の三洞四輔に合わせたのではないかという指摘がある。

讖緯（しんい）

前漢から後漢にかけて流行した未来予言の説。讖緯の讖は未来の吉凶を予言する言葉，緯は経書を天人合一説や災異・瑞祥説・陰陽五行説などによって解釈したもの。これを記した文献群は，正統な儒教経典を経書というのに対して緯書と呼ばれた。経とは縦糸，緯とは横糸のこと。緯書には易緯・書緯・詩緯・礼緯・楽緯・春秋緯・孝経緯の七緯があり，さらに河図・洛書・尚書中候・論語讖があった。その不思議な世界観は道教経典や道教的世界観にも一定の影響を与えた。

神・気・精（しん・き・せい）

「神」は精神のはたらきやそのエネルギー，「気」は身体全般を支えるエネルギー，精は「気」より肉体活動や生殖活動に直結したエネルギー。それぞれ上丹田（脳），中丹田（胸），下丹田（臍下）をセンターとする。これらは古くは「三奇」，宋代以降の内丹説では「三宝」と呼ばれ，道教的修行には欠かせない要素であった。内丹説では修行によって「精」は「気」に昇華し，「気」は「神」に昇華し，最後に「神」を昇華させれば「道」を得て神仙に至れるとされた。

神仙（しんせん）

道教が目標とする不老不死の存在。「仙」はもともと「僊」と記され，中国の東方にある三神山に住む不死なる存在で，天へと飛翔できるともされた。後漢以降は「仙」と表記するのが通例となる。古代の方僊道の所説を基礎としつつ，あるいは『老子』の思想や『荘子』に真人，至人，神人などの表現で描かれる超越者の姿を取り込み，あるいは呪術的祭祀の対象となる鬼神とも融合し，次第にそのイメージを多様化させていく。後世，天仙・地仙・水仙の三種類，あるいは天仙・神仙・地仙・人仙・鬼仙の五種類があるなどとも説かれた。

性・命（せい・めい）

「性」は本性。「命」は生命，あるいは天命（いのちの長さを含む運命）。内丹説では，「神」すなわち精神（心）は「性」より発したもの，また「気」は「命」を支える根本であるとし，「性」＝「神」，「命」＝「気」と定義する。そして精神的修錬（神の修錬）と身体的修錬（気の修錬）を合わせた実践を「性命双修」と呼んで重視する。なお「性命」論は本来，人に「天命」として賦与された「性」をどう理解していかに生きるかという儒教の根本命題であり，それを道教的に再設定したのが内丹説の「性命」論。

仙薬（せんやく）

文字通り仙人になるための薬。古くは秦の始皇帝がこれを求めたが，当時は蓬萊などの東海三神山にあるとされ，中国の外に探しに行かなければならなかった。その後，漢の武帝の頃より金石類を調合して人工的につくりだすことができるとされるようになった。東晋の葛洪『抱朴子』仙薬篇では「仙薬」について詳しく述べ，優れたものから順に，丹砂，黄金，白銀，……石英，石脳，……茯苓，地黄，麦門冬，木巨勝などと，金石から草木まで数多くの薬物を列挙している。

荘子（そうし）

戦国時代の宋の人，荘周のこと。蒙県の漆畑の役人であったとされる。彼の尊称を書名とした『荘子』があり，大きく内篇・外篇・雑篇の三部に分かれ，それぞれがさらに細かく分かれて合計33篇から成る。現代ではその最初の数篇（あるいは内篇全体）が荘周の作で，

その他の部分は後学などの別人の作と推定されている。荘周自身は死さえも抵抗なく受け入れる自由な境地を説いたようであるが，『荘子』全体としては長生不死を説く話など多様な内容を含む。

太上老君（たいじょうろうくん）
老子を神格化した神の呼称。『魏書』釈老志に『老君内伝』を引き，「太上老君，姓は李，名は耳，字は伯陽，一名重耳，……その母が太陽の精が流星のように落ちてきて口の中に入るのを見て懐妊し，72年後に李樹の下で母の左脇の下を割いて生まれた。すると李樹を指して「これが自分の姓だ」と言った。生まれながらに白髪だったので，老子と号した」と記されるのが初出。なお「老君」のみの呼称はすでに東晋の『抱朴子』にみえる。六朝期は道教の最高神とされることが多かったが，のちに三清の第三位の神宝君もしくは道徳天尊とされた。

胎息（たいそく）
胎息とは文字通り胎児が母胎の中にいるときのようにかすかな呼吸をする道術のことで，後漢頃にはおこなわれていた。気を体内に取り入れる服気法，気を体内にめぐらす行気法も実質的にはほぼ同じ場合が多く，行気・服気・胎息は遅くとも唐代には一体化した関係にあった。さらに体内をめぐる気には外気と内気があり，このうち内気をめぐらす方法を重視し，それが服気（服内気）であり胎息であるとする内容もみられた。のちに胎息を内丹とする場合もあらわれ，内丹法にも取り込まれた。

太平道（たいへいどう）
後漢の後半に『太平清領書』を入手した干吉（あるいは于吉）に始まるとされる一派。張角は『太平清領書』をもとに黄巾党をつくって王朝に対して黄巾の乱を起こした。信徒の活動の中心は，黄老を中心とした神仙信仰と神仙道の実践，および首過（自らの罪を告白し反省すること）と符水（符を入れた水を飲む方法）による治病であり，これらにより民衆を引きつけた。結局この黄巾党は政府軍に制圧されてほぼ壊滅し，教法が後世に伝承されることはなかった。

丹田（たんでん）
道教的身体観で修行上最重要とされる部位。一般的には臍下の２～３寸に位置するとされる。詳しくいえば，頭部にある泥丸が上丹田，胸部にある絳宮が中丹田，臍下の関元あるいは命門が下丹田で，あわせて三つの丹田があるとされる。六朝時代の守一法や存思法ではこれらの三丹田に体内神がいると説く。また後世の内丹法では上丹田を神の府，中丹田を気の府，下丹田を精の府とし，これらの三丹田を使って内丹を錬成することを説く。

丹薬（たんやく）
狭義には丹砂をもとにしてつくった不老不死の薬物をいう。丹砂は天然の硫化水銀のことで，鮮やかな赤色をしている。『抱朴子』金丹篇で，丹砂は「焼けば焼くほど霊妙な変化を起こす」がゆえに最高の薬物とされており，服用すれば人の体を変化させて不死の体へと導くと信じられて珍重された。広義には金石草木からつくった不老長生のための薬を幅広く指し，実際にはこちらの使い方のほうが一般的といえる。

天師道（てんしどう）
五斗米道のことであるが，南北朝期には「天師道」と呼ばれることが多くなる。北朝では北魏に寇謙之があらわれ，太上老君が降臨して彼に天師道の改革粛正を命じたという。太武帝は彼に傾倒して弟子の礼をとり，国をあげて道教的信仰に熱中した。南朝では劉宋の陸修静が明帝より尊崇され，やはり天師

道の改革是正を訴えている。その甲斐あってか劉宋末には天師道組織の秩序は回復して制度も安定し始めたとされる。この南朝天師道の制度はその後さまざまな経典・教派が合流してまとまっていく道教の制度的な基礎となった。

道(どう)
原義は人が通行する道であるが，それが抽象化されて次第に道理・真理などの意味でも使われるようになった。儒教では多く人道の意味で使われたが，道教では世界の根源をなすものを指す言葉として使われた。『老子』では道は万物を生み出す根源的な無，『荘子』では瓦礫屎尿にまで存在する普遍的真理などとされた。魏晋以後は，道は気であるとして「道気」が説かれたり，また仏教の「仏」に対応する神格名「道」「道君」などとされ，さらには有・無を離れた中道，あるいは不生不滅の真性などともされたが，基本的には「無為自然なる万物の根源」などの『老子』に示された性格を基にして，それぞれの時代の思潮を意識するなどしつつ敷衍されて説かれた。

導引(どういん)
身体の屈伸運動を中心に呼吸法などを取り入れた養生長生法。熊・猿・鳥などの動物の動きを真似るものや，立っておこなうもの，坐っておこなうもの，臥しておこなうもの，あるいは棒を使うものなどさまざまな動作があった。1973年にこれを図示した「導引図」が馬王堆の前漢墓から出土し，その具体的な姿が明らかとなった。その後も服気や按摩の方法と融合したり，民衆に愛好される「五禽戯」(五つの禽獣の動きを真似した体操)を生み出すなどしながら綿々と伝えられた。

道観(どうかん)
道教寺院のこと。南北朝の頃には「道館」といい，北朝末頃から「道観」の表現が使われるようになった。また唐代には「宮」という呼称もあらわれた。宋代になると「宮」は「観」の上に位置づけられ，重要な道観は勅令によって「宮」に昇格させるパターンが定着した。このため「道観」は「宮観」とも呼ぶようになった。内部には，山門，鐘楼・鼓楼，霊官殿，玉皇殿，三清殿などが設けられている。

道士(どうし)
前漢末頃から道術や方術をおこなう士を指す語として使われ，のちに儒・仏・道のうちの道の教えを信奉し実践する人の呼称としても一般化した。ほかに「黄冠」と呼ばれることも多い。これは道士は黄色を尊び，黄色の衣冠を身につけることが多かったからとされる。また女性の道士は「女冠」と呼ばれる。近年は，とくに全真教において男性の道士を「乾道」，女性を「坤道」と呼ぶのが慣習的におこなわれている。

道蔵(どうぞう)
道教の典籍を集大成したもので，仏教の「大蔵経」(「一切経」)に対応する。道教系文献のコレクションは『漢書』芸文志の道家や神僊家にうかがえる漢王朝の蔵書から存在したが，「道蔵」という呼び方がみられるようになるのは，唐高宗の頃からである(「道蔵経序碑」)。その後，唐玄宗の「三洞瓊綱」(「開元道蔵」)3744巻(？)，宋真宗の「大宋天宮宝蔵」4565巻から明太宗～英宗の「正統道蔵」5305巻と神宗の「万暦続道蔵」180巻に至るまで，歴代の王朝で編纂された。「三洞四輔」という独特の分類法で構成される。→コラム「道蔵の編纂」参照。

道徳経(どうとくきょう)
春秋時代の人物の老子が述作したとされる著作。別名『老子』『老子道徳経』。上下二篇から成り，上篇は「道経」，下篇は「徳経」と呼ばれる。内容は，世界の根源に知覚不可能な「道」があること，その「道」から天地・

万物が生み出されていくこと，人はその「道」の無為自然なあり方に倣うことによって自分自身から国家まですべてが治まることなどを述べる。実際の作者や成立年代については謎が多く，諸説ある。

内丹（ないたん）
自らの体内に流れている気を，神（こころ）による操作をとおして精錬し，その結果として自らの内部にできあがる「内なる金丹」をいう。あるいはそれをつくる方法論をいう。この「内なる金丹」は十分な修錬を経た気であるとする立場と，やはり十分に修錬を経た神であるとする立場の二つがある。唐代に金丹術を内面化したものとして萌芽し，宋代以降広くおこなわれた。

符（ふ）
呪術に使う象徴的・神秘的な図形，およびそれを紙などに描いたもの。漢字をデフォルメしたような図形が多いが，雲篆や三元八会と呼ばれる神仙の書法を基にしたとされるものや，鬼神の姿を描くものなど多種多様。黄色い紙に朱墨（丹砂）で描くのがもっとも一般的な形式。効能も鬼神の使役，悪霊駆除，亡魂救済，自然災害の鎮静などさまざまあり，目的に応じて体に佩びたり，家屋に貼ったり，あるいは燃やして灰や煙にするなどして用いる。→口絵参照。

服餌（ふくじ）
服食ともいう。金石や草木からつくる薬物（丹薬・金丹）を服用して長生や養生を図り，また不死の神仙となることをめざす方法。「不死の薬」の服用を神仙となる方法とするのは戦国時代の方僊道で説かれたが，これはおそらく異国に生える特殊な草木の類が想定されていた。これに対して金石をもとに人工的に不死の薬をつくることは漢の武帝頃の方士たちにより説かれ始めた。その後，芝菌（きのこ）類を含めて金石や草木をさまざまに調合して薬物をつくり，それを服用する方法が生み出された。

巫祝（ふしゅく）
人と神との媒介者をいう。古代，「巫」は鬼神に仕えて祈禱・卜筮・占星術・医療などをおこなう人をいった。一方，「祝」は周代以後あらわれ，巫より上位にあって祭を主宰し賛辞を述べる者であった。その後，「巫」は「祝」に同じであり，無形なるものとコンタクトし，舞によって神を降すことのできる女を指すとされ，また文字の形は両人が神を褒め称えて舞う姿をかたどったものだとされた（『説文解字』）。なお原則として「巫」が女であるのに対し，男は「覡」といった。のちにこれらの区別はなくなり，「巫祝」で占卜や祭祀を掌る人の呼称となった。

符籙（ふろく）
ある一連の道教儀礼をおこなう際に用いる神々の名と符などが記された文書。これを所持することは，その儀式を執りおこなう資格が与えられていることを意味する。経典や経文の類を含めて「経籙」と表現する場合も多い。この符籙はレベルの違いにより大小何種類にも分かれており，道士の位階の昇格は，すなわちより高いレベルの符籙が授与されることによりおこなわれる。これを授籙（制度）という。

辟穀（へきこく）
穀物を食べない修行法。中国では古代より，穀物は土地の陰濁の気であって，人の生命を維持する純粋な気を混濁させる不純な気だとする考え方があった。そこで，穀物から地の気を摂り入れることを断ち，天の清らかな気を呼吸により摂取することで長生が可能となるとされた。このため，辟穀は呼吸法の「食気」とセットで説かれることが多い。また穀

食することで体内に生まれ，身体に障害や老化をもたらす穀虫や三尸を除去するためにおこなうと説かれる場合もある。

方士（ほうし）
方術の士のこと。古代の方僊道に由来し，神僊（神仙）や不老不死，僊薬（仙薬）を語った人々。秦の始皇帝や漢の武帝が神僊に強い関心をもったために世間に数多くあらわれたが，その後の時代も存在し続けた。ただし方術は道家の術として道術とも呼ばれるようになり，同時に方士も道士と呼ばれることが多くなる。晋代以降，新たにあらわれた符籙の術なども含め，道術をおこなう者の呼称は道士が一般的となった。

房中術（ぼうちゅうじゅつ）
男女間で性的な技法を使って気をやりとりし，不老長生を図る方法。黄赤の道，混気の法，男女合気の術，陰道などとも称する。前漢時代にはすでにかなりおこなわれており，『漢書』芸文志は房中家を立項し，８種186巻の書をあげている。のちに五斗米道はこれを取り入れたために道教の内外から批判されるが，その後もこの種の技法は根強くおこなわれ続けた。明清期には内丹法のなかの陰陽双修法（栽接法）としてさかんに説かれた。

マ

無為（むい）
『老子』に頻出するキーワード。『老子』は人間が作為的に何かをおこなう「有為」は結局失敗をもたらす有害なものとして批判し，「有為」を徹底的に排除した「無為」を理想として説く。この「無為」であってこそ，「無為にして為さざる無し」（『老子』37章，48章）というように，そこから一切が適切におこなわれていくとされた。これは「道」のあり方とされ，人もこれを模範として無為となることにより，かえって万事を適切に治めることができるとされた。

龍（りゅう）
中国の伝説上の動物。鱗のある動物の筆頭にあげられ，長い体と爪をもち，卵から生まれて千年で脱皮するという。水を司る神獣であり，雲や雨を興すとされる。またあるときは天上に居り，あるときは深い淵に潜んでおり，他のものに変化することもできるという。体の色はさまざまな場合があるが，一般的には黄（金）色であり，神人が乗り物として使う。道教系の信仰ではとくに雨を司る神として祀られる場合が多い。

錬丹（れんたん）
文字通りには丹薬を錬成することだが，幅広く金石類を使って不老長生の薬をつくることをいう。この種の方法論は「黄白の術」（黄は金，白は銀のこと）とも呼ばれ，前漢以来の「黄冶の術」に遡源する。宋代以降に内丹法が普及すると，内丹をつくることも錬丹というようになる。

老子（ろうし）
『道徳経』を述作したとされる人物。『史記』によれば楚の出身で，姓は李，名は耳，字は耼。周王朝の図書館を管理する役人で，孔子が教えを請うたとされる春秋時代の人。今日では実在性を否定する研究者が多い。前漢にはすでに神仙じみた人物として扱われていたが，後漢以降は神として信仰対象ともなり，道教信仰では老君，太上老君，道徳天尊などと呼び最高神の一つに位置づけられる。唐王朝より玄元皇帝，宋王朝より混元皇帝の尊号を与えられた。

年中行事

凡例 ◎ 北京白雲観の節日（戦前・現在とも）
⊙ 北京白雲観の節日（戦前のみ）
○ 北京白雲観の節日（現在のみ）
● 過去の節日
無印 上記のほか，伝統的に多くの道観・廟などでおこなわれる節日

月 日	行 事	
1月1日	元始天尊聖誕	三清の一で道教の最高神，元始天尊の誕辰（誕生日），冬至ともいう
	天臘	古くからの行事，五臘の一，先祖と神々を祭祀する日
1月3日⊙	郝祖聖誕	全真教七真人の一，広寧子郝大通の誕辰
1月4日	孫天医真人聖誕	医神の孫思邈の誕辰，4月28日とも
1月5日⊙	孫祖聖誕	全真教七真人の一，清静散人孫不二の誕辰
1月7日●	上会日	初期天師道などでおこなわれた古い行事の三会日の一，信者が定期的会合をする日
1月8日	五殿閻羅王聖誕	冥府十殿のうち，第五殿閻羅王の誕辰
1月9日◎	玉皇聖誕	玉皇の誕辰，また前年末に降った玉皇が天宮へ帰る日
1月13日	関聖帝君飛昇	関羽の命日，誕辰とも
1月15日◎	上元聖誕	三官の一，上元天官大帝の誕辰，三元斎日の一
	臨水夫人聖誕	三奶夫人の一，三奶教の教祖の大奶夫人，すなわち福建陳靖姑女神の誕辰
	門神戸尉聖誕	門神の誕辰
	張天師聖誕	正一教（天師道）の祖，張道陵の誕辰，3月15日，5月18日とも
1月19日◎	邱祖聖誕	全真教七真人の一，長春子邱（丘）処機の誕辰
2月1日	一殿秦広王聖誕	冥府第一殿秦廣王の誕辰
	勾陳神聖誕	四御の一，戦いの神ともいう勾陳神の誕辰
	劉真人聖誕	全真教七真人の一，長生子劉処玄の誕辰
2月2日⊙	土地神聖誕	土地神（福徳正神）の誕辰
⊙	姜太公聖誕	太公望呂尚の誕辰，8月3日とも
	済公活仏仏誕	宋代の僧侶，済公の誕辰，済顚和尚ともいう
2月3日◎	文昌帝君聖誕	学問の神，文昌梓潼帝君の誕辰
2月6日⊙	東華帝君聖誕	全真教の始祖，東華紫府少陽帝君の誕辰，東王公とされることもある
2月8日	三殿宋帝王聖誕	冥府第三殿宋帝王の誕辰
2月14日⊙	高和真君聖誕	古代の名医，高和の誕辰
2月15日	九天玄女聖誕	戦いの女神，九天玄女（九天娘々）の誕辰，一説に9月15日とも
◎	太上老君聖誕	老子の誕辰，太上老君と尊称され，また三清の一，道徳天尊とされる
	精忠岳武穆王聖誕	宋代の忠臣，岳飛将軍の誕辰

2月17日	東方杜将軍聖誕	南朝宋の盗賊神である五道(五盗とも)将軍の一，東方に配当される杜平の誕辰
2月18日	四殿五官王聖誕	冥府第四殿五官王の誕辰
2月19日⦿	観音菩薩聖誕	観音の誕辰，道教では多く観音大士，白衣大士，慈航道人と呼ぶ
2月21日	普賢菩薩仏辰	普賢菩薩の誕辰，一説に4月21日とも
	水母聖誕	火神に対する水神の誕辰
2月25日	明真帝聖誕	玄天上帝の父，浄楽天君明真大帝の誕辰
2月26日	南宮趙真君聖誕	三国時代，蜀の将軍趙雲の誕辰
3月1日	二殿楚江王聖誕	冥府第二殿楚江王の誕辰
3月3日◎	玄天上帝聖誕	北極玄天上帝(北帝)，すなわち真武(玄武)神の誕辰
⦿	王母娘々聖誕	西王母の誕辰，7月18日とも
⦿	譚祖聖誕	全真教七真人の一，長真子譚処端の誕辰，7月12日とも
3月6日	眼光娘々聖誕	華北で祀られる三娘々の一，目を司る女神の誕辰，4月20日とも
3月8日	六殿卞城王聖誕	冥府第六殿卞城王の誕辰
3月12日	中央五道聖誕	五道将軍の一，中央に配当される耿彦正の誕辰
3月15日⦿	張天師聖誕	正一教(天師道)の祖，張道陵の誕辰，1月15日，5月18日とも
◎	趙玄壇聖誕	武神・財神の趙公明の誕辰
	保生大帝聖誕	福建の医神，呉本の誕辰
	昊天大帝聖誕	天の最高神，昊天大帝の誕辰
3月16日	山神聖誕	山神の誕辰
	江神聖誕	江神すなわち長江の神の誕辰
	中岳大帝聖誕	河南嵩山神の誕辰
3月18日⦿	后土皇帝聖誕	大地の女神，后土皇地祇の誕辰
	三茅真君得道／聖誕	茅山上清派の祖，茅盈・茅固・茅衷三兄弟の得道日また誕辰とも
⦿	玉陽王祖聖誕	全真教七真人の一，玉陽子王処一の誕辰
3月19日	太陽星君聖誕	太陽の誕辰
3月20日⦿	子孫娘々聖誕	子授けの女神，子孫娘々(注生娘々)の誕辰
3月23日	天上聖母聖誕	航海の守護女神，(天妃)媽祖の誕辰
3月26日	鬼谷先師聖誕	戦国時代の縦横家，蘇秦・張儀の師とされる鬼谷子の誕辰
3月27日	七殿泰山王聖誕	冥府第七殿泰山王の誕辰
3月28日○	東岳大帝聖誕	五岳の筆頭，東岳泰山神の誕辰
	倉聖先師聖誕	文字の発明者，倉頡の誕辰
4月1日	八殿都市王聖誕	冥府第八殿都市王の誕辰
4月3日⦿	慈憋真君聖誕	慈憋真君(不詳)の誕辰
4月4日	文殊菩薩仏辰	文殊菩薩の誕辰
4月5日	送生娘々聖誕	華北で祀られる三娘々の一，送生娘々の誕辰，送子娘々ともいう
	清明節	死者の霊魂に施食超度をおこなう節日

4月8日⊙	釈迦仏聖誕	釈迦の誕辰，12月8日とも
	九殿平等王聖誕	冥府第九殿平等王の誕辰
⊙	太山娘々聖誕	華北で祀られる三娘々の一で泰山神の娘，碧霞元君の誕辰，18日とも
	葛孝先真人聖誕	葛仙公，すなわち葛玄の誕辰，13日とも
4月10日⊙	賀祖聖誕	全真教華山派第一代の賀志真の誕辰と思われるが，詳細不詳
4月13日	葛孝先真人聖誕	葛仙公，すなわち葛玄の誕辰，8日とも
	河神聖誕	河神すなわち黄河の神の誕辰
4月14日◎	呂祖聖誕	八仙の一，呂洞賓すなわち孚佑帝君の誕辰
4月15日⊙	鍾離祖師聖誕	八仙の一，鍾離権すなわち鍾離帝君の誕辰
4月17日	十殿転輪王聖誕	冥府第十殿転輪王の誕辰
4月18日⊙	紫微大帝聖誕	紫微星の神，北極紫微帝君の誕辰
⊙	太山娘々聖誕	華北で祀られる三娘々の一で泰山神の娘，碧霞元君の誕辰，8日とも
	華陀神医先師聖誕	医神の華陀の誕辰，9月13日とも
4月20日⊙	眼光娘々聖誕	華北で祀られる三娘々の一，目を司る女神の誕辰，3月6日とも
4月21日	李托塔天王聖誕	哪吒の父，李靖の誕辰
4月26日	神農大帝聖誕	古代の伝説的帝王で農業神の神農氏の誕辰
4月28日	催生娘々聖誕	出産を司る神，催生娘々の誕辰
○	薬王聖誕	薬王とされる唐の道士，孫思邈の誕辰，1月4日とも
5月1日⊙	長生大帝聖誕	長寿を司る南極長生大帝(南極仙翁)の誕辰，6月24日とも
	雷霆鄧天君聖誕	雷部二十四位天君の筆頭，鄧忠の誕辰
	地祇温元帥聖誕	孚祐温元帥すなわち後漢浙東温州の温瓊の誕辰
5月5日	地臘	古くからの行事，五臘の一つ，先祖と神々を祭祀する日
⊙	温元帥聖誕	道教の神将，地祇上将元金昭武顕徳温元帥の誕辰
5月7日	巧聖先師聖誕	春秋時代の大工で工匠の祖神，魯班の誕辰，12月20日とも
5月8日	南方五道聖誕	五道将軍の一，南方に配当される李思の誕辰
5月11日	天下都城隍聖誕	城隍神の最高位で国都を守護する都城隍の誕辰
5月12日	炳霊公聖誕	東岳大帝の第三子とされる至聖炳霊王の誕辰，管領三山正神炳霊公ともいう
5月13日⊙	関帝赴会紀念	関羽が単刀のみ携えて呉との会談に赴いたとされる節日
5月18日	張天師聖誕	正一教(天師道)の祖，張道陵の誕辰，1月15日，3月15日とも
5月20日⊙	丹陽馬真人聖誕	全真教七真人の一，丹陽子馬鈺の誕辰
夏至 ◎	霊宝天尊聖誕	三清の一，霊宝天尊の誕辰，太上道君とも呼ばれる
6月6日	崔府君聖誕	唐代山西の崔玨の誕辰，冥府の判官として有名
6月10日⊙	海蟾劉祖聖誕	全真教五祖の一，劉海蟾の誕辰
6月13日⊙	龍王聖誕	雨水を司る龍神の聖誕，一説に11日とも
6月15日	王霊天君聖誕	天将の一員，豁落霊官の誕辰，王霊官ともいう，16日とも
6月16日⊙	霊官王祖聖誕	道観の守護神，豁落先天主将王霊官の誕辰，15日とも
6月19日⊙	扁鵲真人聖誕	古代の名医，扁鵲の誕辰

6月20日	⊙	斗姥元君聖誕	北斗・衆星の母とされる斗母(斗姥)の誕辰，9月9日とも
	○	関聖帝君聖誕	関羽の誕辰，24日とも
6月23日	⊙	火祖大帝聖誕	火神の誕辰，火徳星君，火王爺ともいう
	⊙	馬王聖誕	馬神の誕辰
6月24日	⊙	関聖帝君聖誕	関羽の誕辰，20日とも
		南極大帝聖誕	寿命を司る神，南極長生大帝の誕辰，5月1日とも
		雷祖大帝聖誕	雷部を司る九天応元雷声普化天尊の誕辰
		西秦王爺聖誕	音楽と演劇の守護神，唐の玄宗皇帝の誕辰
	⊙	高緩真人聖誕	古代の名医，高緩の誕辰
6月25日	⊙	藍祖聖誕	八仙の一，藍采和の誕辰
6月26日		二郎真君聖誕	治水の神，二郎神(清源妙道真君)の誕辰
	⊙	協和老姥聖誕	協和老姥(不詳)の誕辰
7月7日		大成魁星聖誕	学問神の魁星すなわち北斗第一星の誕辰
		道徳臘	古くからの行事，五臘の一，先祖と神々を祭祀する日
	●	中会日	古い行事の三会日の一，信者が定期的会合をする日
7月9日	⊙	邱祖飛昇日	全真教七真人の一，丘(邱)長春の成道仙去の日
7月10日	⊙	鉄拐李祖師聖誕	八仙の一，李鉄拐(鉄拐李)の誕辰
7月12日		長真譚真人聖誕	全真教七真人の一，長真子譚処端の誕辰，3月3日とも
7月15日	◎	中元地官聖誕	三官大帝の一，中元地官大帝の誕辰，三元斎日の一
7月18日		瑤池金母聖誕	女仙の総帥，西王母の誕辰，3月3日とも
7月19日		値年太歳星君聖誕	太歳星六十神が干支にしたがい毎年一神当番になるが，その統一誕辰
		上元道化真君聖誕	三元真君の一，唐真君すなわち唐宏の誕辰
7月20日	⊙	朗然劉祖聖誕	宋初の内丹系道士，劉希岳の誕辰
7月23日		諸葛武侯聖誕	諸葛孔明の誕辰，天枢上相真君ともいう
7月27日	⊙	玉清黄老聖誕	玉清黄老(華祖殿に祀る)の誕辰
8月3日		北斗星君聖誕	北斗七星の誕辰，死を司るので，この日に厄除けと長寿を祈る
	⊙	司命竈君聖誕	一家族の生命を司る竈神(九天司命竈君)の誕辰
		姜相子牙聖誕	太公望呂尚の誕辰，2月2日とも
8月10日		北岳大帝聖誕	五岳の一，北岳恒山神の誕辰
8月12日		西方五道聖誕	五道将軍の一，西方に配当される任安の誕辰
8月15日		太陰星君聖誕	太陽誕辰に対する女神としての月の誕辰
		林奶夫人聖誕	三奶夫人の一，林奶夫人の誕辰
8月18日		酒仙聖誕	太白仙翁，すなわち唐代の詩人李白の誕辰
8月23日		桓侯張大帝聖誕	三国時代の蜀の武将，張飛の誕辰
8月27日		至聖先師孔夫子聖誕	孔子の誕辰，11月4日とも
8月28日	⊙	寥一真人聖誕	上清先生霊宝寥真君(不詳)の誕辰
9月1日		南斗星君聖誕	生を司る南斗六星の誕辰
9月3日		五瘟聖誕	隋代にあらわれた五瘟使者，すなわち五名の疫病神の誕辰
9月9日		中壇元帥聖誕	五営神将の総帥，哪吒(なた)の誕辰
		酆都大帝聖誕	酆都地獄を司る北陰大帝の誕辰

	⦿	三丰祖師聖誕	明初の道士で太極拳の祖ともされる張三丰の誕辰
		斗母元君聖誕	北斗・衆星の母とされる斗母(斗姥)の誕辰，6月20日とも
	◎	九皇真君聖誕	九皇大帝とも，北斗七星に左輔・右弼を合わせた北斗九星神の誕辰
		李奶夫人聖誕	三奶夫人の一，李奶夫人の誕辰
9月13日		孟婆尊神聖誕	冥府で亡者が転生する際に迷魂湯を飲ませる女神の誕辰
	⦿	華祖聖誕	医神の華陀の誕辰，4月18日とも
9月15日		朱聖夫子聖誕	南宋の儒者，朱熹の誕辰
		無極老母娘聖誕	羅教，白蓮教，一貫道などの会道門の最高神，無極老母の誕辰
9月17日	⦿	財神聖誕	金銭財宝を司る財神の誕辰
9月18日	⦿	高鵲真人聖誕	高鵲(古代の名医？)の誕辰
	⦿	馬元帥聖誕	道教の神将，都天罡主正一横天馬元帥の誕辰
9月23日		薩真人聖誕	咒棗の術と雷法で知られた宋代道士薩守堅の誕辰
9月28日		五顕大帝聖誕	五顕霊官すなわち馬元帥華光の誕辰，霊官馬元帥ともいう
10月1日		東皇大帝聖誕	太一星を神格化した古代の天神，東皇太一の誕辰
		下元定志真君聖誕	三元真君の一，周真君すなわち周斌の誕辰，一説に2日とも
	●	下会日	古い行事の三会日の一，信者が定期的会合をする日
		民歳臘	古くからの行事，五臘の一，先祖と神々を祭祀する日，10日とも
10月10日	⦿	果老張祖師聖誕	八仙の一，張果老(張果)の誕辰
		民歳臘	古くからの行事，五臘の一，先祖と神々を祭祀する日，1日とも
10月12日		齊天大聖聖誕	『西遊記』の主人公，孫悟空の誕辰
10月15日	◎	下元水官聖誕	三官大帝の一，水官大帝の誕辰，三元斎日の一
10月18日		地母至尊聖誕	土地女神の誕辰
10月20日		虚靖天師聖誕	第三十代張天師，すなわち北宋の張継先の誕辰
11月4日	⦿	大成至聖孔子聖誕	孔子の誕辰，8月27日とも
11月6日		西岳大帝聖誕	五岳の一つ，西岳華山神の誕辰
11月9日	⦿	韓祖聖誕	八仙の一，韓湘子(韓湘)の誕辰
11月11日	⦿	救苦天尊聖誕	亡魂の守護神，太乙救苦天尊の誕辰
11月17日		大慈至聖九蓮菩薩仏辰	敬虔な仏教信者の明代慈聖太后の誕辰
11月26日		北方五道聖誕	五道将軍の一，北方に配当される孫立の誕辰
冬至	◎	元始天尊聖誕	三清の一で道教の最高神，元始天尊の誕辰，1月1日とも
12月8日		王侯臘	古くからの行事，五臘の一，先祖と神々を祭祀する日，「臘八」ともいう
	⦿	釈迦牟尼仏聖誕	釈迦の誕辰，4月8日とも
12月12日	⦿	北極罡星君聖誕	北斗七星の柄にあたる星の神の誕辰
12月16日		南岳大帝聖誕	五岳の一つ，南岳衡山神の誕辰
12月20日		魯班聖誕	大工の始祖で工匠に崇められる魯班の誕辰，5月7日とも
12月22日	⦿	重陽王祖師聖誕	全真教の開祖，王重陽(王嚞)の誕辰，一説に9月9日とも

12月23日⦿	竈君祭祀日	竈の神を天上へ送る日
12月24日	送神	23日の晩より，竈神とともに地上のあらゆる神仙を天上に送る
	玉皇大帝降聖	玉皇が人々の善悪を調べ賞罰を定めるため，下界に降る日，25日とも
12月25日○	玉皇大帝降聖	玉皇が人々の善悪を調べ賞罰を定めるため，下界に降る日，24日とも
12月27日⦿	王常月真人聖誕	清初の全真教中興の祖，王常月の誕辰

このほか，古い行事に「十斎日」(「十直日」) があり，毎月の1，8，14，15，18，23，24，28，29，30の10日を斎日とした。

参考資料　次の3点を中心としつつ，ほかのものも参考とした。

吉岡義豊『吉岡義豊著作集』第一巻，東京，五月書房，1989年／劉枝萬『台湾の道教と民間信仰』東京，風響社，1994年／李養正『新編白雲観志』北京，宗教文化出版社，2003年

年　表

王朝	天子	年号	西暦	事項
周				
東周	景王	9	前522	孔丘（孔子），この頃より魯で私塾を始め，教団を形成
	敬王	2	前518	伝説では，この頃孔子が周へ赴き，老子（李耳，老聃）に礼を問う
		40	前480	孔丘，『春秋』を著す
	敬王	41	前479	孔丘没す
	威烈王	23	前403	韓・魏・趙が自立して諸侯となる。戦国時代始まる
	安王	12	前390	この頃墨翟（墨子）没す。『墨子』非儒篇に「道教」の語があらわれる
		16	前386	斉の田氏，国を奪う。こののち戦国の七雄並び立つ
		21	前381	巨子の孟勝率いる墨家180余人，楚で集団自殺
				この頃，鄒衍（陰陽家），田駢（道家）ら稷下の学士，活躍
	顕王	13	前356	この頃より，斉の威王，東海三神山を探す
		34	前335	この頃楊朱没す
	慎靚王	2	前319	『孟子』成る
	赧王	5	前310	この頃恵施没す。
				この頃，斉の宣王・燕の昭王，東海三神山を探す
		15	前300	この頃郭店楚簡『老子』副葬される？
		26	前289	この頃孟軻（孟子）没す
		29	前278	この頃荘周（荘子）没す
	恵公	6	前250	この頃公孫龍没す
（秦）	（始皇帝）	14	前233	この頃韓非没す。『韓非子』に喩老篇・解老篇あり
秦	始皇帝	26	前221	秦王政，天下を統一し，始皇帝を名乗る
		28	前219	始皇帝，泰山で封禅をおこなう。また，徐市と童男童女数千人を三神山に派遣する
		32	前215	始皇帝，碣石にて方士の盧生・韓終らに神僊羨門高や不死薬の探索を命じる
		34-35	前213-212	焚書坑儒
前漢	恵帝	2	前193	蓋公の黄老の術を修めた曹参，相国となる
	少帝	2	前186	長沙国丞相軑侯利蒼没す
	文帝	12	前168	利蒼の子死す。この頃，利蒼の子の墓に『老子』が副葬される（馬王堆３号墓帛書）
		16	前164	文帝，方士の新垣平を上大夫とする
		17	前163	文帝，新垣平を誅す
	武帝	建元 2	前139	この頃，竇太后，黄老を好み，儒者の田蚡らを罷免する
		建元 5	前136	董仲舒の「賢良対策」を採用，五経博士を置き，儒教を国家教学とする
		元光 1	前134	方士の李少君，武帝に祠竈・穀道・却老の術を奏上する
		元光 2	前133	武帝，李少君の言に従い郊祭をおこない，竈を祀り，神僊を求める。また方士謬忌の奏上により太一祠を建つ
		元狩 1	前122	淮南王劉安没す，編著に『淮南子』

		元狩 4	前119	武帝，方士の少翁を文成将軍とする
		元鼎 4	前113	武帝，方士の欒大を五利将軍とする
		元鼎 5	前112	武帝，欒大を将軍の上の楽通侯とする
		元封 1	前110	武帝，泰山で封禅をおこなう。　司馬談没す，著に「六家之要指」
		元封 2	前109	武帝，公孫卿の案に従い，神僊を招くための益延寿観などを建立する
		元封 5	前106	武帝，第二次封禅
		太初 3	前102	武帝，第三次封禅
		天漢 3	前98	武帝，第四次封禅
		太始 3	前94	武帝，第五次封禅
		征和 2	前91	この頃，司馬遷『史記』成る
		征和 4	前89	武帝，第六次封禅。東萊に行幸し，神僊を求める
	宣帝	元康 5	前61	この頃劉向，錬丹書『淮南鴻宝苑秘方』を帝に献上する
	成帝	鴻嘉 3	前18	劉向，『列仙伝』を著す
		永和 2	前15	谷永，成帝の鬼神祭祀に諫言する
		綏和 2	前7	劉歆，『七略』を奏上
				この頃より，讖緯の書が多くあらわれる
	哀帝	建平 2	前5	斉の甘忠可，『天官暦包元太平経』をつくる。その影響で「太初元将」と改元
		元寿 1	前2	博士弟子景盧，大月氏の使者伊存より『浮屠経』を口授されるという
新	王莽	初始 1	後8	王莽，符命と称し，皇帝となる
		始建国 1	9	王莽，自身を黄帝・虞舜の跡継ぎと宣言し，官名・地名を改める
		地皇 4	23	王莽敗死し，新滅ぶ
後漢	光武帝	建武 1	25	光武帝，「赤伏符」の預言をもとに即位する
		建武 4	28	張豊，道士の説をもとに反乱を起こす
		中元 1	56	光武帝，泰山で封禅をおこなう。図讖を天下に頒布
	明帝	永平 8	65	劉英，楚王となる。この頃，自ら黄老と仏を信奉する
	安帝	延光 1	122	洛陽邙山漢墓で解除文と符を記す陶罐副葬される
	順帝	永和 5	140	この頃，宮崇，『太平清領書』を献上する
	桓帝	延熹 8	165	桓帝，老子を苦県に祀る。次いで辺韶，「老子銘」をつくる
		延熹 9	166	桓帝，濯龍宮に黄老と仏を祀る
	霊帝	熹平 6	177	一説に，この年張陵没す
		光和 7	184	黄巾の乱起こる
	献帝	建安 5	200	呉の孫策，干吉を誅殺する
		建安20	215	張魯，曹操に降伏する
		建安21	216	張魯，没す
三国				
呉	大帝	黄龍 2	230	孫権，東海に派兵して蓬萊・仙薬を探索する
		嘉禾 2	233	虞翻没す，著に『周易注』
		赤烏 2	239	城隍廟の濫觴の一つ，蕪湖（安徽）の徐盛廟が建つ
魏	斉王	正始10	249	王弼没す，著に『老子注』『周易注』
魏	元帝	景元 3	262	嵆康没す，著に「養生論」「与山巨源絶交書」

		年号	西暦	事項
		景元 4	263	阮籍没す，著に「達荘論」「通易論」「大人先生伝」
晋				
西晋	武帝	咸寧 3	277	蜀の五斗米道の首領，陳瑞誅せらる
		太康 9	288	太極真人らの神々，魏華存に降る
	恵帝	元康 1	291	八王の乱起こる（～306）
		永興 1	304	李雄，五斗米道の范長生と成都を奪い，「成都王」を称す
		永興 2	305	一説に，この頃道士王浮，『老子化胡経』をつくる
成	（李雄）	晏平 1	306	李雄，皇帝を称し，五斗米道国家の「成」を建国
東晋	元帝	建武 1	317	葛洪，『抱朴子』を著す
	明帝	太寧 2	324	李脱と李弘，反乱を起こし，誅せられる
	成帝	咸和 9	334	魏華存没す
		咸康年間		この頃，山東・貝丘で李弘の反乱
	康帝	建元 1	343	この頃葛洪没す，著に『抱朴子』『神仙伝』
	穆帝	永和年間		この頃，湖北・江夏で李弘の反乱
	哀帝	興寧 2	364	真人魏華存，楊羲への降臨を開始する
	廃帝	太和 5	370	許翽没す
		太和年間		この頃，四川・広漢で李弘の反乱
	孝武帝	太元 1	376	許謐没す
		太元11	386	楊羲没す
	安帝	隆安 3	399	孫恩の乱起こる
北魏	道武帝	天興 3	400	道武帝，仙人博士・仙坊を置く
東晋	安帝	隆安 6	402	孫恩死す
		義熙 7	411	盧循死す
		義熙年間		この頃，陝西・弐原で李弘の反乱
北魏	明元帝	神瑞 2	415	寇謙之，この年に太上老君が降臨し，「天師」の位を授けたとする
		泰常 8	423	寇謙之，この年に李譜文が降ったとする
	太武帝	始光 1	424	寇謙之，太武帝に謁見す
		始光年間		この頃，甘粛・仇池で李弘の反乱
劉宋	文帝	元嘉14	437	陸修静，「霊宝経目序」を著す
南北朝				
北魏	太武帝	太平真君 1	440	太武帝，寇謙之の進言に従い，年号を「太平真君」とする
		太平真君 7	446	太武帝，諸州の仏僧を埋め，仏像を毀すことを命じ，廃仏をおこなう
		太平真君 9	448	寇謙之没す
劉宋	明帝	泰始 1	465	明帝，陸修静を建康に召し，崇虚館に住まわす
		泰始 3	467	顧歓，「夷夏論」を発表する
		泰始 6	470	明帝，儒・玄・文・史の学士各10人を置く
		泰始 7	471	陸修静，「三洞経書目録」を献上する
	後廃帝	元徽 5	477	陸修静没す
南斉	武帝	永明10	492	陶弘景，茅山に入る
梁	武帝	普通 3	522	陶弘景，「梁上清真人許長史旧館壇碑」を記す
北魏	孝明帝	孝昌年間		この頃，河南で李弘の反乱
梁	武帝	中大通 6	534	陶弘景，『真誥』『登真隠訣』を編纂する

梁	武帝	大同 2	536	陶弘景没す
北斉	文宣帝	天保10	559	『魏書』釈老志，成る
北周	武帝	天和 2	567	衞元嵩，武帝に仏教改革を建言す。　道安，『二教論』を著す
		天和 5	570	甄鸞，『笑道論』を著す。　北周玄都観の「玄都経目」成る
		建徳 3	574	武帝，仏・道二教を廃し，通道観を建つ
隋	文帝	開皇 2	582	馬枢，『道学伝』を著す
		開皇 3	583	彦琮，『弁道論』を著す
		開皇 9	589	孫思邈，文帝より国学博士を授かるも，辞退する
		開皇12	592	王遠知，晋王広（のちの煬帝）より招かれ，揚州に至る
		開皇13	593	傅奕，道士となる
		仁寿 4	604	王延，『珠嚢経目』を著す
	煬帝	大業 1	605	朝廷の内道場に道教・仏教経典を集め，目録をつくる
		大業 7	611	煬帝，王遠知を召し，玉清観に住まわす
		大業 8	612	煬帝，『老子変化経』を再編纂させる
		大業10	614	陝西で李弘の反乱
		大業13	617	李淵に霍山の神降る？
唐	高祖	武徳 1	618	王通没す，著に『中説』。この頃，吉善行，羊角山にて老子の化身に会い，唐王朝の繁栄を予言する？
		武徳 3	620	高祖，楼観の老君祠に参詣し，楼観を宗聖観へ改称するように命ずる。高祖，羊角山に老子廟を建つ
		武徳 4	621	傅奕，「減省寺塔僧尼益国利民事十一条」を発表す
		武徳 5	622	劉進喜，『太玄真一本際経』を著す
		武徳 7	624	はじめて朝廷の主宰で三教論議を開催する。劉進喜，『老子』を講ずる
		武徳 8	625	欧陽詢の書による「大唐宗聖観碑記」成る
		武徳 9	626	傅奕，李仲卿『十異九迷論』と劉進喜『顕正論』を献上する
	太宗	貞観 9	635	太宗，茅山に太平観を建て，王遠知を住まわす。この年，王遠知没す
		貞観11	637	太宗，道先僧後の序列を定める。亳州に老子廟を建つ
		貞観13	639	太宗，国子祭酒孔穎達・沙門慧浄・道士蔡晃を集め三教論議をおこなわせる
		貞観21	647	太宗，玄奘および道士蔡晃・成玄英らに『道徳経』の梵文翻訳を命じる
	高宗	永徽 3	652	この頃孫思邈，『千金方』を著す
		永徽 4	653	成玄英，『老子道徳経義疏』を著す
		永徽 6	655	高宗，昊天観を建て，道士尹文操に観主を命ずる
		顕慶 3	658	高宗，道士李栄・黄頤らと仏僧会隠・慧立らを招いて討論会をおこなう
		龍朔 3	663	高宗，道士方恵長ら，僧霊辯らを招いて討論会をおこなう
		麟徳 1	664	孟安排，『道教義枢』を著す
		乾封 1	666	高宗，天下の諸州に１寺１観を置く。また亳州老子廟に参詣し，老子に「玄元皇帝」の尊号を贈る
		総章 1	668	高宗，『老子化胡経』の焚経を命ず

		総章 3	670	尹文操，『玉緯経目』を著す
		上元 1	674	『老子』を科挙の策試に加える
		儀鳳 4	679	高宗，嵩山を祀り，道士潘師正を麓の嵩陽観に迎える
		永隆 1	680	高宗と武后，潘師正を訪ね，彼のために崇唐観を建てる
		永淳 1	682	孫思邈没す，編著に『千金要方』『千金翼方』
	中宗	弘道 1	683	天下の諸州に道観を建つ。上州に 3，中州に 2，下州に 1
	武后	光宅 1	684	潘師正没す
		垂拱 4	688	尹文操没す
		神功 1	697	王玄覧没す。著に『玄珠録』など
		聖暦 3	700	張万福，『三洞衆戒文』を著す
	中宗	神龍 1	705	中宗復位し，則天武后の崇仏政策を改め，道・仏の平等化を図る
	睿宗	景雲 2	711	睿宗の娘の金仙・玉真二公主，道士史崇玄より符籙を伝授される。睿宗，金仙観・玉真観を置く
	玄宗	開元 1	713	史崇ら，『一切道経音義』を著す。　同年，史崇，太平公主の謀反に連座して誅せられる。道士葉法善，引き立てられる
		開元 8	720	葉法善没す
		開元 9	721	玄宗，道士司馬承禎を招き，符籙を伝授される。五岳に真君祠を置く
		開元10	722	両京・諸州に玄元皇帝廟を置く
		開元18	730	玄宗，道士尹崇・仏僧道氤を召して道仏討論をさせる
		開元21	733	玄宗，家ごとに『道徳経』一本を所蔵させる。『御注道徳経』を作成
		開元22	734	玄宗，道士張果を召す
		開元23	735	玄宗，自らの『老子注』に疏をつくる。　司馬承禎没す。著に『坐忘論』『服気精義論』など
		開元25	737	玄元皇帝廟に崇玄学を併設する
		開元26	738	道蔵『三洞瓊綱』成る。開元寺・開元観を置く
		開元29	741	道挙制度が始まる
		天宝 1	742	『荘子』『文子』『列子』『庚桑子』を『南華真経』『通玄真経』『沖虚真経』『洞霊真経』とする
		天宝 2	743	両京の崇玄学を崇玄館とする。玄元皇帝廟を改称し，西京を太清宮，東京を太微宮，天下諸郡を紫極宮とする
		天宝 3	744	李白，斉州紫極宮にて符籙を伝授される
		天宝10	751	玄宗，道蔵 5 部をつくり，諸道観に下賜する
		天宝13	754	玄元皇帝に大聖祖高上大道金闕玄元天皇大帝と加号する
	粛宗	至徳 1	756	安禄山の乱に対する軍資金調達のため，「香水銭」の名で度牒を売る
	代宗	広徳 1	763	道挙を一時停止する
		大暦 4	769	道士李含光没す
		大暦13	778	道士呉筠没す。著に『玄綱論』『神仙可学論』など
	順宗	永貞 1	805	李渤，『真系』を著す
	憲宗	元和 2	807	仏僧・道士は左右街功徳使の所属とする
	文宗	大和 1	827	誕生節に道士楊弘元・仏僧義林・白居易を召して三教論議をおこなわせる

		大和 2	828	道士応夷節，龍虎山張天師に参詣する
	文宗・武宗	開成 5	840	武宗，趙帰真を招き，符籙を伝授される
	武宗	会昌 1	841	この年より誕生節に道・仏討論を開催しつつ仏教を弾圧する。また劉玄靖に崇玄館学士を授ける
		会昌 3	843	武宗，仏寺の仏像を廃棄し，天尊・老君像に換えることを命じる
		会昌 5	845	武宗，徹底した廃仏をおこなう
	武宗・宣宗	会昌 6	846	宣宗，趙帰真・劉玄靖を誅し，仏教の回復を命じる
	僖宗	広明 2	881	杜光庭，黄巣の乱を逃れる僖宗に随行し，蜀に入る
	昭宗	光化 4	901	杜光庭，『歴代崇道記』『道徳真経広聖義』を著す
五代 後唐	明宗	長興 1	930	明宗，勅により道挙を廃止す
		長興 4	933	杜光庭没す
後漢	高祖	天福12	947	彭暁，『周易参同契分章通真義』を著す
後周	世宗	顕徳 2	955	世宗，廃仏令を下す
		顕徳 3	956	世宗，華山の陳摶を召し，白雲先生の号を授ける
宋 北宋	太祖	乾徳 5	967	太祖，萊州道士劉若拙を右街道録とし，道士の粛正を命ずる
		開宝 5	972	太祖，劉若拙を左街道録とする。劉若拙，道士を試験により選別する
		開宝 9	976	太祖，建隆観で黄籙醮をおこない，道士張守真に降神させる
	太宗	太平興国 6	981	太平宮の神を翊聖将軍とする
		雍熙 1	984	太宗，陳摶を召し，希夷先生の号を授ける
		淳化 1	990	太宗，徐鉉らに命じて「道蔵」を整理し，3737巻を得る
		淳化 3	992	太宗，終南山の隠士种放を召すが，至らず
		淳化 5	994	饒洞天，華蓋山で経籙を発見し，天心法を伝える
		至道 1	995	太宗，上清儲祥宮・洞真宮を朝廷内に建つ
	真宗	咸平 5	1002	真宗，种放を召し，絹・銭・第宅を賜う
		大中祥符 1	1008	「天書」降る。昭応宮を建ててこれを収める。真宗，泰山にて封禅をおこなう
		大中祥符 2	1009	天慶観を諸国に置く。昭応宮を玉清昭応宮とする
		大中祥符 3	1010	真宗，王欽若に「道蔵」の校訂の主宰を命じる
		大中祥符 5	1012	天慶観に聖祖殿を増設する。「聖祖降臨記」をつくる。北方神の玄武を真武と改称する。張君房が著作郎となり，「道蔵」の整理を担当する
		大中祥符 6	1013	老子に太上老君混元上徳皇帝と加号。玉皇・聖祖・太祖・太宗の尊像を玉清宮に祀る
		大中祥符 8	1015	王欽若，趙氏神仙の事跡を景霊宮の廟に画く。また『聖祖事迹』12巻をつくる。第24代天師張正随に真静先生号を賜う

		天禧 3	1019	張君房，「大宋天宮宝蔵」4565巻を完成させる
		天禧 4	1020	真宗，天下の道観に『大中祥符降聖記』を下賜する
	仁宗	天聖 7	1029	玉清昭応宮焼ける
		天聖 8	1030	張君房，『雲笈七籤』を著して朝廷に献上する
		康定 1	1040	道観に提挙使を置くこととし，李若谷を提挙会霊観事とする
	神宗	熙寧 2	1069	張伯端，成都にて真人から金丹薬物火候の秘訣を授かる
		熙寧 6	1073	中太一宮をつくり，陳景元を宮主とし，道士20人を配置する
		熙寧 8	1075	張伯端，『悟真篇』を著す
		元豊 3	1080	道官採用の際に『道徳経』『度人経』『南華真経』の理解と斎醮儀礼の宣読の試験をおこなうこととする
		元豊 4	1081	景霊宮に度牒1000を賜り，買木費とさせる
		元豊 5	1082	紫衣・大師号は祠部より発給し，その際道僧は綾紙銭100を納めることとする
	哲宗	元祐 1	1086	茅山第25代宗師劉混康，哲宗の后の病を治し，洞元通妙方士の号を賜る
		元祐 6	1091	陳景元，道蔵を校訂する
		紹聖 1	1094	陳景元没す。著に『道徳真経蔵室編纂微篇』『西昇経集註』など
		元符 1	1098	茅山に元符観，武夷山に沖祐観を建つ
		元符 3	1100	賈善翔，『猶龍伝』を著す
	徽宗	崇寧 1	1102	徽宗，劉混康らの働きかけにより，三茅君に加封する
		崇寧 2	1103	徽宗，劉混康に葆真観妙先生の号を賜う
		崇寧 4	1105	徽宗，第30代天師張継先を召し，虚靖先生の号を賜う
		崇寧 5	1106	徽宗，劉混康に葆真観妙沖和先生の号を賜う
		大観 2	1108	徽宗，張道陵に正一靖応真君の号を与える
		大観 4	1110	徽宗，睿宗の求めにより，道士を高麗に遣わす
		政和 2	1112	徽宗，許遜に神功妙済真君の号を与える
		政和 3	1113	王老志に洞微先生，徐知常に沖虚先生，王仔晋に通妙先生の号を授ける
		政和 4	1114	道階26などを設置する。諸路に10人の道士を選び，左右街道録院で科教を講習させる
		政和 5	1115	「政和万寿道蔵」完成。仏教の護法書『弁正論』『仏道論衡』を焼く
		政和 6	1116	林霊素に通真達霊先生の号を賜る。道学を設置する
		政和 7	1117	徽宗，自ら教主道君皇帝と称す。道士2000人を上清宝籙宮に集め，林霊素に帝君降臨のことを説かせる
		政和 8	1118	林霊素に通真達霊元妙先生，張虚白に通元沖妙先生の号を賜う。『御注道徳経』を配布する。太学に道徳経・荘子・列子博士を置く。蔡京，『道史』をつくる。林霊素を沖和殿侍宸とする
		宣和 1	1119	仏を大覚神仙，菩薩を仙人・大士，僧を徳士，寺院を宮観と改称する。荘周を微妙元通真君，列禦寇を致虚観妙真君に封ずる。林霊素を温州に追放する
		宣和 2	1120	道学を廃止。仏寺を旧に復す。林霊素を放逐する

		宣和 5	1123	『御注沖虚至徳真経』『御注南華真経』を配布する
		宣和 7	1125	道録・道官の品秩を元豊法に準拠させる。徽宗，教主道君太上皇帝と称する
南宋	高宗	建炎 1	1127	天下の神霄宮を廃止。　張継先没す
		紹興 1	1131	南昌西山の何真公に許遜が降り，霊宝浄明秘法を授ける
		紹興 3	1133	宮中の席次を僧先道後とする
金	熙宗	天眷 1	1138	この頃，蕭抱珍が太一教を開く
		皇統 2	1142	蕭抱珍，金朝から招かれる。　劉徳仁，不思議な老人から『道徳経』の要言を授かる
	海陵王	正隆 4	1159	王嚞，呂洞賓の化身に邂逅する（甘河の遇仙）
	世宗	大定 1	1161	劉徳仁，金朝に招かれて天長観に住す
		大定 3	1163	王嚞，劉蔣村の庵に籠もる
		大定 4	1164	金朝，南京の道蔵の版木を中都燕京の天長観に移す
		大定 6	1166	蕭抱珍没す
		大定 7	1167	王嚞，山東寧海の馬従義宅に全真庵を建つ。劉徳仁，東岳真人の号を賜わる
		大定 9	1169	王嚞，この頃山東で三教金蓮会などの五会を立つ。　金の世宗，太一教に万寿宮の勅額を賜う
		大定10	1170	王嚞，開封にて没す。著に『重陽全真集』など
		大定11	1171	『太微仙君功過格』成る
		大定20	1180	劉徳仁没す
南宋	孝宗	淳熙10	1183	朱子，台州崇道観主観となる
金	世宗	大定27	1187	王処一，金の世宗に召される
		大定28	1188	丘処機，金の世宗に召される
		大定29	1189	王処一，章宗の命により醮をおこなう
	章宗	明昌 1	1190	金，僧道の私度を禁じ，3年に1度試験することとする。この頃，孫明道により「大金玄都宝蔵」完成
		明昌 2	1191	金の章宗，太一・混元の符籙の授受を禁止する。　謝守灝『混元聖紀』成る
		承安 2	1197	金，度牒・紫衣・大師号を売る。金の章宗，王処一・劉処玄を召す
		泰和 1	1201	王処一，金の章宗の命により亳州太清宮で醮をおこなう
		泰和 3	1203	金の天長観を太極宮とする
		泰和 7	1207	金の章宗の元妃，王処一・丘処機に道蔵を下賜する。また太一教第3祖蕭虚寂に祈雨せしめる
	宣宗	貞祐 4	1216	金の宣宗，丘処機を召すが，応じず
		興貞 3	1219	丘処機，金に召されるが応じず。また南宋の寧宗に召されるが応じず。またチンギス・ハンに召され，応諾する
		興貞 4	1220	丘処機，チンギス・ハンと会見のため萊州を出発する
		元光 1	1222	丘処機，ペルワンにてチンギス・ハンと会見する
		元光 2	1223	チンギス・ハン，丘処機に神仙の号を賜う
	哀宗	正大 1	1224	丘処機，燕京に帰り，太極宮に住す
		正大 4	1227	太極宮を長春宮と改称。丘処機，長春宮にて没す
		正大 6	1229	全真教道士李志常，モンゴルの太子に『道徳経』を講ずる。南宋の道士白玉蟾没す？

		開興 1	1232	全真教道士尹志平，オゴタイに謁見する
南宋	理宗	紹定 6	1233	南宋の理宗，『太上感応篇』の普及を図る
モンゴル	太宗	6	1234	オゴタイの妃，尹志平に道蔵を下賜する。宋徳方，太原の道教石窟を修復
		7	1235	尹志平，宋徳方に道蔵の作成を命ずる
		9	1237	宋徳方，弟子の秦志安とともに平陽玄都観にて道蔵の編纂を開始
南宋	理宗	嘉熙 3	1239	南宋の理宗，第35代天師張可大に観妙先生の号を賜う
モンゴル	太宗	12	1240	王嚞の故宅跡に重陽万寿宮完成
		13	1241	初の全真教史，秦志安『金蓮正宗記』成る
	脱列哥那	3	1244	宋徳方により道蔵「玄都宝蔵」完成
	定宗	1	1246	太一教第４祖蕭輔道，モンゴル太宗の妃ツラキナに召される
		2	1247	蕭輔道，中和仁靖真人の号を賜る
	憲宗	2	1252	蕭輔道，フビライに召され，北上中に没す
		3	1253	全真教道士王志坦，モンゴル朝にて黄籙大醮をおこなう
		8	1258	モンゴルにて道仏論争，道教が敗北し，道士の落髪，焚経などおこなわれる
		9	1259	太一教第５祖蕭居寿，モンゴル朝にて黄籙大醮をおこなう
	世祖	中統 1	1260	フビライ，蕭居寿に太一演化貞状真人の号を賜う
		至元 5	1268	大道教第６祖孫徳福，諸路の大道教の統轄を命じられ，通玄真人の封号を授かる
		至元 6	1269	フビライ，全真教の五祖七真に加封する
（元）		至元11	1274	フビライ，大都（北京）とカラコルムに太一広福万寿宮を建立する
		至元12	1275	道蔵の歴史を綴った「道蔵尊経歴代綱目」成る
		至元13	1276	第36代天師張宗演，フビライに召される
		至元14	1277	張宗演，江南道教の主領に任ぜられる
		至元15	1278	張留孫，フビライより玄教宗師の号を賜る
元	世祖	至元18	1281	モンゴル朝にて道経の真偽が論ぜられ，『道徳経』以外は焚経とされる
		至元20	1283	大道教第８祖岳徳文，諸路の大道教の統轄を命じられ，崇元広化真人の封号を授かる
		至元21	1284	相哥ら「焚毀偽道蔵経碑」成る。諸路に建立し，道教書の禁止を発令する
		至元25	1288	李道謙『甘水仙源録』成る
		至元28	1291	祥邁『弁偽録』成る
	成宗	元貞 1	1295	張留孫，集賢院の長官となる
		大徳 2	1298	呉全節，大都崇真万寿宮提点となる
		大徳 5	1301	第38代天師張与材，元の成宗に召される
	武宗	至大 3	1310	元の武宗，全真教の五祖七真に加封する
	仁宗	皇慶 1	1312	張留孫，玄教大宗師を授かる
		延祐 1	1314	呉全節，元明善編『龍虎山志』を上進する
	英宗	至治 1	1321	張留孫没す。道祖神応真君の号を追贈される
		至治 2	1322	呉全節，特進上卿・玄教大宗師となり，崇文弘道玄徳真人の号を授かり，知集賢院事を任ぜられる

	泰定帝	泰定 1	1324	この頃，『浄明忠孝全書』成る
		泰定 2	1325	第39代天師張嗣成，大都長春宮で黄籙大醮をおこなう
		泰定 4	1327	劉大彬『茅山志』成る
	順帝	至元 1	1335	陳致虚，『金丹大要』を著し，南宗・北宗説の定番となる
明	太祖	洪武 1	1368	明の太祖，玄教院を置く。太祖，第42代天師張正常の「天師」号を除き，「真人」号を授ける
		洪武 2	1369	太祖，各地の城隍神に格付けをおこなう
		洪武 5	1372	仏僧・道士に度牒を発給する
		洪武 7	1374	太祖の『御注道徳経』成る
		洪武 9	1376	『漢天師世家』成る
		洪武12	1379	郊祀壇(天壇)に神楽観が設置される
		洪武15	1382	玄教院を改め道録司を置く
		洪武24	1391	各地の仏寺・道観を1つに統合し，仏教・道教の整理を命ずる。また仏僧・道士には3年に1回度牒を発給することとする
		洪武26	1393	道士劉淵然召される
		洪武28	1395	第43代龍虎山真人(天師)張宇初，『三十代天師虚靖真君語録』を編む
	成祖	永楽 4	1406	成祖，張宇初に道蔵の編纂を命ずる
		永楽 8	1410	張宇初没す。著に『峴泉集』『道門十規』など
		永楽10	1412	武当山道士孫碧雲，道録司右正一に任ぜられる
		永楽11	1413	成祖，武当山に玉虚宮・紫霄宮・五龍宮などの宮観を建立する
		永楽14	1416	武当山に金殿を建立する
		永楽15	1417	成祖，道士張三丰の捜索を命じる。また朝鮮に勧善書を下賜する
		永楽16	1418	武当山の諸宮殿落成。勅により武当山を太岳太和山とする
	宣宗	宣徳 7	1432	劉淵然没す
	英宗	正統10	1445	明版道蔵完成，後世「正統道蔵」と呼ばれる
		正統12	1447	完成した道蔵を各地の道観に下賜する
		天順 2	1458	張三丰に通微顕化真人の号を贈る
	憲宗	成化 5	1469	第46代龍虎山真人張元吉，「真人」号を剝奪される
	世宗	嘉靖 3	1524	世宗，邵元節を朝廷に召し，真人に封ずる。　正統道蔵を修復・印刷する
		嘉靖18	1539	邵元節没す
		嘉靖19	1540	陶仲文，宮中の火災を予見し，世宗より神霄保国弘烈宣教振法通真忠孝秉一真人に封ぜられる。　世宗，丹薬の服用を諫めた楊最を誅殺する
		嘉靖20	1541	道士張雄，反乱を起こすが誅せられる
		嘉靖21	1542	全真教道士孫玄清，山東嶗山にて身心を証悟し，金山派を開く
		嘉靖23	1544	陶仲文，少保・少傅に加えて少師となり，人臣の最高位を極める
		嘉靖29	1550	陶仲文，恭識伯となる
		嘉靖35	1556	世宗，自ら霊霄上清統雷元陽妙一飛玄真君と号す
		嘉靖41	1562	世宗，天下に方士と符籙秘書を探すよう命ずる
	穆宗	隆慶 1	1567	道士王金，偽の丹薬を造る。　穆宗，邵元節と陶仲文の爵位・財産などを没収する

		隆慶 2	1568	穆宗，龍虎山の正一真人号を除き，五品に降格する
		隆慶 4	1570	この頃，呉承恩『西遊記』完成
	神宗	万暦 5	1577	神宗，正一真人の号を回復させる
		万暦20	1592	『混元弘陽経』成る
		万暦24	1596	洪応明『仙仏奇蹤』成る
		万暦26	1598	林兆恩没す。著に『三教正宗統論』など
		万暦28	1600	江雲鵬『列仙全伝』成る
		万暦34	1606	この頃，陸西星没す。著に『方壺外史』など
		万暦35	1607	続道蔵完成。「万暦続蔵」と呼ばれる
	光宗	泰昌 1	1620	『封神演義』馮夢龍増補本成る
	熹宗	天啓 6	1626	白雲霽『道蔵目録詳注』成る。　北京白雲観にて道蔵を印刷
	毅宗	崇禎17	1644	伍守陽没す。著に『天仙正理』『仙仏合宗』など
清	世祖	順治 8	1651	第52代龍虎山真人（天師）張応京，清朝より「正一嗣教大真人」および一品の品秩を授かる
		順治13	1656	全真教龍門派第 7 代王常月，「国師」号と紫衣を授けられる。また三度登壇して戒律を説く。　世祖，『太上感応篇』を刊行させる
	聖祖	康熙 2	1663	王常月，南京にて説法をおこない，のち『龍門心法』『碧苑壇経』となる
		康熙19	1680	王常月没す
		康熙28	1689	善書『文昌帝君丹桂経』成る
		康熙31	1692	龍虎山正一真人を三品に格下げする
		康熙33	1694	第54代龍虎山真人（天師）張継宗，聖祖の命により五岳に進香
		康熙41	1702	聖祖，陳清覚に碧洞真人の封号を与え，青城山の碧洞宗始まる
		康熙42	1703	聖祖，張継宗に光録大夫を授ける
		康熙45	1706	聖祖，北京白雲観を修築
	世宗	雍正 9	1731	龍虎山道士婁近垣，世宗の病を癒し，四品と龍虎山提点を授かる
		雍正11	1733	世宗，「大慈円通禅仙紫陽真人張平叔（張伯端）語録」を撰す。この頃，『太微仙君純陽呂祖師功過格』成る
	高宗	乾隆 1	1736	高宗，妻帯している道士に還俗を命じる
		乾隆12	1747	高宗，龍虎山正一真人を五品に格下げし，皇帝への謁見を禁止する
		乾隆17	1752	第56代龍虎山真人（天師）張遇隆を正五品に格下げする
		乾隆21	1756	高宗，北京白雲観を修築
		乾隆31	1766	龍虎山正一真人を三品に戻す
		乾隆53	1788	董徳寧『悟真篇正義』成る
		乾隆55	1790	柳華陽『金仙証論』成る
	仁宗	嘉慶10	1805	仁宗，呂洞賓に燮元賛運孚佑帝君と加封する。この頃，蔣予蒲編「道蔵輯要」成る
	宣宗	道光 1	1821	全真教道士劉一明没す。著に『修真弁難』『参同直指』『悟真直指』など
		道光24	1844	李西月，『張三丰先生全集』を編纂
		道光25	1845	第60代龍虎山真人（天師）張培源，蝗害を祓う。「正統道蔵」を修復し，北京白雲観に納める

	文宗	咸豊 6	1856	李西月没す。著に『三車秘旨』など
	徳宗	光緒 5	1879	陳教友，『長春道教源流』を著す
		光緒32	1906	成都二仙庵にて「道蔵輯要」を重刊する
中華民国		1	1912	7月，北京で中央道教会発足。10月，上海で中華民国道教総会発足
		12	1923	10月，上海商務印書館より涵芬樓の名で「正統道蔵」「万暦続蔵」の影印出版開始
		16	1927	4月，上海で中国道教総会発足
		21	1932	上海で中華道教会発足。全真教・正一教による初の共同組織。
				3月，南無派道士劉名瑞没す。著に『南無道派宗譜』など
		22	1933	7月，『楊善半月刊』刊行開始
		27	1938	5月，中華仙学院創立
		28	1939	1月，『仙道月報』刊行開始
		30	1941	北京で華北道教総会発足
		33	1944	1月，上海で中華道教総会発足
		35	1946	冬，上海で上海市道教会発足
		37	1948	第63代天師張恩傅，国民党に従い台湾へ移る
中華人民共和国			1957	4月，北京にて道士による第一次全国代表大会開催，中国道教協会発足
			1961	11月，北京にて中国道教協会第二次代表大会開催
			1966	この年より約10年間，文化大革命
			1969	5月，陳攖寧没す。著に『霊源大道歌白話注解』『黄庭経講義』など。
				12月，第63代天師張恩溥没す
			1976	青城山道士易心瑩没す。著に『道教三字経』など
			1979	9月，中国道教協会の活動再開
			1980	5月，中国道教協会第3回全国代表会議開催
			1982	10月，21の「全国重点宮観」を選定する
			1984	3月，北京白雲観が開放される
			1989	9月，中国道教協会第4回全国代表会議開催。 11月，北京白雲観にて全真教の伝戒再開
			1991	10月，龍虎山天師府にて正一教の授籙再開

道教寺院建築

北京白雲観　主要施設一覧

丘処機(長春)の遺骸が眠る全真教の総本山であり，近現代道教の中心地

㉝ 呂祖殿　呂洞賓を祀る
㉜ 八仙殿　八仙を祀る
㉛ 后土殿　后土皇地祇を中心に置き，周囲に六十元辰（六十甲子神）を祀る
㉚ 五祖殿　全真教の五祖（東華帝君・鍾離権・呂洞賓・劉海蟾・王嚞）を祀る
㉙ 子孫堂　碧霞元君・眼光娘々・子孫娘々を祀る

㉘ 関帝殿　関聖帝君（関羽）を祀る
㉗ 厨房　炊事場
㉖ 斎堂　食堂
㉕ 南極殿　南極寿老人を祀り，また上階に斗姥（斗母）を祀る
㉔ 真武殿　真武神と文昌帝君・張道陵を祀る
㉓ 火祖殿　南方熒惑火徳真君と竈神・増福財神を祀る
㉒ 華祖殿　華陀を中心に医神を祀る

㉑ 戒台　授戒の儀式をおこなう
⑳ 蔵経閣　道蔵を収蔵する
⑲ 上階・三清閣　元始天尊・霊宝天尊・道徳天尊の三清を祀る
　下階・四御殿　紫微・玉皇・勾陳・后土の四御を祀る
⑱ 客堂　応接室
⑰ 経堂　経巻類を収蔵する
⑯ 倉房　倉庫
⑮ 丘祖殿　丘処機を祀る
⑭ 功徳祠　白雲観に貢献のあった信者たちのものらしい木牌を祀る
⑬ 老律堂　全真教七真人を祀る
⑫ 宗師廡　丘処機の西遊に随行した十八宗師を祀る
⑪ 玉皇殿　玉皇大帝を祀る
⑩ 儒仙殿　金代に長春宮（白雲観の前身）の興建事業に貢献した張本を祀る
⑨ 丰真殿　張三丰を祀る
⑧ 鐘楼　朝に鐘で時を知らせる
⑦ 鼓楼　夕に鼓で時を知らせる
⑥ 霊官殿　道観の守護神である王霊官と馬・温・趙・関の四元帥を祀る
⑤ 十方堂　④に同じ
④ 雲水堂　新来の雲水道士の応対所

③ 大門　山門
② 牌楼　屋根付きの装飾的な門，別名「櫺星門」
① 影壁　邪気よけの土壁

牌楼

全体の平面図は小柳司気太『白雲観志』に初出，1931年12月作成
諸殿などの解説はおもに吉岡義豊「白雲観の道教」(1943年)による
写真は常盤大定・関野貞『支那文化史蹟』所掲の戦前の姿

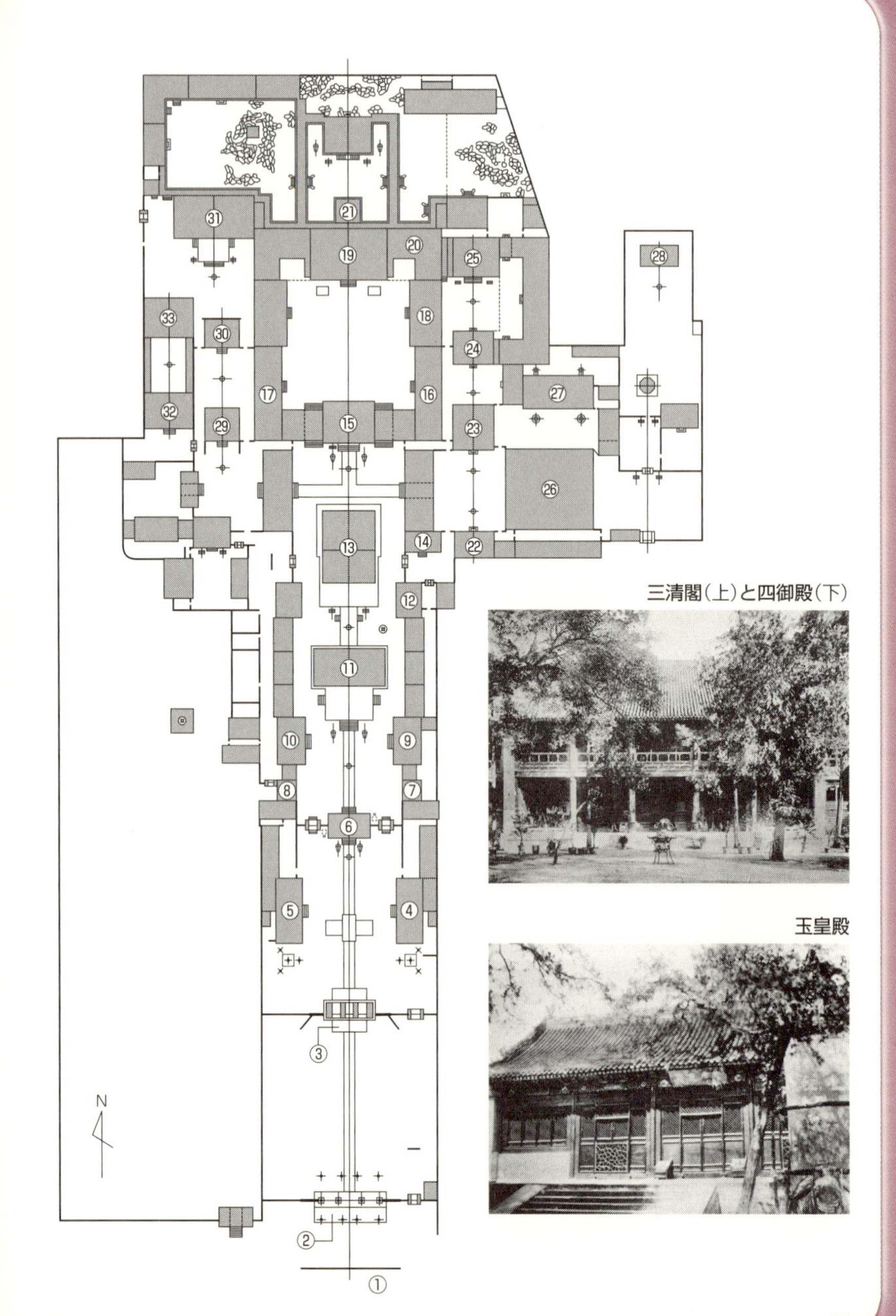

三清閣（上）と四御殿（下）

玉皇殿

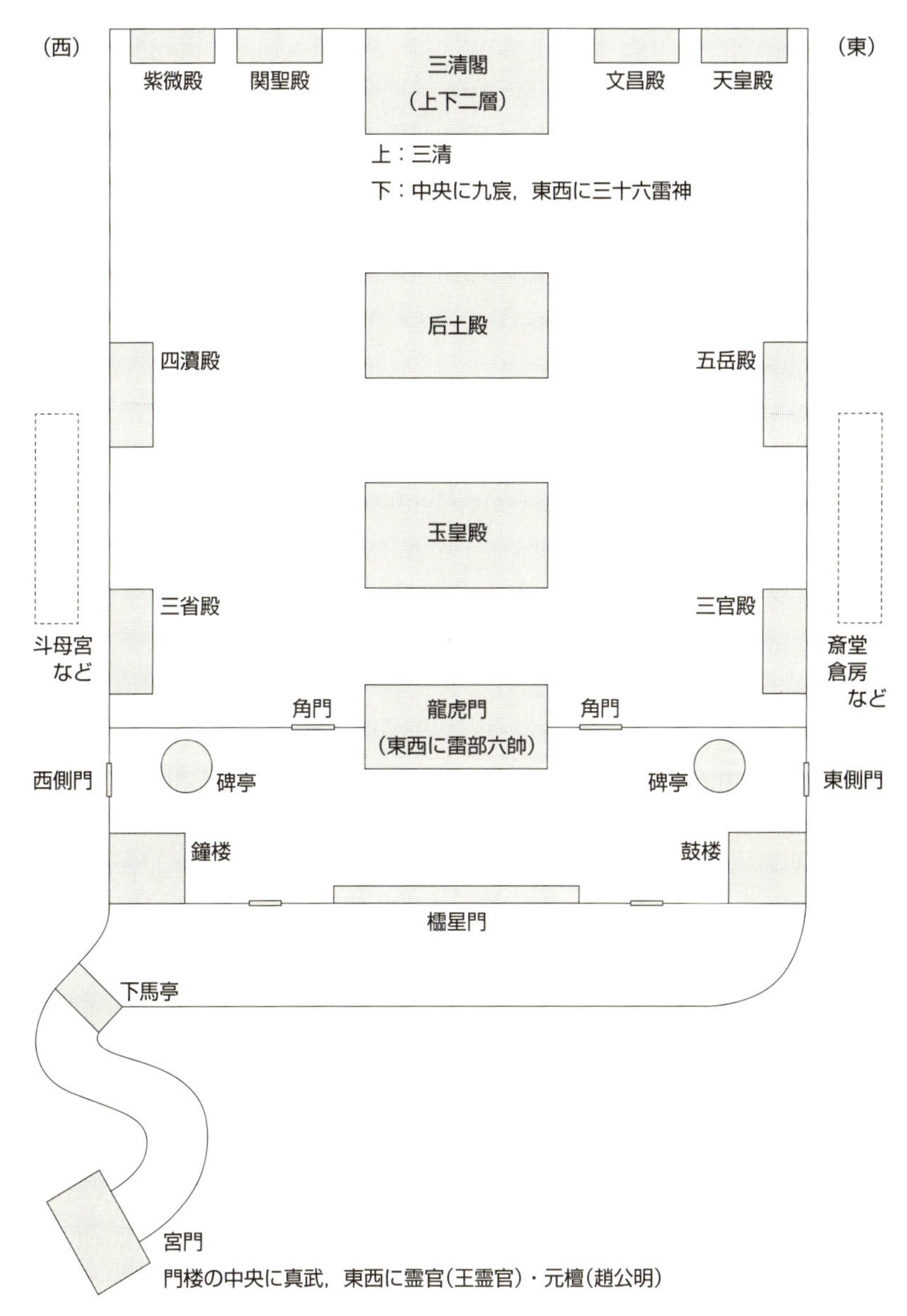

清，世宗の雍正10（1732）年修復後の状況（婁近垣『龍虎山志』巻三より）

龍虎山上清宮

歴代の張天師がメインの道観とした正一教の総本山

清の関槐により18世紀末頃に描かれた龍虎山上清宮

九宸	神霄玉清真王長生大帝・青華大帝・普化天尊・雷祖大帝・太乙天帝・洞淵大帝・六波帝君・可韓真君・採訪真君
紫微	紫微北極大帝
関聖	関聖帝君（関羽）
文昌	文昌帝君
天皇	勾陳天皇大帝
四瀆	黄河・長江・淮水・済水
五岳	泰山・衡山・華山・恒山・嵩山
三省	張道陵・葛玄・許遜（玉帝三省）
三官	天官・地官・水官

茅山　三宮五観

東晋の許謐・許翽父子と楊羲、梁の陶弘景が活動した上清派の総本山

五観

① 乾元観　北宋の第23代宗師朱自英が築いた庵に由来

② 玉晨観　許謐が茅山に築いた修行用の山館の跡に建つ

③ 白雲観　南宋の王景温が隠居した庵に由来

④ 徳祐観　二茅峰の山頂に建つ

⑤ 仁祐観　三茅峰の山頂に建つ

西安八仙宮

唐代に呂洞賓と鍾離権が邂逅したと伝えられる「長安酒肆」の跡に建つ道観
呂洞賓・八仙信仰の中心地

① 影壁
② 牌楼
③ 山門殿
④ 鐘楼
⑤ 鼓楼

⑥ 霊官殿　中央に王霊官，東西に青龍・白虎を祀る。道観の守護神

⑦ 八仙殿　中央に東華帝君，後ろに八仙を祀る
東華帝君は伝説上の全真教第一祖

⑧ 斗姥殿　中央に斗姥，両脇に十二星君を祀る
斗姥は斗母ともいい，衆星の母とされる女性神

⑨ 食堂など

⑩ 太白殿　太白金星を祀る

⑪ 薬王殿　医家の孫思邈を祀る

⑫ 呂祖殿　呂洞賓を単独で祀る

⑬ 事務室など

⑭ 邱祖殿　丘（邱）処機を祀る

清，康熙8（1669）年，笪蟾光により作成された茅山全景図

三宮

1 九霄万福宮　茅山最高峰の大茅峰の山頂に建つ

2 元符万寧宮　陶弘景が茅山で建てた庵の跡に建つ

3 崇禧万寿宮　陶弘景が築いた「華陽下館」の跡に建つ

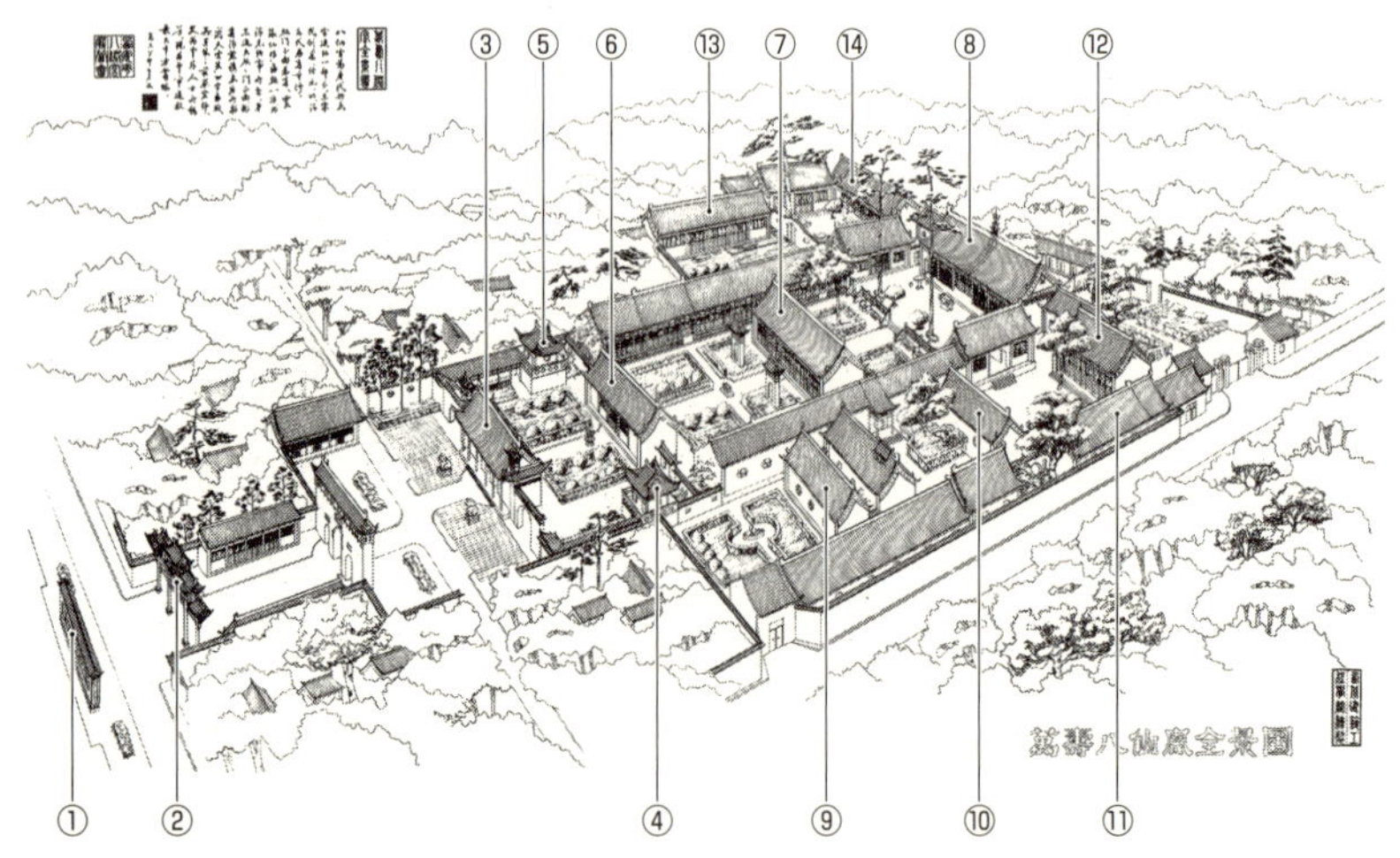

1980年代後半に作成された全体鳥瞰図

参考文献

◆全般

久保田量遠『中国儒道佛三教史論』（再刊本）国書刊行会，1986
窪徳忠『道教史』山川出版社，1977
小林正美『中国の道教』創文社，1998
坂出祥伸編『「道教」の大事典——道教の世界を読む』新人物往来社，1994
野口鐵郎編集代表『講座 道教』全6巻，雄山閣出版，1999～2001
野口鐵郎・坂出祥伸・福井文雅・山田利明編『道教事典』平河出版社，1994
福井康順・山崎宏・木村英一・酒井忠夫監修『道教』全3巻，平河出版社，1983
山田利明ほか『シリーズ 道教の世界』全5巻，春秋社，2002～03
吉岡義豊『道教の研究』法蔵館，1952
胡孚琛主編『中華道教大辞典』中国社会科学出版社，1995
卿希泰主編『中国道教』全4冊，上海，知識出版社，1994
卿希泰主編『中国道教史』全4巻，四川人民出版社，1988～95
卿希泰主編・詹石窓副主編『中国道教思想史』全4巻，人民出版社，2009
任継愈主編『中国道教史』（増訂本）全2巻，中国社会科学出版社，2001
中国道教協会・蘇州道教協会編『道教大辞典』華夏出版社，1994
陳国符『道蔵源流考』中華書局，1949
Ess, Hans van, *Der Daoismus: Von Laozi bis heute*, München, C. H. Beck, 2011.
Kohn, Livia (ed.), *Daoism Handbook*, Leiden, Brill, 2000.
Pregadio, Fabrizio (ed.), *The Encyclopedia of Taoism*, London, Routledge, 2008.
Robinet, Isabelle, *Histoire du taoïsme: des origines au XIVe siècle*, Paris, Editions du Cerf, 1991.
Schipper, Kristofer and Franciscus Verellen (eds.), *The Taoist Canon: A Historical Companion to the Daozang*, Chicago, University of Chicago Press, 2004.

◆序章　中国の歴史と道教

磯前順一『近代日本の宗教言説とその系譜』岩波書店，2003
磯前順一『宗教概念あるいは宗教学の死』東京大学出版会，2012
小柳司気太『道教概説』世界文庫刊行会，1923
小林正美「三教交渉における「教」の観念」（同『六朝道教史研究』1990〈原載は吉岡義豊『道教研究論集——道教の思想と文化 吉岡博士還暦記念』国書刊行会，1977〉）
小林正美「東晋・南朝における「佛教」・「道教」の呼称の成立と貴族社会」（渡邉義浩編『魏晋南北朝における貴族制の形成と三教』汲古書院，2011）
島薗進・鶴岡賀雄編『〈宗教〉再考』ぺりかん社，2004
妻木直良「道教之研究」（『東洋学報』1巻1号，1911～12）
常盤大定『支那に於ける仏教と儒教道教』東洋文庫，1930
常盤大定「道教発達史概説(上)」（『東洋学報』11巻2号，1921）
巴斯蒂「梁啓超与宗教問題」（『東方学報 京都』70冊，1998）
福井文雅『増補修訂 道教の歴史と構造』五曜書房，2000

星野英紀ほか『宗教学事典』丸善，2010
村田雄二郎「東アジアの思想連関――清末中国の「宗教」概念受容をめぐって」（三谷博編『東アジアの公論形成』東京大学出版会，2004）
山田利明『中国学の歩み――二十世紀のシノロジー』大修館書店，1999
許地山『道教史』上海，商務印書館，1934
蕭登福『周秦両漢早期道教』文津出版社，1998
傅勤家『道教史概論』上海，商務印書館，1933
傅勤家『中国道教史』上海，商務印書館，1937
李申『道教本論――黄老・道家即道教論』上海文化出版社，2001
Effinger, Maria et al.（eds.）, *Götterbilder und Götzendiener in der Frühen Neuzeit*, Heidelberg, Universitätsverlag Winter, 2012.
Fitzgerald, Timothy, *The Ideology of Religious Studies*, Oxford, Oxford University Press, 2000.
Keyes, Charles F., Laurel Kendall, and Helen Hardacre（eds.）, *Asian Visions of Authority: Religion and the Modern States of East and Southeast Asia*, Honolulu, University of Haawaii Press, 1994.
King, Richard, *Orientalism and Religion: Postcolonial Theory, India and 'The Mystic East'*, London/New York, Routledge, 1999.
McCutcheon, Russell T., *Manufacturing Religion: The Discourse on Sui Generis Religions and the Politics of Nostalgia*, Oxford, Oxford University Press, 1997.
Smith, Wilfred Cantwell, *The Meaning and End of Religion*, Minneapolis, Fortress Press, 1963/1991.

◆第１章　道教の起源

浅野裕一・湯浅邦弘編『諸子百家〈再発見〉――掘り起こされる古代中国思想』岩波書店，2004
池田知久『老荘思想』放送大学教育振興会，1996
伊藤清司『死者の棲む楽園――古代中国の死生観』角川書店，1998
小曽戸洋・長谷部英一・町泉寿郎『五十二病方』東方書店，2007
澤田多喜男『『老子』考索』汲古書院，2005
澤田多喜男訳注『黄帝四経――馬王堆漢墓帛書老子乙本巻前古佚書』知泉書館，2006
白杉悦雄・坂内栄夫『却穀食気・導引図・養生方・雑療方』東方書店，2011
鈴木由次郎『漢書芸文志』明徳出版社，1968
武内義雄『老子原始』弘文堂書房，1926
津田左右吉『道家の思想とその開展』東洋文庫，1927（のち『道家の思想とその展開』岩波書店，1939）
津田左右吉「神僊思想の研究」（『満鮮地理歴史研究報告』10号，1924〈のち『津田左右吉全集』第10巻，岩波書店，1953〉）
吉川忠夫『古代中国人の不死幻想』東方書店，1995
張勛燎・白彬『中国道教考古 ①』線装書局，2006
陳鼓応『老子註訳及評介』中華書局，1984
羅根沢編『古史辨 第４冊』太平書局，1933

◆第2章　信仰と諸経典の形成

大淵忍爾『敦煌道経 目録編』福武書店，1978
大淵忍爾『敦煌道経 図録編』福武書店，1979
大淵忍爾『初期の道教』創文社，1991
大淵忍爾『道教とその経典』創文社，1997
神塚淑子『六朝道教思想の研究』創文社，1999
小林正美『六朝道教史研究』創文社，1990
小南一郎『中国の神話と物語り』岩波書店，1984
塚本善隆「魏晋仏教の展開」(『史林』24巻4号，1939)
前田繁樹『初期道教経典の形成』汲古書院，2004
宮川尚志『六朝史研究 宗教篇』平楽寺書店，1964
宮川尚志『中国宗教史研究 第一』同朋舎出版，1983
吉川忠夫『六朝精神史研究』同朋舎出版，1984
吉川忠夫・麥谷邦夫編『真誥研究(訳注篇)』京都大学人文科学研究所，2000
吉川忠夫・麥谷邦夫編『周氏冥通記研究(訳注篇)』京都大学人文科学研究所，2003
王純五『天師道二十四治考』四川大学出版社，1996
王承文『敦煌古霊宝経与晋唐道教』中華書局，2002
湯用彤『漢魏両晋南北朝仏教史』中華書局，1955
李豊楙『六朝隋唐仙道類小説研究』台湾学生書局，1986

◆第3章　統合と成熟

秋月観暎「唐代宗教刑法に関する管見」(『東方宗教』 4・5合集号，1954)
石松日奈子『北魏仏教造像史の研究』星雲社，2005
鎌田茂雄『中国仏教思想史研究』春秋社，1968
鎌田茂雄『宗密教学の思想史的研究』東京大学出版会，1975
楠山春樹『老子伝説の研究』創文社，1979
小林正美『唐代の道教と天師道』知泉書館，2003
砂山稔『隋唐道教思想史研究』平河出版社，1990
「清浄法行経」(『七寺古逸経典研究叢書』第2巻，大東出版社，1995)
塚本善隆『魏書釈老志の研究』仏教文化研究所出版部，1961
都築晶子「六朝後半期における道館の成立――山中修道」(小田義久先生還暦記念事業会編『小田義久博士還暦記念東洋史論集』1995)
中嶋隆蔵『雲笈七籤の基礎的研究』研文出版，2004
藤原高男「孫登老子注考」(『漢文学会会報』20号，1960)
藤原高男「老子解重玄派考」(『漢魏文化』 2号，1960)
牧田諦亮編『弘明集研究』全3巻，京都大学人文科学研究所，1973〜75
牧田諦亮『疑経研究』京都大学人文科学研究所，1976
麥谷邦夫「道と気と神――道教教理における意義をめぐって」(『人文学報』65号，1989)
望月信亨『仏教経典成立史論』法蔵館，1946
山田俊『唐初道教思想史研究――『太玄真一本際経』の成立と思想』平楽寺書店，1999
遊佐昇「葉法善と葉浄能――唐代道教の一側面」(『日本中国学会報』35号，1983)

王永平『道教与唐代社会』首都師範大学出版社，2002
孫以楷主編・張成権『道家与中国哲学 隋唐五代巻』人民出版社，2004
孫昌武『道教与唐代文学』人民文学出版社，2001
張沢洪『道教神仙信仰与祭祀儀礼』文津出版社，2003
陳弱水「隋代唐初道性思想的特色与歴史意義」（『第四届唐代文化学術研討会論文集』台湾，国立成功大学中文系，1999）
鄭土有・王賢森『中国城隍信仰』上海三聯書店，1994
蒙文通『道書輯校十種』巴蜀書社，2001
林西朗『唐代道教管理制度研究』巴蜀書社，2006
盧国龍『中国重玄学』人民中国出版社，1993
盧国龍『道教哲学』華夏出版社，1997

◆第 4 章　変容と新たな歩み

秋月観暎『中国近世道教の形成――浄明道の基礎的研究』創文社，1978
窪徳忠『中国の宗教改革――全真教の成立』法蔵館，1967
窪徳忠『モンゴル朝の道教と仏教』平河出版社，1992
酒井規史「南宋時代の道士の称号――経籙の法位と「道法」の職名」（『東洋の思想と宗教』25号，2008）
竺沙雅章『宋元仏教文化史研究』汲古書院，2000
中鉢雅量「神仙道化劇の成立」（『日本中国学会報』28号，1976）
二階堂善弘『道教・民間信仰における元帥神の変容』関西大学出版部，2006
野上俊静『元史釈老伝の研究』朋友書店，1983
蜂屋邦夫『金代道教の研究――王重陽と馬丹陽』汲古書院，1992
蜂屋邦夫『金元時代の道教――七真研究』汲古書院，1998
藤原建樹「元の集賢院と正一教」『東方宗教』38，1971
松本浩一『宋代の道教と民間信仰』汲古書院，2006
丸山宏『道教儀礼文書の歴史的研究』汲古書院，2004
三浦秀一『中国心学の稜線――元朝の知識人と儒道仏三教』研文出版，2003
宮澤正順『曾慥の書誌的研究』汲古書院，2002
横手裕「全真教の変容」（『中国哲学研究』 2 号，1990）
横手裕「白玉蟾と南宋江南道教」（『東方学報 京都』68冊，1996）
呉国富『全真教与元曲』江西人民出版社，2005
謝重光・白文固『中国僧官制度』青海人民出版社，1990
孫克寛「元代太一教考」（同『蒙古漢軍与漢文化研究』台北，文星書店，1958）
孫克寛『宋元道教之発展』台中，私立東海大学，1965
孫克寛『元代道教之発展』台中，私立東海大学，1968
陳垣『南宋初河北新道教考』中華書局，1962
陳国符「中国外丹黄白法経訣出世朝代考」（同『道蔵源流続考』台湾，明文書局，1983）
陳智超「真大道教新史料――兼評袁国藩「元代真大道教考」」（『世界宗教研究』1986年 4 期，1986）
程越「元朝政府管理全真教宮観的機構和職権」（『世界宗教研究』1997年 3 期，1997）

鄭素春『全真教与大蒙古国帝室』台湾学生書局，1987
馬書田『中国道神』団結出版社，2006
李遠国『神霄雷法——道教神霄派沿革与思想』四川人民出版社，2003
Marsone, Pierre, *Wang Chongyang (1113-1170) et la fondation du Quanzhen: ascètes taoistes et alchimie intérieure*, Paris, Collège de France, Institut des hautes études chinoises, 2010.

◆第５章　伝統の継承と多様化

石田憲司「永楽帝の太和山復興について」(『社会文化史学』21号，1985)
佐々木衛編『近代中国の社会と民衆文化』東方書店，1992
志賀市子『中国のこっくりさん——扶鸞信仰と華人社会』大修館書店，2003
滋賀高義「明初の神楽観と道教」(『大谷学報』43巻２号，1963)
末光高義『支那の秘密結社と慈善結社』満州評論社，1932
二階堂善弘『明清期における武神と神仙の発展』関西大学出版部，2009
細谷良夫「雍正朝の正一教——法官婁近垣を中心に」(『東方学』72号，1986)
馬淵昌也「明代後期儒学の道教摂取の一様相——王畿の思想における道教内丹実践論の位置づけをめぐって」(道教文化研究会編『道教文化への展望』平河出版社，1994)
宮川尚志「明の嘉靖時代の道教」(吉岡義豊『道教研究論集——道教の思想と文化 吉岡博士還暦記念』国書刊行会，1977)
森由利亜「『太乙金華宗旨』の成立と変遷——諸版本の序・注の記述を手がかりに」(『東洋の思想と宗教』15号，1998)
森由利亜「道蔵輯要と蔣予蒲の呂祖扶乩信仰」(『東方宗教』98号，2001)
横手裕「禅と道教——柳華陽の場合」(『思想』960号，岩波書店，2004)
于本源『清王朝的宗教政策』中国社会科学出版社，1999
許地山『扶箕迷信底研究』長沙，商務印書館，1941
呉亜魁『江南全真道教』香港，中華書局，2006
黄兆漢『明代道士張三丰考』台湾学生書局，1988
邵雍『中国会道門』上海人民出版社，1997
中国会道門史料集成編纂委員会編纂『中国会道門史料集成』上下，中国社会科学出版社，2004
馬西沙・韓秉方『中国民間宗教史』上海人民出版社，1992
楊訥「"明王出世" 与大明国号」(同『元代白蓮教研究』上海古籍出版社，2004)
Esposito, Monica, "The Daozang Jiyao Project: Mutations of a Canon".(『道教研究学報——宗教，歴史与社会』１号，香港中文大学道教文化研究中心，2009)

◆第６章　近代化の混乱と再出発

小柳司気太編『白雲観志——附東岳廟志』東方文化学院東京研究所，1934
常盤大定・関野貞『支那文化史蹟』全12巻，法蔵館，1939～41(のち『中国文化史蹟』全12巻として復刊，1975～76)
蜂屋邦夫編『中国道教の現状——道士・道協・道観』汲古書院，1990
蜂屋邦夫編『中国の道教——その活動と道観の現状』汲古書院，1995
横手裕「劉名瑞と趙避塵——近代北京の内丹家について」(『東洋史研究』61巻１号，

2002）
吉岡義豊『道教の実態』興亜宗教協会，1941（のち『吉岡義豊著作集』別巻，五月書房，1990に収録）
吉岡義豊『道教の研究』法蔵館，1952（のち『吉岡義豊著作集』第1巻，五月書房，1989に収録）
王光徳・楊立志『武当道教史略』測絵出版社，2006
王純五主編『青城山志』四川人民出版社，1998
胡海牙編『仙学指南』中医古籍出版社，1998
常人春「白雲観活焼老道案」（『文史資料選編』39輯，1990）
陳攖寧・中国道教協会編『道教与養生』（第2版）華文出版社，2000
李養正『当代中国道教』中国社会科学出版社，1993
李養正主編『当代道教』東方出版社，2000
李養正編『新編北京白雲観志』宗教文化出版社，2003
李麗涼『弌代天師　張恩溥与台湾道教』国史館，2013
劉延剛『陳攖寧与道教文化的現代転型』巴蜀書社，2006
劉枝萬『台湾の道教と民間信仰』風響社，1994
Goossaert, Vincent, *The Taoists of Peking, 1800–1949: A Social History of Urban Clerics*, Cambridge, Mass., Harvard University Asia Center, 2007.
Liu, Xun, *Daoist Modern: Innovation, Lay Practice, and the Community of Inner Alchemy in Republican Shanghai*, Cambridge, Mass., Harvard University Asia Center, 2009.

索引

人名索引

ア

安期生 43
安世霖 1901-46 259, 264
威王〔斉〕在位前356-前320 38
韋后 ?-710 124
尹喜 5, 23, 106, 141, 284
尹軌 141
尹謙 139
尹志平 189, 236
陰長生 84
尹通 141
尹文 5, 31
尹文子 108
尹文操 622-688 140, 141, 216
禹 54, 93, 97
右英夫人 83
禹貴黌 233
衛元嵩 111
英宗〔明〕在位1435-49, 57-64 217
睿宗〔唐〕在位662-716 124
睿宗〔高麗〕在位1468-69 262
永楽帝 →成祖〔明〕
易心瑩 1896-1976 259, 273, 278
慧乗 555-630 137
慧浄 137
慧能 253, 255
淵蓋蘇文 262
閻希言 ?-1588 229
袁黄 252
袁粲 110
袁世凱 1859-1916 256
閻立本 ?-673 159
王維 701?-761 158
王説 →護明元妃
王延 113, 127, 141, 216
王遠知 104, 122, 128, 143
王畿 1498-1583 245
王羲之 307頃-365頃 74, 79
王凝之 74
王欽若 161, 163, 217
王圭石 229
王啓道 197
王懸河 116, 142
王玄覧 626-697 144
王古 203
汪昂 1615-95 250
汪子華 →火師汪君
王仔昔 164
王充 27-97? 6, 60
王守仁(王陽明) 1472-1528 244
王処一 167, 188, 189, 240
王常月 ?-1680 218, 224, 229, 234, 236, 237, 250
王棲霞 127
王世貞 178, 236
王拙 211
王先謙 57
汪長生 1604-40 253
王嚞 167, 187, 189, 190, 197, 249, 286, 287
東王父 117
王弼 28, 80
王冰 212
王浮 106
王文卿 1093-1153 199, 201, 234
王褒 →西城王君
翁葆光 197
王陽明 →王守仁
欧陽明性 230
王理仙 281
王霊期 100
王老志 164
小柳司気太 12, 259

カ

何晏 ?-249 79, 80
郭諫臣 226

恵帝〔明〕 在位1398-1402 214, 225, 230
月光童子 120
月明儒童 107
玄元皇帝 123, 162
涓子 5
元始天尊 96, 97, 118, 200, 202, 255
玄奘 602-664 138, 146
元稹 779-831 158
厳嵩 215
憲宗〔唐〕 在位805-820 125
憲宗〔元〕 在位1251-59 168, 185, 190
玄宗〔唐〕 在位712-756 124, 129, 131, 147, 158, 216, 274, 286
玄天上帝 →真武
厳東 116
乾隆帝 →高宗〔清〕
呉筠 ?-778 144, 158, 159
洪熙帝 →仁宗〔明〕
康熙帝 →聖祖〔清〕
黄元吉 182, 231
黄玄賾 →黄賾
寇謙之 365?-448 6, 74, 89, 111, 115, 126
侯公 43
黄公望 1269-1355 212
黄谷虚 229
黄賾（黄玄賾） 138, 149
孔子 前551頃-前479 14, 22, 30, 93, 107, 287
黄周星 251
黄守元 229, 237
黄守正 237
黄守中（野怛婆闍） 244
黄舜申 200, 232
光浄童子 107
高如貴 158
広成子 59, 64, 65, 263
高先（高象先） 192
高祖〔唐〕 →李淵
孝宗〔宋〕 在位1162-89 14, 217
高宗〔唐〕 在位649-683 123, 129, 131, 158
高宗〔南宋〕 在位1127-62 165
高宗〔清〕（乾隆帝） 在位1735-95 219
黄宗羲 1610-95 245, 249
庚桑子（庚桑楚） 37, 132
亢倉子 37
庚桑楚 →庚桑子
公孫卿 44
公孫龍 31
黄大仙（黄初平） 287
黄帝 5, 6, 31, 47, 58
黄徳輝 1624-90 254, 255
孝文帝〔北魏〕 在位471-499 126
皇甫謐 215-282 79
高明峒 1841-1907 257
闔閭 93, 95
黄老 31, 61, 62
胡瑩微 206
顧歓 420-483 3, 102, 108
谷永 44, 49
黒殺将軍 160
胡慧超 181
顧頡剛 25
胡之玫 231, 232
伍守陽 1574-1644 194, 249
呉承恩 251
呉全節 1269-1346 169, 175, 178, 184
胡宗正 245
胡適 1891-1962 25
呉道子（呉道玄） 157, 159, 286
護明元妃（王説） 200

サ

崔希範 191
崔浩 ?-450 75, 111
蔡子晃 137, 149
斎藤拙堂 27
細奴羅 在位653-674 243
笮融 117
左慈 85
薩守堅 199, 251
三官 286
三清 162
三天真皇 95

徐知常 164
徐市(徐福) 39, 42
徐本善 1851-1932 230, 259
徐来勒 97, 202
徐麟洲 229
子列子 →列子
辛研 36
任光 47
任自垣 ?-1430 229, 230
沈叔安 262
神霄玉清王(神霄玉清真王, 神霄真王) 164, 199, 202
沈常敬 229, 240
岑参 715-770 158
辛帥 →辛天君
秦世英 138
真宗〔北宋〕 在位997-1022 161, 162, 207, 217
神宗〔北宋〕 在位1067-85 163
神宗〔明〕(万暦帝) 在位1572-1620 218
仁宗〔明〕(洪熙帝) 在位1424-25 215
仁宗〔清〕(嘉慶帝) 在位1796-1820 220
仁宗〔高麗〕 在位1122-46 262
辛天君(辛帥) 196, 201
慎到 30, 31
真徳秀 1178-1235 206
神農 47, 64
真武(玄天上帝, 佑聖将軍) 157, 165, 208, 214, 230, 251, 283
甄有虚 1819-? 241
甄鸞 5, 111
鄒衍 前305-前240 39, 42
崇禎帝 →思宗〔明〕
西王母 40, 83, 117
青華帝君 164
成玄英 138, 140, 149
成公知瓊 83
西城王君(王褒) 92
西城公主 124
世祖〔元〕 →フビライ・ハン
世祖〔清〕(順治帝) 在位1643-61 218, 236
成祖〔明〕(永楽帝) 在位1402-24 214, 222, 225, 230, 236, 263
聖祖〔清〕(康熙帝) 在位1661-1722 219
世宗〔後周〕 在位954-959 110
世宗〔金〕 在位1161-89 189
世宗〔明〕(嘉靖帝) 在位1521-66 215, 226, 233
世宗〔清〕(雍正帝) 在位1722-35 219, 227
聖宗〔遼〕 在位982-1031 161, 166
西太后 1835-1908 257
成帝〔前漢〕 在位前33-前7 44
正伯僑 40
赤松子 6, 287
石生 43
赤精子 66
石泰 196
赤斧 47
薛式 196
宣王〔斉〕 前319-前301 38
宣宗〔唐〕 在位846-859 125, 139
宣宗〔清〕(道光帝) 在位1820-50 220
羨門高 40, 42
曽一貫 242
竈王神 263
臧矜 →臧玄靖(静)
宋銒 30, 31
臧玄靖(静)(臧矜) 116, 143, 149
荘子(荘周) 5, 6, 30, 31, 36, 132
曹植 192-232 106
曹操 155-220 72
曽慥 193
宋徳方 168, 189, 217
宋文明 116
宋毋忌 40
僧祐 119
楚王英(劉英) ?-71 61, 117
蘇元朗 153
祖舒 200, 232
蘇軾 1036-1101 9
孫夷中 172, 177
孫恩 ?-402 73
孫教鸞 249

孫玄清 1496-1569 242, 282
孫策 67
孫思邈 ?-682 47, 144
孫汝忠 249
孫泰 73
孫登 152
孫道沖 180
孫徳彧 175, 184
孫徳福 1218-73 186, 187
孫臏 30
孫不二 1119-82 188, 189, 240
孫碧雲 ?-1417 230
孫明道 167
孫遊岳 92

タ

泰壹(太一) 47
太極真人 97
太史儋 24
太上道君 97
太上老君 15, 75, 108, 122, 205, 251, 253, 255
太清泰玄文元君(文慵) 200
太祖〔宋〕 →趙匡胤
太祖〔遼〕 在位916-926 165
太祖〔明〕 →朱元璋
太祖〔高麗〕 在位 918-943 262
太宗〔唐〕(李世民) 在位626-649 122, 123, 262
太宗〔北宋〕 在位976-997 160, 217
太武帝〔北魏〕 在位423-452 75, 110, 111
太平金闕後世李帝君 89
太平公主 124
泰平(太平)真君 75, 89
太平聖君 89
笪浄之 180
檀君 263
譚守誠 ?-1689 236
譚峭 145
譚処端 1123-85 188, 189, 240
笪蟾光 1623-91 229
段朝用 215
湛然 711-782 148
智顗 119, 122, 146
智炫 112
知玄 139
沖虚真人 37, 132
中宗〔唐〕 在位683-684,702-710 124, 129
張亜子 208
張允賢 270
張宇初 199, 204, 214, 217, 225, 230, 233
張応京 218, 227
張恩溥 257, 265, 270, 271, 278
張果 144, 153
張角 66, 68
張可大 1218-62 178
張果老 210
趙帰真 ?-846 125, 139
趙宜真 ?-1382 200, 202, 231, 232, 235
趙匡胤(太祖〔宋〕) 在位960-976 160
張金濤 1964- 271, 281
張遇隆 220
張君房 163, 217
張継禹 1962- 272, 281
張景淵 178
張継先 1092-1126 164, 177, 178, 199, 204
張慶先 ?-1209 178
張継宗 219
張恵超 149
張元吉 226
張元旭 ?-1924 256, 260, 261
張元慶 226
張源先 1930-2008 271, 272
張彦頨 226
張顕庸 226
趙玄朗 162, 207, 208
張衡(張脩) 66, 70
張国祥 217, 218, 226
張三丰 214, 230, 235, 244, 245, 282, 283
張志敬 1220-70 190
張使者 →張帥
張時修 178
張嗣成 ?-1344 178, 203

張錫麟	227	陳師正 ?-1194	185
張脩 →張衡		陳至霖 1854-1936	258, 260
張守真 ?-1176	160, 178	陳少微	153
張守清 1254-?	200, 202	陳瑞	72
張四郎	210	陳清覚 1606-1705	242, 283
張信真 1164-1218	185	陳摶	161, 191, 284
趙真嵩	236	陳致虚	197
張帥(張使者)	201	陳通微	236
張盛	176	陳楠 ?-1213?	196, 242
張清志 ?-1325	186	陳駢 →田駢	
張正常 1335-77	213, 221, 225, 227	陳銘珪 →陳教友	
張正随	176, 177	通玄真人	37, 132
張宗演 1245-92	169, 174, 178, 186	鄭隠	81, 85, 90, 216
張尊礼	229	帝嚳	95, 97
張竹銘	266, 268	鄭思肖 1241-1318	203
張道貴	200	程信然	180
趙道堅	236, 237	鄭知微	204
張道陵(張陵)	4-6, 15, 70, 97, 176, 178, 202, 242, 283	丁保福	268
		程楊旺	255
張伯端 987-1082	193, 197, 210, 219, 249	鄭履道	141
趙避塵 1860-1942	241, 260	天后娘々	209
張賓	111, 112, 121	田思真	203
張秉一	177	田駢(陳駢)	30, 31
張宝	68	天蓬	165
張本霊 1304-?	241	天猷	165
張万福	133-136, 142	道安	4, 112
張無夢	191	道氤	139
趙孟頫 1254-1322	212	陶淵明 →陶潜	
張融 444-497	110	東岳大帝	209, 287
張曜	126	東華上相青童道君	202
張与材 ?-1316	178	董吉升 1619-50	254
張与棣 ?-1294	178	陶弘景	47, 92, 102, 114, 179, 228
張留孫 1248-1321	169, 174, 175, 178, 184	道光帝 →宣宗〔清〕	
張陵 →張道陵		鄧自名	227
張梁	68	陶守貞 1612-73	237
張魯	9, 70, 176	鄧帥(鄧天君)	201
褚慧	164	陶潜(陶淵明) 365頃-427	83, 120
陳攖寧	265, 268, 269, 276	道宣 596-667	105, 119
チンギス・ハン 在位1206-27	168, 189	陶素耜	249
陳教友(陳銘珪) 1824-81	243	董仲舒 前176-前104?	32
陳景元 1025-94	191	陶仲文 ?-1560	215, 226, 233, 247

46　索引(人名)

鄧天君　→鄧帥
董謐　126
道武帝〔北魏〕在位386-409　126
東方朔　83, 150
鄧有功　198
洞霊真人　37, 132
徳玉 1628-1701　246
徳清 1546-1623　13, 246
杜京産　102, 108
杜光庭 850?-933　6, 130, 133, 134, 136, 144, 147, 149, 151, 202, 203, 242
杜子恭　73
杜道鞠　102
斗母　286
杜蘭香　83
曇靖　119
曇曜　120

ナ

中臣名代　274
南岳夫人　98
南華真人　37, 132
南畢道　200
甯全真 1101-81　202, 203

ハ

梅穀成　220
貝本恒 1688-1758　240
馬罕　100
馬鈺 1123-83　188, 189, 240
帛遠 300年頃?　106
白居易 772-846　139, 158, 207
白玉蟾　173, 191, 196, 199, 201, 231, 242, 255
莫月鼎　234
帛和　87, 90
馬端陽　255
馬致遠　211
馬鳴生　85
馬朗　100
万玉山　234
盤庚　48
潘師正 584-682　143, 148, 158, 179
范長生　73
万暦帝　→神宗〔明〕
苗善時　197
閔一得 1758-1836　237, 270
閔智亭　238
傅奕 554-639　113, 136, 140
傅金銓　249, 270
福裕 1203-75　189, 190
武后 在位690-705　123, 131
普静　253
武宗〔唐〕在位840-846　110, 125, 139
武宗元 ?-1050　211
伏羲（宓戯）　47, 64, 108
浮図　10
武帝〔漢〕在位前141-前87　42, 83
武帝〔梁〕在位502-549　102, 113, 152
武帝〔北周〕在位560-578　110, 111, 116
フビライ・ハン（世祖〔元〕）元皇帝在位1271-94, モンゴル帝国皇帝在位1260-94　169, 178, 183, 186
普明　→李賓
文子　36, 132
文昌帝君　208
文宣帝〔北斉〕在位550-559　113
文宗〔唐〕在位826-840　139
文慵　→太清泰玄文元君
碧霞元君　282
辺韶　63
帆足万里　27
茅盈　99
彭暁 ?-955　87, 145
方恵長　138, 146
茅固　99
彭耜　191, 196
鮑靚　81, 85, 92
茅衷　99
方碧虚　197
彭蒙　31
彭叉朔　231
法琳 572-640　110, 136

穆宗〔唐〕 在位1861-75 125
墨翟 30, 31
北極四聖 165

マ

摩訶迦葉 107
媽祖 →林黙
弥勒 254
無生老母（無生父母） 252, 254
明宗〔後唐〕 在位926-933 132
明僧紹 ?-483 109
明帝〔後漢〕 在位57-75 61
明帝〔宗〕（劉宋） 在位465-472 76
孟安排 116, 142, 146
毛希琮 1186-1223 185
孟景翼 110, 116
孟浩然 689-740 158
孟智周 114, 149

ヤ

野怛婆闍 →黄守中
佑聖（将軍） 208
熊道輝 200
楊羲 330-386 83, 98, 179
楊堅 121
楊弘元 139
羊宰（楊萊如） 255
楊朱 30
幼真先生 155
容成 48
雍正帝 →世宗〔清〕
煬帝〔隋〕 在位604-618 121
楊伯晋 181
姚伯多 118
楊萊如 →羊宰
翊聖 161, 165
余斗象 251

ラ

駱曜 66
羅汝芳 1515-88 245
羅祖 252
藍采和 210
欒大 6, 44
藍道行 215, 247
李阿 88
李栄 138, 149
李淵（高祖〔唐〕） 在位618-626 122, 128, 141
李寛 88
李含光 683-769 127, 143
李希安 ?-1266 187
陸修静 406-477 76, 92, 102, 108, 113, 114, 130, 133, 134, 179, 203, 216
陸西星 1520-1606? 248, 249, 251
李元海 118
李弘 88
李耳 →老子
李思訓 653-718 159
李志常 189
李思聡 151
李時珍 1518-93 250
李少君 6, 43, 47
李昭道 159
李少微 200
李西月 1806-56 248, 249, 269
李清秋 242
李世民 →太宗〔唐〕
李石 205
李筌 144
理宗〔宋〕 在位1224-64 165, 206
李脱 88
李仲卿 137, 146
李鉄拐 209
李道純 194, 197
李特 ?-303 72
李徳和 ?-1284
李白 701-762 158, 207
李八百 88
李半仙 229
李賓（普明） ?-1562 252, 253
李伏魔 199
李譜文 75

李渤 142, 179
李雄 73
劉安 前179-前122 33, 47
龍威丈人 93, 95, 97
劉一明 1734-1821 250, 251
劉英 →楚王英
劉永年 197
劉淵然 214, 226, 231, 232, 235, 236
劉海蟾 197
柳華陽 194, 250
劉完素 1120-1200 212
劉希岳(朗然子) 192
劉義慶 83, 120
劉虬 119
劉勰 465?-532? 4, 110
劉向 前79?-前8? 5, 15, 35, 47
劉玉 1257-1308 182, 231
劉歆 前53?-後23 5, 35
劉玄靖 ?-846 125, 127, 139
留元長 196
劉混康 1035-1108 164, 179, 180
劉根朴 203
劉佐臣 1621?-? 254
劉若拙 172
劉照魁 254
劉処玄 1147-1203 188, 189, 240, 241, 282
劉進喜 137, 140, 146, 149
劉大彬 179, 228
劉徳仁 1122-80 167, 185, 186
劉璞 98, 99
龍眉子 197
劉名瑞 1839-1932 241, 259
劉有明 187
留用光 179, 203
梁教無 238, 243
梁啓超 1873-1929 12, 25, 78
梁諶 141
梁仁庵 287
呂嵒 →呂洞賓
閭丘方遠 ?-937 145
呂守璞 237
呂洞賓(呂嵒) 188, 190, 192, 197, 209-211, 231, 244, 245, 247, 248, 251, 270, 284, 286, 287
呂不韋 30
林兆恩 1517-98 245
林黙(媽祖) 960-988 208
林霊真 1239-1302 203
林霊素 1075?-1119 164, 165, 171, 179, 199
黎元興 146, 149
霊宝君 97
霊宝天尊 202
酈希成 185, 187
列禦寇 →列子
列子(子列子, 列禦寇) 5, 6, 30, 36, 132
婁近垣 1689-1776 219, 227, 234
楼恵明 102
老子(李耳) 4, 22, 36, 58, 107, 108, 114, 123, 125, 141, 163, 284, 286
老耽(老聃) 30, 31
老莱子 23
甪里先生 94, 95
盧循 ?-411 74
盧生 6, 43
盧埜 204

事項索引

タ

八

マ

ヤ

ラ

図版出典一覧

口絵

i Delacour, Catherine et al., *La voie du tao : un autre chemin de l'être*, Paris: Réunion des musées nationaux : Musée Guimet, 2010

ii 左上 CPCフォト提供

iii 左下 中国道教協会編『中国道教風貌』, 北京：宗教文化出版社, 1999

iv 全て金維諾主編『永楽宮壁画全集』, 天津人民美術出版社, 1997

v 『中国道教風貌』, 左上 孟宏編著『華山神韵』, 北京：中国撮影出版社, 2006, 左中 王光徳『仙山武当』, 北京：宗教文化出版社, 1999, 左下『龍虎山：千年古都, 神秘懸棺, 人間仙境』, 鷹潭市郵政局, 2005

vi 上３点 劉昫・白剛編『古楼観』, 西安：雄獅広告有限公司, 出版年不明, 中・下左『中国道教風貌』, 下右『(北京)白雲観』, 北京：中国道教協会編印, 1994

viii 右上 香港中文大学道教文化研究中心ほか編『書斎与道場：道教文物』, 香港中文大学文物館, 2008, 左中 Little, Stephen ed., *Taoism: and the arts of China*, Arts institute of Chicago, 2000

p11上 Effinger, Maria et al.(eds.), *Götterbilder und Götzendiener in der Frühen Neuzeit*, Heidelberg, Universitätsverlag Winter, 2012

p11下 Olfert Dapper, *Beschryving Des Keizerryks Van Taising Of Sina*, 1670

p23 Little, Stephen ed., *Taoism and the arts of China*

p29 荊門市博物館編『郭店楚墓竹簡』, 北京：文物出版社, 1998

p31 (清)馮雲鵬, 馮雲鵷輯『金石索』, 台北：徳志出版社, 1963

p33 Little, Stephen ed., *Taoism and the arts of China*

p39 ユニフォトプレス提供

p43 成寅編『中国神仙画像集』, 上海：上海古籍出版社, 1996

p47　馬王堆漢墓帛書整理小組編『導引図：馬王堆漢墓帛書』，北京：文物出版社，1979
p53　張勛燎・白彬著『中国道教考古①』，北京：綫装書局，2006
p55　『道蔵』，北京：文物出版社ほか，1988
p59　王宜娥編著『臥游仙雲：中国歴代絵画的神仙世界』，北京：五洲伝播出版社，2011
p71　張継禹主編『中国道教神仙造像大系』，北京：五洲伝播出版社，2012
p75　『中国道教』編集部編『洞天勝境』，北京：中国道教協会，1987
p78　成寅編『中国神仙画像集』
p86　『道蔵』
p103　Little, Stephen ed., *Taoism and the arts of China*
p107　『金闕玄元太上老君八十一化図説』(『道徳経太上絵図八十一化河上公註』)，1930
p117　陝西省耀県薬王山博物館ほか編『北朝仏道造像碑精選』，天津：天津古籍出版社，1996
p124　CPCフォト提供
p131　Delacour, Catherine et al., *La voie du tao : un autre chemin de l'être*
p133　孫亦平著『杜光庭評伝』，南京：南京大学出版社，2005
p143　(明)洪自誠編著『洪氏仙仏奇蹤』，台北：自由出版社，1974
p154　『道蔵』
p164　成寅編『中国神仙画像集』
p192　蕭軍編著『永楽宮壁画』，北京：文物出版社，2008
p195　図1　『道蔵』
　図2～5　坂口ふみほか編『宗教の闇』，岩波書店，2000
p211　(明)臧懋循編『元曲選』，商務印書館，1918
p214　湖北省博物館編『武当山』，北京：文物出版社，1991
p217　『中国道教風貌』
p235　『中国道教風貌』
p243　楊嵩林主編『中国建築芸術全集15道教建築』，北京：中国建築工業出版社，2002
p249　『性命圭旨 規中指南 合刊』，台北：自由出版社，1981
p259　小柳司気太編『白雲観志』，東方文化学院東京研究所，1934
p266　胡海牙編著『仙学指南』，北京：中医古籍出版社，1998
p271　『道教月刊』2005年10月号，台北：楼観台文化事業有限公司，2005
p273　『中国道教風貌』

＊上記出典以外はすべて著者提供

執筆者紹介

横手 裕　よこて ゆたか
1964年生まれ。東京大学文学部卒業。東京大学大学院人文科学研究科修士課程修了
東京大学大学院人文社会系研究科教授
主要著書・論文：『中国道教の展開』(世界史リブレット96, 山川出版社 2008),「全真教の変容」(『中国哲学研究』2 1990),「白玉蟾と南宋江南道教」(『東方学報 京都』68 1996),「劉名瑞と趙避塵」(『東洋史研究』61-1 2002),「道教における『本然の性』と『気質の性』」(『三教交渉論叢』京都大学人文科学研究所2005)

付録(年中行事)作成協力

李 龢書　り わしょ　東京大学大学院人文社会系研究科博士課程

知見提供

小野泰教, 倉本尚徳, 平澤 歩, 福林春乃, 宮田義矢

宗教の世界史 6　道教の歴史

2015年 3 月25日　1 版 1 刷　印刷　　2015年 4 月 1 日　1 版 1 刷　発行

著者　横手裕　　発行者　野澤伸平

発行所　株式会社 山川出版社　〒 101–0047 東京都千代田区内神田 1–13–13

電話 03–3293–8131(営業) 8134(編集)　振替 00120–9–43993　http://www.yamakawa.co.jp/

印刷所　明和印刷株式会社　　製本所　株式会社 ブロケード　　装幀　菊地信義

ISBN 978–4–634–43136–2

・造本には十分注意しておりますが，万一，落丁本などがございましたら，小社営業部宛にお送りください。
送料小社負担にてお取り替えいたします。　　・定価はカバーに表示してあります。